王 沛　主编

王 捷　执行主编

出土文献与法律史研究

第十四辑

上海古籍出版社

图书在版编目(CIP)数据

出土文献与法律史研究. 第十四辑 / 王沛主编;王
捷执行主编. —上海:上海古籍出版社,2023.12
ISBN 978-7-5732-1012-8

Ⅰ.①出… Ⅱ.①王… ②王… Ⅲ.①出土文物一文
献一研究一中国②法制史一研究一中国一古代 Ⅳ.
①K877.04②D929.2

中国国家版本馆 CIP 数据核字(2024)第 008632 号

出土文献与法律史研究(第十四辑)

王 沛 主编

王 捷 执行主编

上海古籍出版社出版发行

(上海市闵行区号景路 159 弄 1-5 号 A 座 5F 邮政编码 201101)

(1)网址:www.guji.com.cn

(2)E-mail:guji1@guji.com.cn

(3)易文网网址:www.ewen.co

启东市人民印刷有限公司印刷

开本 890×1240 1/32 印张 10.75 插页 4 字数 260,000

2023 年 12 月第 1 版 2023 年 12 月第 1 次印刷

ISBN 978-7-5732-1012-8

K·3538 定价:78.00 元

如有质量问题,请与承印公司联系

本集刊受上海市高水平地方高校（学科）建设项目及国家社科基金重大项目“甲、金、简牍法制史料汇集通考及数据库建设（20&ZD180）”资助

编辑委员会

目　　录

岳麓秦简中律令简所见的
秦司法程序

【摘要】岳麓秦简律令简中有不少关于秦司法程序的规定,涉及侦查程序、诉讼资格、司法管辖、上奏程序、监察程序和特别审判程序等。这些司法程序中,有的适用于普遍案件,有的适用于特殊案件。这反映出秦司法程序的多元性,从中也可以观察秦司法程序构造的累进性,即某些司法程序可能是为应对个案而产生的。

【关键词】秦司法程序;身份管辖;特别审判程序

司法是秦法律实践的重要组成部分。从实践来看,秦有一套相当完整的司法程序,不过这套程序大概不是通过一次性的完整立法建立的,而更像是在一次次修补中逐渐形成的。岳麓秦简中有不少跟司法有关的内容,如《为狱等状四种》中有多个司法案例。这些司法案例真实地反映出秦司法程序,只是由于秦司法程序的复杂性,这种反映终归有限。岳麓秦简的律令简中有不少关于司法程序的记载,通过梳理相关内容可以对秦司法程序有更宏观的理解。本文试

* 李勤通,中国海洋大学教授。欧扬、王安宇等老师对本文提出过重要的完善建议,在此深表感谢,当然,文责自负。

梳理岳麓秦简律令简中的相关内容,以更全面地观察秦司法程序。

一、司法侦查程序

在现代法律理念中,侦讯程序并非司法程序的一部分。部分原因是现代司法遵循不告不理的原则,具有一定的被动性。而在秦的制度设计中,司法官员可能会同时承担侦讯和审判的职能。例如在《为狱等状四种》"田与市和奸案"中,①狱史"相"就承担了侦查和审判(主要是事实审)两种职能,而且这两种职能具有内在关联性。尽管侦查技术等在很大程度上属于经验范畴,但侦查过程中仍然会涉及相关权力的程序规范问题,对此秦律令中已有规定,在此试举几例。

> 材料一:岳麓秦简(肆)载:"具律曰:有狱论,征书到其人存所县官,吏已告而弗会及吏留弗告、告弗遣,二日到五日,赀各一盾;过五日到十日,赀一甲;过十日到廿日,赀二甲;后有盈十日,辄驾(加)赀一甲。"②

> 材料二:岳麓秦简(伍)载:"●制诏丞相斯∟:所召博士得与议者∟,节(即)有逮告劾∟,吏治者辄请之,尽如宦显大夫逮∟。斯言:罢博士者,请辄除其令。"③

> 材料三:岳麓秦简(伍)载:"●令曰:治狱有逮宦者显大夫若或告之而当征捕者,勿擅征捕,必具以其逮告闻,有诏乃以诏从事。"④

---

① 参见陈松长主编:《岳麓书院藏秦简(壹—叁)》(释文修订本),上海辞书出版社 2018 年版,第 162 – 164 页。

② 陈松长主编:《岳麓书院藏秦简》(肆),上海辞书出版社 2015 年版,第 144 页。

③ 陈松长主编:《岳麓书院藏秦简》(伍),上海辞书出版社 2017 年版,第 68 页。

④ 陈松长主编:《岳麓书院藏秦简》(伍),上海辞书出版社 2017 年版,第 199 页。岳麓秦简(陆)中有类似规定:"令治狱者自今以来,有遝(逮)宦者显大夫若或告之而当征捕者,勿擅征,必具以其逮告闻,有诏乃。"陈松长主编:《岳麓书院藏秦简》(陆),上海辞书出版社 2020 年版,第 72 页。

　　材料四：岳麓秦简(陆)载："●治狱者征遝(逮)捕求罪人及封守之,及为论报及移有赀赎责(债)者居县。"①

　　在这四份材料中,材料四涉及逮捕和封守②的问题,两者与侦查程序有关,但限于材料残缺,无法知道具体内容。在材料一中,"有狱论"③意味着案件大概正处于侦查阶段,治狱者可以用"征书"要求案件相关人员所在县的官吏将其调入。无论这些涉案人员究竟是犯罪嫌疑人还是证人,秦律令显然赋予了治狱者一定的跨辖区侦查权,而且要求跨辖区的县给予一定配合。④ 在材料二、三中,秦律令对涉及逮捕或者征捕宦者显大夫、⑤有资格参与廷议之博士的案件侦查规定了特别程序。这些人只有通过上请才能被征捕。同时,对这些特殊身份者的讯问也有特殊规定。岳麓秦简(陆)还有两条简文称:

① 陈松长主编：《岳麓书院藏秦简》(陆),上海辞书出版社2020年版,第192页。
② 睡虎地秦简《封诊式》中就有封守,其中还有《封守》一篇。整理小组认为,封守是"查封犯人的产业,看守犯人的家属"。参见睡虎地秦墓竹简整理小组：《睡虎地秦墓竹简》,文物出版社1990年版,第149页。不过,封守究竟是在侦查阶段还是审判阶段不太清楚,可能在侦查阶段就需要进行封守了。
③ 关于"有狱论",中国人民大学法学院法律史研读班对相关研究进行了梳理(该集注待刊)。从本条律令来看,在有狱论阶段,审理者还有征书到它县去要求发遣相关人员,这显然尚未到达论罪阶段,也就很可能处于侦查阶段。因此,宁全红认为"'有狱论'并非意味着狱已经断定,而是表示狱有待论断"的说法有一定道理。参见宁全红：《〈岳麓书院藏秦简(肆)〉所载〈贼律〉〈具律〉析论》,收入邬文玲、戴卫红主编：《简帛研究》(二○一八春夏卷),广西师范大学出版社2018年版,第79-80页。但该文对"吏已告而弗会及吏留弗告、告弗遣"的解释说服力有限。
④ 秦汉时期,跨境的司法程序颇为常见。例如《二年律令·捕律》载："群盗杀伤人、贼杀伤人、强盗,即发县道,县道亟为发吏徒足以追捕之,尉分将,令兼将,亟诣贼盗发及之所,以穷追捕之,毋敢□界而环(还)。"张家山二四七号汉墓竹简整理小组：《张家山汉墓竹简[二四七号墓]》(释文修订本),文物出版社2006年版,第27-28页。在《为狱等状四种》"癸琐相移谋购案"中,校长癸等就跨越州陵县到了沙羡县去追捕。而在"猩敌知盗分赃案"中,本案案发于江陵县,江陵狱史似乎跨境抓获了涉案人猩,屏陵县狱史则转送了与猩相关的达。醴阳县丞似乎在侦查中也发挥了一定功能,但文献残缺,很难确认。
⑤ 睡虎地秦简《法律答问》载："宦及智(知)于王,及六百石吏以上,皆为'显大夫'。"睡虎地秦墓竹简整理小组：《睡虎地秦墓竹简》,文物出版社1990年版,第139页。

"问，不可以书问者，即讯之，勿征。其皋重当捕，不可即讯，先请□解者，毋诘，其□毋解而自当言皋者，皆必撐（拜）曰臣撐（拜）皋，若曰臣再撐（拜）。""□□不当及留不留，当出者亟出之，唯毋多留黔首□狱为毄（系）。"①尽管这两支简文的前文不太清楚，但很可能与侦查特殊身份者有关。按照简文规定，如果对他们不能用文书询问，则治狱者要到这些人所在地讯问，②而不能要求他们到官府接受讯问；需要逮捕的不能立刻讯问，先让其自我辩护，还不能诘问；如果这些人被证明无罪，治狱者则应将他们立刻放回。这些材料更丰富地展现了秦的侦查程序。

二、对诉讼资格的规定

在中国古代，个人的诉讼资格往往会受到限制。例如，睡虎地秦简《法律答问》载："子告父母，臣妾告主，非公室告，勿听。"③这就限制了子女、臣妾告诉家长的资格。岳麓秦简还有其他限制诉讼资格的律令，在此试举几例。

材料一：岳麓秦简（肆）载："十三年六月辛丑以来，明告黔首：相贷资缗者，必券书史∟，其不券书而讼，乃勿听，如廷律。前此令不券书讼者，为治其缗，毋治其息，如内史律。"④

材料二：岳麓秦简（伍）载："●十三年三月辛丑以来，取（娶）妇嫁女必参辨券∟。不券而讼，乃勿听，如廷律∟。前此令

① 陈松长主编：《岳麓书院藏秦简》（陆），上海辞书出版社2020年版，第73-74页。
② 整理小组认为，即讯是随即讯问之意。但"即讯"当为"即问"之意，是到犯罪者所在地方讯问。《史记·衡山王列传》载："廷尉治验，公卿请逮捕衡山王治之。天子曰：'勿捕。'遣中尉安、大行息即问王，王具以情实对。吏皆围王宫而守之。"（汉）司马迁：《史记》，中华书局2014年版，第3762页。
③ 睡虎地秦墓竹简整理小组：《睡虎地秦墓竹简》，文物出版社1990年版，第118页。
④ 陈松长主编：《岳麓书院藏秦简》（肆），上海辞书出版社2015年版，第194-195页。

不券讼者,治之如内史律。·谨布令,令黔首明智(知)。·廷
卒□"①

这两则文献记录的律令内容具有相似性,且都颁布于秦王政十三年。在材料一中,秦律令规定,秦王政十三年六月辛丑以后,民间借贷者如果想要在日后请求官府通过诉讼解决纠纷,就需要在建立借贷关系时券书于吏。同样,材料二的律令也要求,秦王政十三年三月辛丑以后,如果民众不到官府办理婚姻三辨券,之后发生的婚姻纠纷将不再被受理。易言之,如果民众不按律令要求到政府部门登记,那么将失去将相关案件诉诸官府的资格。当然,秦政府似乎并未禁止民间借贷或者婚姻,但通过禁止提起诉讼限制了仅以民间方式进行的借贷或者婚姻的效力。尹在硕基于公室告与非公室告的研究指出,秦在发展中逐渐将处置家庭成员的权力收归国家。② 因此,睡虎地秦简中既有非公室告的规定,也有家长擅自惩处家庭成员应受罚的规定。岳麓秦简的这两则材料反映了同一种趋势,随着社会对律令统治模式的接受和认同,秦开始在各方面加强社会控制,并试图通过司法程序加以强化。值得关注的是,这两份律令也有"法不溯及既往"的内涵。

三、司法管辖制度

司法管辖涉及案件审理权限的问题。一方面,不少案件所涉及的行政辖区可能不止一个,如案发地、发现地、抓获地等等。这些案件应当由哪个官府来审理涉及地域管辖的问题。另一方面,不同案件的严重程度和关涉的人员身份会有差异。尽管法家主张"一断于

---

① 陈松长主编:《岳麓书院藏秦简》(伍),上海辞书出版社 2017 年版,第 130 - 131 页。
② 参见[韩]尹在硕:《秦律所反映的秦国家族政策》,收入中国社会科学院简帛研究中心编:《简帛研究译丛》第一辑,湖南出版社 1996 年版,第 67 - 75 页。

法",但秦律令对特殊身份者仍然给予制度性优待,①这也使得部分基层政府无权处断相关案件,由此产生级别管辖问题。岳麓秦简中有不少涉及对特殊身份如何进行管辖的律令。

(一) 属地管辖制度

　　材料一:岳麓秦简(伍)载:"令曰:都官治狱者,各治其官人之狱,毋治黔首狱,其官人亡若有它论而得,其官在县畛(界)中而就近自告都官,都官听,书其告,各移其县。县异远都官旁县者,移旁县。其官人之狱有与黔首连者,移黔首县,黔首县异远其旁县者,亦移旁县,县皆亟治论之。有不从令者,赀二甲乚。其御史、丞相、执法所下都官,都官所治它官狱者治之。·廷卒甲二"②

　　材料二:岳麓秦简(陆)载:"●自今以来,吏徙官而论者,故官写劾,上属所执法,执法令新官亟论之,执法课其留者,以发(缺简)"③

部分学者认为,秦汉司法的地域管辖采取发现地原则。④ 但也有学者认为,秦汉司法管辖会受到系囚地、罪等的影响。⑤ 这两种思路都颇有道理。不过两者的差别似乎并没有想象中大。所谓发现地原则,其实就是罪犯被发现的地方。罪犯被发现的地方往往就是系囚地。但这两种观点似又有不足。例如,在《为狱等状四种》"癸琐

① 参见杨振红:《从出土秦汉律看中国古代的"礼"、"法"观念及其法律体现——中国古代法律之儒家化说商兑》,《中国史研究》2010年第4期。
② 陈松长主编:《岳麓书院藏秦简》(伍),上海辞书出版社2017年版,第119-120页。
③ 陈松长主编:《岳麓书院藏秦简》(陆),上海辞书出版社2020年版,第155页。
④ 参见彭浩:《谈〈奏谳书〉中的西汉案例》,《文物》1993年第8期;[日]宫宅洁撰,徐世虹译:《秦汉时期的审判制度——张家山汉简〈奏谳书〉所见》,收入杨一凡、[日]寺田浩明主编:《日本学者中国法制史著选》(先秦秦汉卷),中华书局2016年版,第277页。
⑤ 参见王安宇:《秦汉时期的异地诉讼》,《中国史研究》2019年第3期。

相移谋购案"中,琐等私下将犯罪嫌疑人交予癸等的相移谋购行为发生在沙羡县。后来,癸等已经从沙羡县回到州陵县。事后,该案被沙羡县发现,并通报州陵县。一般来说,沙羡县发现该案后,自然会将琐等人系讯。但该案最终却交由州陵县审理,琐等也是由州陵县定罪的。最先的系囚地并没有成为审理地。这可能是因为,沙羡县通报后,州陵县自然也变成了系囚地。只是何以先系囚的地方会就后系囚的地方? 这或许是因为癸等在该案中属于造意者,也可能是因为癸等所拥有的校长、求盗等身份高于作为士伍的琐等。受材料所限,这些很难判断。但可以确定,发现地原则确实可能存在例外。

从上述简文看,身份很可能会影响管辖权。在材料一中,都官①只处理所属官员的案件,②如果官员案发后到都官处自告,都官最后会将之交由其官署所在县来处置。但如果都官所在地离该官员所属县过远,那么都官会将之交由邻近县来处理。从材料二来看,官吏调任后被发现问题,则由原属管辖的官员进行劾,但由新属管辖的官员论。即一旦官员调离到其他地方任职,管辖地就转为新调任地域的官府。③ 这些都说明,秦在地域管辖上会根据特殊情况进行调整。

(二) 身份管辖制度

秦汉的多数案件由县管辖。④ 但某些特殊案件会由都官、郡甚

---

① 邹水杰全面整理了有关都官的研究成果,并指出,都官在战国晚期以降的时代主要指直接由京师各官署管辖的机构,与县同级。参见陈松长等:《秦代官制考论》,中西书局 2018 年版,第 144－177 页。

② 参见陈松长:《再论秦汉时期的"狱"——以长沙走马楼西汉简为中心》,《华东政法大学学报》2022 年第 1 期。

③ 部分解读可以参见齐继伟:《秦汉赋役制度丛考》,湖南大学 2019 年博士学位论文,第 91－92 页;欧扬:《岳麓秦简秦郡史料补议》,《中国历史地理论丛》2020 年第 2 期。

④ 参见陈苏镇:《汉初王国制度考述》,载《中国史研究》2004 年第 3 期;胡仁智:《两汉郡县官吏司法权研究》,西南政法大学 2007 年博士学位论文,第 25－27 页。

至皇帝处置。例如,在张家山汉简《奏谳书》中,"安陆丞忠劾狱史平案"由南郡郡守等进行了审理。① 由于身份差异,不少案件存在由较高级别的官府或官员审理的情况,即存在级别管辖差异。由于这种情况很难用现代法学上的级别管辖来概括,本文认为用身份管辖来概括可能更恰当。岳麓秦简也展现出,不少类型的案件尤其是涉及特殊身份较高者的案件会由县以外包括以上的政府或者特定人员进行管辖。②

　　材料一:岳麓秦简(伍)载:"●定阴忠言:律曰:'显大夫有辠当废以上勿擅断,必请之。'今南郡司马庆故为冤句令,诖(诈)课,当废官,令以故秩为新地吏四岁而勿废,请论庆。制书曰:'诸当废而为新地吏勿废者,即非废。已后此等勿言。'·廿六"③

　　材料二:岳麓秦简(伍)载:"令曰:都官治狱者,各治其官人之狱,毋治黔首狱,其官人亡若有它论而得,其官在县畍(界)中而就近自告都官,都官听,书其告,各移其县。县异远都官旁县者,移旁县。其官人之狱有与黔首连者,移黔首县,黔首县异远其旁县者,亦移旁县,县皆亟治论之。有不从令者,赀二甲┗。其御史、丞相、执法所下都官,都官所治它官狱者治之。·廷卒甲二"④

　　材料三:岳麓秦简(陆)载:"●新律令下,皆以至某县都官廷日决。故有禁律令,后为辠名及减益辠者,以奏日决。·卒令

① 张家山二四七号汉墓竹简整理小组:《张家山汉墓竹简[二四七号墓]》(释文修订本),文物出版社2006年版,第97页。
② 有学者认为,这也是"谳狱"之"谳"的一部分。参见温俊萍:《秦"谳狱"补疑——以"岳麓书院藏秦简"为视角》,《上海师范大学学报(哲学社会科学版)》2017年第6期。
③ 陈松长主编:《岳麓书院藏秦简》(伍),上海辞书出版社2017年版,第56-57页。
④ 陈松长主编:《岳麓书院藏秦简》(伍),上海辞书出版社2017年版,第119-120页。

乙卅二"①

在这几份材料中,材料一规定了,审判宦者显大夫且要判处废以上处罚的案件必须征得皇帝同意,其中还包含了冤句县令司马庆的上请案例,②即遇到这些案件需要由皇帝处断。材料二则规定,都官只处理官人之狱,而不处理黔首之狱。③都官一般被认为是中央在地方的派出机构。④所谓官人,整理小组认为是都官下辖的人;⑤陶磊认为官人可能是指在官府的庶人(自由民);⑥陈松长则认为官人就是都官所属的官员。⑦在缺乏其他辞例的情况下,官人与黔首并列,官人更有可能是指官员。尽管从这条材料中很难判断是否都官所属的官员犯案只能由都官处理,但这种情况也是可能的。不过,官员之狱与黔首之狱的审理者确实存在差异,这是无疑的。按照材料三,"都官也是可以称'都官廷'的,而且也是能听讼治狱的",⑧这同样可以证明都官有治狱之权。

(三) 诏狱管辖

在中国古代司法制度中,诏狱是一种特殊制度。一般来说,诏狱

---

① 陈松长主编:《岳麓书院藏秦简》(陆),上海辞书出版社 2020 年版,第 169 页。
② 关于该案的介绍,可参见欧扬:《岳麓秦简秦郡史料补议》,《中国历史地理论丛》2020 年第 2 期。
③ 参见陈松长等:《秦代官制考论》,中西书局 2018 年版,第 168 页。
④ [日]青木俊介著,尚宇昌译:《秦至汉初的都官与县官——以睡虎地秦简〈法律答问〉95 简的理解为中心》,收入西北师范大学历史文化学院等编:《简牍学研究》第 9 辑,甘肃人民出版社 2020 年版,第 159 页。
⑤ 陈松长主编:《岳麓书院藏秦简》(伍),上海辞书出版社 2017 年版,第 157 页。
⑥ 参见陶磊:《德礼·道法·斯文重建:中国古代政治文化变迁之研究》,浙江大学出版社 2016 年版,第 215-216 页。
⑦ 参见陈松长:《再论秦汉时期的"狱"——以长沙走马楼西汉简为中心》,《华东政法大学学报》2022 年第 1 期。
⑧ 参见陈松长等:《秦代官制考论》,中西书局 2018 年版,第 163 页。

往往由君主指定特定机构进行管辖。① 这与地域管辖甚至身份管辖类案件多有不同，前述身份管辖类案件的审理机构相对固定，诏狱类案件的审理则可能由君主临时指定。当然，这类案件与身份管辖并非完全不同，大概可以看作是特殊的身份管辖，例如李斯案。《史记·李斯列传》先载："欲案丞相，恐其不审，乃使人案验三川守与盗通状。"② 后又载："二世曰：'其以李斯属郎中令！' 赵高案治李斯。"③ 秦二世使人案验李斯长子李由，并派郎中令赵高审讯李斯。籾山明曾通过该案对秦诉讼程序进行过颇为精彩的复原，但并未过多关注该案的审理主体。即一般案件的事实审往往是由拥有讯狱权的狱吏等主导，而本案直接交由郎中令来审查。当然，两者也有交叉。如岳麓秦简（伍）载："●令曰：治狱有遝宦者显大夫若或告之而当征捕者，勿擅征捕，必具以其遝告闻，有诏乃以诏从事。"④ 这条律令规定，对宦者显大夫或者需要上奏才能审理的人需要依据诏书行事。同时，秦二世不仅指定专人审理诏狱，而且做了最终判决。有关汉代诏狱的资料较多，秦则较少。岳麓秦简中提供了一些有关诏狱的律令规定。

　　材料一：岳麓秦简（伍）载："●受制诏以使者或下劾吏，吏治之，劾节（即）不雠，或节（即）征遝使者 ┗，请：自今以来受制诏以使，其所举劾▢书具言不雠过误状，署▢。"⑤

　　材料二：岳麓秦简（伍）载："·其都吏及诸它吏所自受诏治而当先决论者，各令其治所县官以法决论之，乃以其奏夬（决）

① 参见张德美：《秦汉时期诏狱的审理程序》，《河北法学》2018 年第 5 期。
② （汉）司马迁：《史记》，中华书局 2014 年版，第 3104 页。
③ （汉）司马迁：《史记》，中华书局 2014 年版，第 3105 页。
④ 陈松长主编：《岳麓书院藏秦简》（伍），上海辞书出版社 2017 年版，第 199 页。
⑤ 陈松长主编：《岳麓书院藏秦简》（伍），上海辞书出版社 2017 年版，第 59－60 页。

闻。·其已前上奏当而未报者,亦以其当决论之。·其奏决有物故,却而当论者,以后却当更论之。"①

材料三:岳麓秦简(伍)载:"自今以来,令诸尝受诏有案行覆治而能中诏以赐者,及虽不身受诏,诏吏之所遣事已,上其奏(缺简)受诏有治殹(也)及上书言事⌐,所以为可而赐者⌐,闻其县官或即以其治事用法律尽极中诏□赐⌐,及诸上书言事而赐者,其赐皆自一衣以上及赐它物,直(值)其赐,直(值)千钱以上者,其或有皋巻(迁)(缺简)耐以上毋擅断,必请之。其皋虽未夬(决)及赎皋以下,毄(系)▨"②

材料四:岳麓秦简(陆)载:"丞相、御史言:或有告劾闻陛下,陛下诏吏治之,及请有覆治,制书报曰可者,此皆犯法者殹(也)⌐。督治覆(缺简)"③

材料五:岳麓秦简(陆)载:"求之,吏事殹(也)⌐。吏征捕讙求之及为论报,皆不当敢称制诏,此即挢(矫)制殹(也),及傅制书于狱,不宜。请:自今以【来】,治狱者节(即)征捕求皋人及为论报,皆毋敢下制书及称制书及毋敢编制书于狱及曰诏狱。不【从】令者,以挢(矫)制不害律论之。·狱有制书者,以它笥异盛制书,谨封臧(藏)之。勿令与其狱同笥。制曰:可。"④

这几条材料皆与诏狱有关,可以从多个方面反映秦诏狱的情况。材料一反映的是对诏狱相关文书的规定。在秦法律实践中,诏狱案件的下行文书似乎未必一定会被严格校雠,这有可能会导致问题。因为皇帝要求下行劾书必须要注明不进行校雠的法律后果。材料二

① 陈松长主编:《岳麓书院藏秦简》(伍),上海辞书出版社 2017 年版,第 65 - 66 页。
② 陈松长主编:《岳麓书院藏秦简》(伍),上海辞书出版社 2017 年版,第 207 - 208 页。
③ 陈松长主编:《岳麓书院藏秦简》(陆),上海辞书出版社 2020 年版,第 68 页。
④ 陈松长主编:《岳麓书院藏秦简》(陆),上海辞书出版社 2020 年版,第 69 页。

反映的是诏狱程序。受诏治狱时，如果律令要求治所县官先行决
论，①那么应先决论案件，之后再上奏即可。如果此前已经将论决结
果上奏但没有得到回复的，受诏治狱时也要先进行决论。如果决论
有问题，先行做出的决论还可能会被驳回重新论决。材料三反映的
是审理诏狱案件能够符合诏书要求的官吏可能会受到的奖赏。材料
四则反映了诏狱的程序性问题。这段材料的理解存在较大难度。按
照欧扬的解读，这段材料是规定，如果越级向皇帝进行告劾或者请求
覆治，则属于违法行为。或可理解为，秦司法案件的处理程序已经规
定严密，不能轻易背离这种程序。材料五是对案件审理过程中能否
使用"诏狱"名义的限制性规定。审理者不得以诏书的名义审理案
件。这或许是因为，秦律令主要以诏书形式颁布，以诏书为名就可以
称"诏狱"会混淆诏狱和一般案件。而且，决论案件主要以律令为依
据，若以诏狱为名可能就会破坏监督机制。

四、司法案件上奏程序

秦汉时期，部分案件只由地方享有初审权，或者说拟判权（初步
拟定判决之权），即地方可以对案件进行初步审理，并做出不直接产
生法律效力的拟判。真正的判决权则由上级甚至皇帝掌控。如《二
年律令·兴律》载："县道官所治死罪及过失、戏而杀人，狱已具，勿庸
论，上狱属所二千石官。二千石官令毋害都吏复案，问（闻）二千石
官，二千石官丞谨录，当论，乃告县道官以从事。"②"狱已具"是指，案

---

① 该条律令称："·其都吏及诸它吏所自受诏治而当先决论者，各令其治所县官以法决
论之。"在受诏治狱的情况下，治所县官承担着决论的职责。县官一词在岳麓秦简中
多次出现，陈松长认为其可能县和都官的省称。参见陈松长：《岳麓秦简中的"县官田
令"初探》，《中州学刊》2020年第1期。
② 张家山二四七号汉墓竹简整理小组：《张家山汉墓竹简［二四七号墓］》（释文修订
本），文物出版社2006年版，第62页。

件已经审理明白,案件卷宗已经整理完备。① 也即,县道官对可能会被判处死刑、过失杀、戏杀等的严重案件进行初步审理后,要提交给二千石官。二千石官命人复案后才能做出判决。岳麓秦简也展示出需要上请的情况。

　　材料一:岳麓秦简(伍)载:"●制诏御史∟:吏上奏当者,具傅所以当者律令、比行事。固有令,以令当,各署其所用律令、比行事曰:以此当某。今多弗署者,不可案课,却问之,乃曰:以某律令某比行事当之,烦留而不应令。今其令,皆署之如令。"②

　　材料二:岳麓秦简(陆)载:"●制诏御史:请当上奏者,耐皇以下先决之,有令。而丞相、御史尽主诸官所坐多不与它官等,丞相、御史官当坐官以论,耐皇以下当上奏当者,勿先决论,侍(待)奏当。│廷内史郡二千石官共令·戊"③

　　在材料一中,秦律令规定官员上奏请示案件如何判决时,还要提供与案情相关的律令和比行事。这一条可能会存在多种解释,即既可能属于疑案奏谳,也可能属于需要上奏请示才能判决的案件。相较而言,材料二更为清晰,"当上奏者"就意味着相关案件需要上奏请示如何判决。而且这条律令规定,可能会被判处耐罪以下的案件要由上奏者先进行拟判,这或许与材料一中的"傅所以当者律令、比行

---

① 陈松长主编:《岳麓书院藏秦简》(肆),上海辞书出版社 2015 年版,第 74 页。徐世虹还认为:"据'具狱'之语,其卷宗应包含了起诉、调查、审讯、判决等各个环节的文书,故推测在县所上报的死刑案卷宗中,也附有关于本案的审判意见,只是这一意见有待郡守复核。"徐世虹:《西汉末期法制新识——以张勋主守盗案牍为对象》,《历史研究》2018 年第 5 期。

② 陈松长主编:《岳麓书院藏秦简》(伍),上海辞书出版社 2017 年版,第 60－61 页。陈伟对该句部分内容的断读与整理小组不同。他认为应为:"制诏御史:吏上奏当者具傅所以当者律令、比行事固有令。以令当各署其所用律令、比行事曰'以此当某'。"陈伟:《秦汉简牍所见的律典体系》,《中国社会科学》2021 年第 1 期。

③ 陈松长主编:《岳麓书院藏秦简》(陆),上海辞书出版社 2020 年版,第 67－68 页。

事"相关。同时,该条又规定涉及丞相、御史属官的案件具有特殊性,即使耐罪以下也要上奏请示。这或许可被视为传统上请制度的雏形。

五、司法监察程序

受法家性恶观念的影响,秦制度的设计充分反映出对官吏的不信任,[①]并由此建构了相当复杂的监察制度。司法监察是整个监察体制的一部分,[②]秦同样设计了很多监督措施,防止司法擅断,避免司法腐败。在司法方面,游逸飞认为,秦郡承担着监督县司法的职能,郡监御史同样可以监察县司法并且制约郡守的司法权。[③]汉承秦制后,汉代也有诸种司法监督制度。如张琮军认为,乞鞫、奏谳和录囚是汉代刑事司法监督制度的主要内容。[④]岳麓秦简中不仅有司法监察的法律实践(即"癸琐相移谋购案"),还有一些关于司法监察的律令。这些律令有助于理解秦司法制度及其实践的细节。

材料一:岳麓秦简(肆)载:"令人智(知)其所,为人识,而以律论之。其奴婢之毋(无)罪者殴(也),黥其雠〈颜〉頯,畀其主。咸阳及郡都县恒以计时上不仁邑里及官者数狱属所执法,县道官别之,且令都吏时覆治之,以论失者,覆治之而即言请(情)者,以自出律论之。【匿】亡不仁邑里、【官】者,赀二甲。"[⑤]

---

① 参见宋洪兵:《韩非子学说与中国古代监察制度理论基础》,《求是学刊》2015 年第 1 期。尽管宋洪兵指出,韩非子对秦监察制度的实践影响较弱。但韩非子学说只是法家学说的代表,这种对官吏的不信任在法家理念中应该是一贯的。

② 参见张晋藩主编:《中国古代监察法制史》(修订版),江苏人民出版社 2017 年版,第 125 - 126 页。

③ 游逸飞:《三府分立:从新出秦简论秦代郡制》,载《"中研院"历史语言研究所集刊》2016 年第 3 分册总第 87 本,第 470 - 475、486 - 490 页。

④ 参见张琮军:《汉代刑事证据在司法监督制度中的运用》,《政法论坛》2013 年第 1 期。

⑤ 陈松长主编:《岳麓书院藏秦简》(肆),上海辞书出版社 2015 年版,第 47 - 48 页。

材料二：岳麓秦简（伍）载："●监御史下劾郡守└，县官已论，言夬（决）郡守，郡守谨案致之，不具者，辄却，道近易具，具者，郡守辄移御史，以齍（赍）使及有事咸阳者，御史撩平之如令，有不具不平者，御史却郡而岁郡课，郡所移（缺简）并算而以夬（决）具到御史者，狱数衔（率）之，嬰算多者为殿，十郡取殿一郡└，奇不盈十到六亦取一 郡 。"①

材料三：岳麓秦简（伍）载："●令曰：诸有案行县官，县官敢屏匿其所案行事及雍塞止辤（辞）者，皆耐之└。所屏匿臯当罨（迁）若耐以上，以其所屏匿臯论之，有（又）驾（加）其臯一等。·廷丁廿一"②

材料一中出现了"执法"这一官职，该官职在岳麓秦简的律令中多次出现，但又被认为是在岳麓秦简中首次出现的秦职官。③ 关于执法的争议很多，④不过其职责相对明晰。⑤ 而且，执法有明显的司法监察职能。材料一展现出执法对地方审理亡不仁邑里、官者案件的监察。⑥ 在县审理与亡不仁邑里、官者有关的案件时，执法可以审

---

① 陈松长主编：《岳麓书院藏秦简》（伍），上海辞书出版社 2017 年版，第 54－55 页。
② 陈松长主编：《岳麓书院藏秦简》（伍），上海辞书出版社 2017 年版，第 140－141 页。
③ 传世文献中有"执法"一词。参见［日］土口史记撰，何东译：《岳麓秦简"执法"考》，收入周东平、朱腾主编：《法律史译评》第六卷，中西书局 2018 年版。
④ 相关争论可参见唐俊峰：《秦代"执法"中央二千石官泛称性质申论》，收入邬文玲、戴卫红主编：《简帛研究》（二〇二一秋冬卷），广西师范大学出版社 2021 年版，第 67－69 页。
⑤ 参见彭浩：《谈〈岳麓书院藏秦简（肆）〉的"执法"》，收入王捷主编：《出土文献与法律史研究》第六辑，法律出版社 2017 年版，第 84－92 页；王捷：《秦监察官"执法"的历史启示》，《环球法律评论》2017 年第 2 期；陈伟：《秦简牍"执法"新诠——兼论秦郡的评价》，《武汉大学学报（哲学社会科学版）》2023 年第 6 期。王四维则指出，执法还有审判权。参见王四维：《秦郡"执法"考——兼论秦郡制的发展》，《社会科学》2019 年第 11 期。
⑥ 有关该条的理解可以参见欧扬：《岳麓秦简〈亡律〉"亡不仁邑里、官者"条探析》，收入杨振红、邬文玲主编：《简帛研究》（二〇一六春夏卷），广西师范大学出版社 2016 年版，第 180 页。

查此类案件并处罚失职官员。而且，县每年还要向执法进行上
计。① 而从材料二来看，②监御史会通过郡守对县司法进行审查。在
监御史下刻郡守的情况下，县要向郡守上报案件审判结果，郡守审查
通过的要提交御史做进一步审查，审查内容包括具或不具、平或不平
等。在材料三中，秦律令要求县官必须要积极配合巡视调查，不过本
条与司法之间的关系不明显。虽然有"案行"一词，但该词应该指广
义的巡察、巡视之意。如《汉书·盖宽饶传》载："宽饶初拜为司
马……躬案行士卒庐室，视其饮食居处，有疾病者身自抚循临问，加
致医药，遇之甚有恩。"③当然，司法监察可能也是巡察的内容。例
如，在材料一中，郡守"令都吏时覆治之，以论失者"时自然需要县的
配合。

六、特别审判程序

当代司法制度在特殊情况下会存在某些特别审判程序，包括缺
席审判，即法院会在诉讼两造中一方缺席审理的情况下进行审判。
在秦汉司法实践中，案件当事人一般都会参与庭审，但在某些特殊情
况下也会出现缺席审判的情况。例如，秦存在大量逃亡类案件，如何
对逃亡中的人进行审判可能就是当时的司法难题之一。岳麓秦简证
明，秦对这些人设计了特别审判程序以进行缺席审判。

---

① 参见王四维：《秦郡"执法"考——兼论秦郡制的发展》，《社会科学》2019 年第 11 期。
② 有学者对这段材料进行了解读。参见舒哲岚：《秦汉简牍中的"案致"——兼论汉初
地方立法建议》，《湖南社会科学》2020 年第 4 期。但该文将"监御史下刻郡守"解释
为监御史"可依职权对所辖区域内郡守的犯罪行为予以告发或检举"。该说似乎不
确。从下文来看，郡守对县上报的案件具与不具进行审查，之后移予御史。如果"监
御史下刻郡守"与之有关，本句的意思可能是，监御史将刻提交郡守，然后由郡守推动
对县审查的展开。
③ （汉）班固：《汉书》，中华书局 1962 年版，第 3244 页。

材料一：岳麓秦简（肆）载："有罪去亡,弗会,已狱及已劾未论而自出者,为会,鞫,罪不得减。"①

材料二：岳麓秦简（肆）载："城旦舂司寇亡而得,黥为城旦舂,不得,命之,其狱未鞫而自出毆（也）,治（笞）五十,复为司寇。"②

材料三：岳麓秦简（肆）载："诸鼌（迁）者、鼌（迁）者所包去鼌（迁）所,亡□□得,鼌（迁）处所,去亡而得者,皆耐以为隶臣妾,不得者,论令出会之,复付鼌（迁）所县。"③

秦汉时期的去亡主要分为有罪去亡、逋欠官府钱财去亡和逃避某种身份与戍役去亡。④ 从材料一来看,该律令主要规定了有罪去亡类犯罪。其中可见,秦司法程序中存在"有罪去亡,弗会,已狱及已劾未论而自出者"的情况。有罪去亡者大概会犯有原所犯之罪和逃亡之罪。从岳麓秦简来看,这种逃亡者是根据原所犯之罪的轻重然后按照《亡律》处罚的。如岳麓秦简（肆）载："不会毄（系）城旦舂者,以亡律谕〈论〉之。"⑤"不会收及隶臣妾之耐,皆以亡律论之。"⑥但秦律令中也存在按两罪处罚的规定。⑦ 如岳麓秦简（肆）载："不会笞及

---

① 陈松长主编：《岳麓书院藏秦简》（肆）,上海辞书出版社2015年版,第43页。
② 陈松长主编：《岳麓书院藏秦简》（肆）,上海辞书出版社2015年版,第55页。
③ 陈松长主编：《岳麓书院藏秦简》（肆）,上海辞书出版社2015年版,第62页。
④ 参见邹水杰：《论秦及汉初简牍中有关逃亡的法律》,《湖南师范大学社会科学学报》2019年第1期。
⑤ 陈松长主编：《岳麓书院藏秦简》（肆）,上海辞书出版社2015年版,第52页。
⑥ 陈松长主编：《岳麓书院藏秦简》（肆）,上海辞书出版社2015年版,第52页。
⑦ 汉律或许有所不同。《二年律令·具律》载："当完城旦舂、鬼薪白粲以上而亡,以其罪命之;耐隶臣妾罪以下,论令出会之。其以亡为罪,当完城旦舂、鬼薪白粲以上不得者,亦以其罪论命之。"张家山二四七号汉墓竹简整理小组：《张家山汉墓竹简[二四七号墓]》（释文修订本）,文物出版社2006年版,第25页。按照这一规定,犯下完城旦舂、鬼薪白粲乃至耐隶臣妾以下罪,会被按照本罪定罪;不过,如果其所犯亡罪应当被处以完城旦舂、鬼薪白粲以上的,则按照亡罪来定罪,这可能是两罪相权取其重的体现。

除，未盈卒岁而得，以将阳癖（癖），卒岁而得，以阑癖，有（又）行其笞。"①结合这几条再来看材料一，不会或者弗会的前提是原所犯之罪已经被审判。那么，后文的"已狱及已劾未论"可能就非原所犯之罪，而是逃亡之罪。再结合后文"自出"的说法，这意味着在弗会且不得的情况下，逃亡者还会存在"已狱"的情况。已狱即已经进入审判阶段。② 未到庭而被审判，这可能是秦的缺席审判制度。这完全可以理解。逃亡者的逃亡罪行明白清楚，主要定罪事实无需经过审讯就可以认定，自然可以缺席审判。但如果想要减刑，犯罪者就需要在正式的鞫做出之前自首。

　　材料二和材料三进一步证明这种审判制度的存在。鞫是明确定罪事实的司法阶段。③ 材料二中的"不得，命之，其狱未鞫而自出殹（也）"证明，在逃亡者未被抓获前可能存在"已鞫"的情况。而且，在逃亡者的逃亡过程中，司法可以先进行"命之"的程序。④ 而且，材料三指出，对于受迁刑者或因之而包的人，如果逃亡，则会被"论令出会之"。保科季子指出："'命'为确定罪名的司法手续，'命者'则是已罪名确定的犯罪者，而已确定的罪名（即刑罚名）却是被称为'名'。"⑤陈迪则认为，命是"对在逃之重罪者予以公开缉捕"。⑥ 张

① 陈松长主编：《岳麓书院藏秦简》（肆），上海辞书出版社2015年版，第53页。
② 按照整理小组的观点，已狱意味着案情已经确认。陈松长主编：《岳麓书院藏秦简》（肆），上海辞书出版社2015年版，第74页。
③ 参见张建国：《汉简〈奏谳书〉和秦汉刑事诉讼程序初探》，《中外法学》1997年第2期；欧扬：《读鞫与乞鞫新探》，《湖南大学学报（社会科学版）》2016年第4期。
④ 对于"命之"问题的研究综述，详见王牧云等：《岳麓书院藏秦律令简集注（一）》，收入邬文玲、戴卫红主编：《简帛研究》（二〇二一春夏卷），广西师范大学出版社2021年版，第189-190页。
⑤ [日]保科季子：《亡命小考——兼论秦汉的确定罪名手续"命"》，收入武汉大学简帛研究中心编：《简帛》第3辑，上海古籍出版社2008年版，第349页。
⑥ 陈迪：《〈岳麓书院藏秦简（肆）〉60-64简试析》，收入邬文玲、戴卫红主编：《简帛研究》（二〇一八秋冬卷），广西师范大学出版社2018年版，第140页。

传玺则认为，"命之"和"以其罪论"关系密切，法律规定应当是"以其罪论，命之"，其意为确定其罪刑并予以通缉。他还进一步指出，"论令出会之"应当断句为"论，令出、会之"，其意为"启动司法程序，判定罪刑并命令其出现和按限定时空接受刑罚"。① 相较之下，②张传玺的观点更有说服力。这也进一步说明，材料三中受迁刑者或因之而包者在不得的情况下也会被缺席审判。

结语

从立法模式来看，秦司法程序可能并非一体成型，而是通过不断地追加立法建构起来的。这些立法往往产生于法律实践中，目的是回应具体实践需求。当在法律实践中出现某些问题时，秦官僚体系会通过内部沟通的方式自下而上地传递信息，直到君主。中央政府会在以君权为中心的制度中对此加以回应。这种回应性的制度建构模式使得秦司法程序呈现出零散化的特征，具体规定散落于各种相关律令中。不过，这种零散性对秦司法程序有效性的影响很难判断。因为，一旦遇到司法案件，秦相关机构就会按照司法程序的规定运作起来。立法的零散性虽然增加了法律适用的难度，但在多元监督机制下，对错误的矫正可能仍有效。

---

① 张传玺：《秦及汉初逃亡犯罪的刑罚适用和处理程序》，《法学研究》2020 年第 3 期。
② 其他研究还可参见徐世虹：《出土秦汉法律文献整理研究的新成果——读〈二年律令与奏谳书——张家山二四七号墓出土法律文献释读〉》，《政法论坛》2010 年第 4 期。

岳麓秦简(叁)"多小未能与谋"案所见秦治狱程序问题试探

张传玺 *

【摘要】岳麓秦简(叁)"多小未能与谋"案涉及秦治狱程序的若干问题。治狱主体的确定以"告劾——受理"为原则,犯罪主体原籍地县道未治狱,佐证了"以令论削爵"程序非刑事审判;本案经历了确认多身份信息之"问","名事里"信息涉及身份管理与收制、连坐,治狱县以"有鞫""覆"类文书函询,应询机构以"奔牒"回复,跨县则以"腾书"即驿传传送文书;多的原籍地应实施了专对逃亡有爵黔首的"以令论削爵",为行政措施。

【关键词】"多小未能与谋"案;奔牒;腾书;"定名事里";以令论削爵

岳麓秦简(叁)《为狱等状四种》案例五"多小未能与谋"案记有:

---

* 张传玺,中国政法大学法律古籍整理研究所副教授。本文摘自为中国政法大学 2022 年春季学期《秦汉史专题研究》课程撰写的"《为狱等状四种》'多小未能与谋案'读札"讲义附录稿,附录曾提交课堂讨论;部分内容亦曾提交于 2022 年秋季学期本科《中国法律史研讨课》课程。讨论时得到选课同学和石佩、张香萍、陈新华等同学指正,在此谨致谢意。

【敢】谳(谳)之：十二月戊午,军巫间曰：攻荆庐谿【□□】故(?)秦人邦亡荆者男子多。(88 简)

多曰：小走马。以十年时,与母儿邦亡荆。亡时小,未能与儿谋。它如军巫书。(89 简)

儿死不讯。(90 简)

问：多初亡时,年十二岁,今廿二岁;巳(已)削爵为士五(伍)。它如辟(辞)。(91 简)

鞫之：多与儿邦亡荆,年十二岁,小未能谋。今年廿二岁,巳(已)削爵为士五(伍)。得。审。疑多辠(罪)。毄(系)。(92 简)它县论。敢谳(谳)之。(93 简)

●吏议曰：除多。或曰：黥为城旦。(94 简)①

该案梗概是,秦军巫间称男子多系秦人邦亡楚。在距此十年前,多与母亲儿(现已亡故)去秦之楚,多逃亡时十二岁,保有小走马爵位,现年二十二岁,已被削爵为士伍。自秦出逃他国构成"邦亡",刑罚为黥为城旦舂;多出逃时"小",未能与其母"谋"。如何处置多成疑,本案因而要上谳。

对本案的直接研究成果分别有前注引整理本及其修订本和劳武利、史达先生的中、英文注译;②整理者陶安先生亦有专文,提出该案反映了秦楚户籍制度趋向完善,"削爵"是行政措施,本案此前未经刑

①　该案文书的图版、释文注释和现代语译,可参见朱汉民、陈松长主编,[德]陶安撰:《岳麓书院藏秦简》(叁),上海辞书出版社 2013 年版,彩色图版第 27－28 页,红外线图版第 141－144 页。

②　整理者修订本参见[德]陶安:《岳麓秦简〈为狱等状四种〉释文注释(修订本)》,上海古籍出版社 2021 年版,第 100－103 页;英文注译,参见 Ulrich Lau & Thies Staack, *Legal Practice in the Formative Stages of the Chinese Empire: An Annotated Translation of the Exemplary Qin Criminal Cases from the Yuelu Academy Collection*, Brill, 2016, pp.167－173.

事判决,并推测相关疑问之所在。① 各家所论精细严密,但其对该案程序细节和疑罪成因的认识牵连着秦时治狱程序与实体层面的若干问题,尚有申说空间。笔者已另撰文讨论本案实体规则疑问,小稿此处尝试从本案几个关键问题点出发,结合其他简牍材料,延展讨论秦治狱程序上的若干问题。

一、本案的治狱管辖与“问”环节

本案文书对治狱主体与案件调查过程的记录较模糊和简略,可稍予说明。

文书未载治狱及上谳主体,可能但不能确证是 88 简的“庐谿”。② 陶安先生认为,多所在的楚国县城庐谿受到秦军进攻,多被巫闲(间)捕获并押送到县级行政部门,县级部门审理后对多的论断仍有疑问,以“敢谳之”形式向郡请示,形成本案奏谳文书。③ “鞫,审”为县道治狱文书常见,简文又提及“系,它县论”,故本案治狱主体确应为某县/道。不过 88 简系遥缀,“攻荆庐谿”下缺二字左右,据存字只能推知多邦亡事发于秦军攻庐谿期间或之后,不能推知多被捕或移交于庐谿;88 简言“军巫间曰”而非文书记录捕诣犯罪者到官时常用的“告曰”,89 简又有“它如军巫书”,暗示出多可能不是被间

---

① 参见[德]陶安:《岳麓秦简〈为狱等状四种〉案例五〈多小未能与谋案〉吏议管窥——秦律未成年刑事责任能力与受刑能力》,收入邬文玲、戴卫红主编:《简帛研究》(二〇一八秋冬卷),广西师范大学出版社 2019 年版,第 101 - 113 页。

② 《二十七年质日简》32 简已有“庐谿”,推测为楚及秦县。从“攻荆庐谿”看,庐谿应为楚县,位于巫黔郡。See Ulrich Lau & Thies Staack, *Legal Practice in the Formative Stages of the Chinese Empire: An Annotated Translation of the Exemplary Qin Criminal Cases from the Yuelu Academy Collection*, Brill, 2016, p.169, note 822. [德]陶安:《岳麓秦简〈为狱等状四种〉释文注释(修订本)》,上海古籍出版社 2021 年版,第 101 页。

③ 参见[德]陶安:《岳麓秦简〈为狱等状四种〉案例五〈多小未能与谋案〉吏议管窥——秦律未成年刑事责任能力与受刑能力》,收入邬文玲、戴卫红主编:《简帛研究》(二〇一八秋冬卷),广西师范大学出版社 2019 年版,第 101 - 102 页。

直接捕送到官。① 但间或他人是否在庐谿知悉多邦亡并捕获他,治狱县是否为庐谿,间是在告发还是讯问环节将多的信息书面告知治狱县,这些问题暂无定论。

在何时知悉多邦亡、在何处捕获以及送交哪一县廷的事实问题,首先涉及秦汉治狱管辖(罪案审理机构的确认)原则。基于张家山汉简《奏谳书》文书,彭浩先生曾分别解释诸例的地域审判管辖依据,②宫宅洁先生总结为"审判原则上是以受理诉讼的县以上的机构为主进行。受理时,并不考虑犯罪地点与嫌疑人籍贯,即贯彻所谓的发现地原则"。③ 王安宇先生进而指出秦汉诉讼审理地存在"发现地原则"的例外事例,"体现的司法管辖原则都与囚徒所在地密切相关",也有移狱异地的规定。④

回观本案,秦军攻庐谿之后,多被某县控制,此县可能但不确定是庐谿。军巫间此前通过某种渠道(如战斗捕获、他人告发、户口清查等)知悉多邦亡,⑤并在多到官后书面告知该县。该县遂治多之狱;经多原籍所在县道确认其身份后,本案仍由该治狱县审理,罪刑有疑而上谳。可以推知,此后接收上级机构批复和论断、执行程序的主体皆为治狱县,而不会移送多至其原籍地进行。这涉及多逃亡后其原籍地是否治狱的问题,下详。

---

① 本案一个吏议意见是"黥多为城旦","黥为城旦舂"正是秦之邦亡罪法定刑,其时逃亡自出又应减罪,可知多系被捕获而非自出。
② 参见彭浩:《谈〈奏谳书〉中的西汉案例》,《文物》1993 年第 8 期;彭浩:《谈〈奏谳书〉中秦代和东周时期的案例》,《文物》1995 年第 3 期。
③ [日] 宫宅洁撰,徐世虹译:《秦汉时期的审判制度——张家山汉简〈奏谳书〉所见》,收入杨一凡主编:《中国法制史考证》丙编第 1 卷,中国社会科学出版社 2003 年版,第 296 页。
④ 王安宇:《秦汉时期的异地诉讼》,《中国史研究》2019 年第 3 期。
⑤ 前注引陶安文猜测,多之被捕获,除自首情形外,很可能是因特殊原因被军巫间察觉所致。

（一）"问"之主体与事项：主管机关的"定名事里"

多供辞中的关键信息有"小走马"和年龄。小走马为秦走马爵的一种，尹在硕先生据《二年律令·傅律》提出"小爵指傅籍以前未成年男子取得的爵位"，①整理者亦言"小走马，即未'傅籍'者所占有的走马爵位"。② 治狱县核查多的供辞，确认多曾有小走马爵，但被削除，身份已是士伍。

在此类司法文书中，对特定的关键事实的核查构成了治狱之"问"。最初疑问来自《法律答问》中"问"之理解。多数"问"是作为"问（某人）何论"的发问之语出现的，但在 38－42 简中"问"后接盗赃数额，整理小组语译为"审问结果是"，是治狱者对事实的确认，38、42 简更同时出现调查确认事实之"问"与发问之"问"，③可见《法律答问》"问"有不同意义。睡虎地秦简《法律答问》77 简记有："或自杀，其室人弗言吏，即葬狸（薶）之，问死者有妻、子当收，弗言而葬，当赀一甲。"对"问死者"之"问"，整理小组语译为"经讯问知道"，④何四维先生不同意此解，认为此处"问"也是发问之词，读本句为："问：死者有妻、子；当收？"⑤何氏认为本简是对室人是否"当收"的设问，但"收"适用于犯罪当处完城旦舂、鬼薪以上刑罚者，《法律答问》中涉及"收"的问答也都是在刑罚确定前提下提出，而室人"弗言而葬"

---

① ［韩］尹在硕：《睡虎地秦简和张家山汉简反映的秦汉时期后子制和家系继承》，《中国历史文物》2003 年第 1 期。

② ［德］陶安著：《岳麓秦简〈为狱等状四种〉释文注释（修订本）》，上海古籍出版社 2021 年版，第 102 页。

③ 诸简释文及语译见睡虎地秦墓竹简整理小组：《睡虎地秦墓竹简》，文物出版社 1990 年版，第 102－103 页。

④ 77 简释文及语译见睡虎地秦墓竹简整理小组：《睡虎地秦墓竹简》，文物出版社 1990 年版，第 111 页。

⑤ See A. F. P. Hulsewé, *Remnants of Ch'in Law*, Brill, 1985, p.140, note 3 for D61.

非此类重罪,本简之疑也正是其刑罚本身,故何氏之说有疑。"问"后接"死者有妻、子当收",亦当为特定事实的确认,整理小组"经讯问获知某事实"的语译更自然。唯《法律答问》此数simplified何以专以"问"引出特定事实确认而不是直接陈述,一时尚留有疑问。近年来张家山汉简《奏谳书》、岳麓秦简《为狱等状四种》等司法文书摘录类简牍"书籍"面世,这类以疑罪上谳为重要内容的文书中基本都有表治狱程序之一环节的"问",学者亦已指出《法律答问》部分内容来源于秦治狱的"疑罪吏议",①至此可知 38－42 简、77 简之"问"不仅有着如整理小组"审问结果是""经讯问获知"语译般的通常意思,而且可落实为专指治狱一环节之"问"。38－42 简之"问"后接盗赃确认,涉及刑罚变动,77 简之"问"后接死者"有妻、子当收",涉及自杀者室人"擅自"埋葬死者的违法属性,②诸简之"问"都是对判断罪、刑的关键事实的核查确认。

　　岳麓秦简(叁)"癸琐相移谋购案"16 简有"诊、问",整理者注:"问,询问、查询,文书中多指函询。……在'问'字下既可以接询问之辞,……又可以直接写出查询结果,……奏谳文书中位于诊和鞫之间的'问'字属于后一类,表示查询的结果。"③落实在本案文书,就是

①　王伟:《睡虎地秦简文本复原二题》,《中国矿业大学学报(社会科学版)》2016 年第 6 期。

②　"有妻、子当收"之"收"有"收尸"与"收孥"二解,《法律答问》作为"收孥、没收"之"收"多以官府为动作主体,且犯罪本应"收其妻、子"者,死后事发的不予追究,本条不言自杀者有罪而以"问"确认"妻、子当(被)收",并无意义,因此此处解为"收敛、收尸"更妥当。不同意见,可参见中国政法大学中国法制史基础史料研读会:《睡虎地秦简法律文书集释(八):〈法律答问〉61~110 简》,收入中国政法大学法律古籍整理研究所编:《中国古代法律文献研究》第十三辑,社会科学文献出版社 2019 年版,第 28 页。

③　[德]陶安著:《岳麓秦简〈为狱等状四种〉释文注释(修订本)》,上海古籍出版社 2021 年版,第 74 页注释 35。该注列举了睡虎地秦简《封诊式》、里耶秦简等材料以说明"问"函询范本和文书记录类型。

91 简"问"字后所接部分，即向多的原主管机构询问后获得的信息记录。

对"问"的主体与事项，学者曾有论及，如宫宅洁先生基于《奏谳书》认为"问"是官吏在嫌疑者不在场时，查阅卷宗、确认会影响到量刑的年龄、爵位或赃额等事项，此环节的存在原因是，听取供述是由多位官吏分工进行，相关人员未必集中在县，若要推动案件进入量刑环节，需要综合已明确了的事实关系。① 劳武利、史达先生基于《为狱等状四种》《奏谳书》，认为"'问'是法吏在审理过程中，就那些对审判结果有潜在重要性的事项所做的查询。这类查询大多面向官府机构做出，但从不面向疑犯或证人"。② 李安敦、叶山先生在宫宅洁、劳武利和吕德凯、闫晓君等学者观点的基础上，将"问"细化为就犯罪者年、爵、责任减免、先前罪刑记录等事项向其原籍地官府提出的询问，对赃额等的询问，以及那些向对涉案人身或证据进行"诊"的官吏或专业人员提出的问题。③ 综上，"问"是治狱者主导的，官方内部对罪案相关事实进行的核查行为，不针对犯罪者、证人或其他涉案人员做出。

"问"的事项为犯罪者个人信息和具体犯罪事实等影响罪刑确认的关键信息，这类信息在之前各调查环节有遗漏或未明确的，则在"问"环节予以确认。确定罪刑的关键事实不仅是律令文本上的犯罪

---

① ［日］宫宅洁撰，徐世虹译：《秦汉时期的审判制度——张家山汉简〈奏谳书〉所见》，收入杨一凡主编：《中国法制史考证》丙编第 1 卷，中国社会科学出版社 2003 年版，第 310-311 页。

② Ulrich Lau & Thies Staack, *Legal Practice in the Formative Stages of the Chinese Empire: An Annotated Translation of the Exemplary Qin Criminal Cases from the Yuelu Academy Collection*, Brill, 2016, p.107, note 562.

③ See Anthony J. Barbieri-Low & Robin D.S. Yates, *Law, State, and Society in Early Imperial China: A Study with Critical Edition and Translation of the Legal Texts from Zhangjiashan Tomb no. 247*, Vol. II, Brill, 2015, p.160.

构成事实,还包括需从法定刑落实为实际刑罚的事实,这不仅包括诸家言及的年、爵、性别等身份特质,还包括犯罪是否遇赦,①犯罪关联事实如受害者或涉案第三方身份②等等。此外,特别的身体/肉体状态会影响法定刑之执行,如前期调查未明确,就需在"问"环节查询确认。如《奏谳书》案例四所示:女子符逃亡,瞒报身份、附籍为"隶",隐官解不知其亡,娶以为妻。据《二年律令·亡律》168 简:"取(娶)人妻及亡人以为妻,及为亡人妻,取(娶)及所取(娶),为谋(媒)者,智(知)其请(情),皆黥以为城旦舂。……"③解是否构成"娶亡人为妻"之罪,成疑。隐官是犯罪受过肉刑的城旦,经赦免、平反、赎买等途径摆脱城旦身份的人。④ 先前调查仅确认解为隐官,未明确他受过何种肉刑。⑤ 若解"娶亡人为妻"罪名成立,"黥为城旦舂"法定刑之黥能否直接执行,若需易刑,改易为何种肉刑,皆需据解曾受的肉刑来确定。32 简记有:"问:解故黥劓,它如辟(辞)。"以"问"确认了

<hr>

① 以岳麓秦简(叁)《为狱等状四种》观之,如 203 简"●问:骚、路以赦前赀毋智,以后遝",[德] 陶安著:《岳麓秦简〈为狱等状四种〉释文注释(修订本)》,上海古籍出版社 2021 年版,第 145 页。

② 如《为狱等状四种》232-233 简"●问:学拚(矫)爵为伪书。时冯毋择爵五大夫,将军。学不从军,年十五岁",[德] 陶安著:《岳麓秦简〈为狱等状四种〉释文注释(修订本)》,上海古籍出版社 2021 年版,第 153 页。

③ 释文参见张家山二四七号汉墓竹简整理小组:《张家山汉墓竹简[二四七号墓]》(释文修订本),文物出版社 2006 年版,第 31 页。

④ 对隐官来源的分析可参见蒋非非:《〈史记〉中"隐宫徒刑"应为"隐官、徒刑"及"隐官"原义辨》,收入中国文物研究所编:《出土文献研究》第六辑,上海古籍出版社 2004 年版,第 138 页。隐官原本身份或许包括受过腐刑的宫隶臣,但《奏谳书》案例四中解应非这类人。

⑤ 秦及汉初肉刑有法定肉刑为黥为城旦舂、斩左止城旦、腐刑,在黥城旦舂加罪一等、完城旦舂加罪二等、斩左止城旦加罪一等/二等时,会出现黥劓城旦舂、黥劓斩左止城旦、黥斩左止城旦肉刑;在已受黥、黥劓、黥劓斩左止、黥劓左止乃至黥劓斩左右止刑之城旦再犯耐迁以上罪而应再次执行黥刑时,将形成黥劓、黥劓斩左止、黥斩左止、黥劓斩左右止腐等肉刑。犯有强奸罪而被处以腐刑者和因加罪或再犯罪而被累加适用腐刑者是否能成为隐官尚不明确,其余受过肉刑的城旦摆脱城旦身份后皆应为隐官。

解的肉体状态；34 简记有吏议意见之一是"当以取（娶）亡人为妻论，斩左止（趾）为城旦"。① 确认了解"娶亡人为妻"罪名成立，法定刑为黥为城旦，解已受黥劓，故易刑为斩左止为城旦。此例之"问"确认了决定实际刑罚的事实，而非律令上的定罪事实。因此，治狱县行文原籍地要求调查犯罪者有无既往犯罪、受刑记录（"何罪赦"）的重要目的当是核查其人是否曾受到过身体、身份或财产方面的制裁，这些事实是否影响手边案件的刑罚和行政或连坐性质制裁的判决和执行。

　　除犯罪行为事项外，影响罪刑确认的主要因素是犯罪者个人身份信息，这也是"问"的基本内容之一。个人信息中，首先需要确认此人是谁，在此基础上核查犯罪者年龄、爵位保有状况和户籍/居住地或所属机构等主管机构信息。其中，年龄涉及刑罚减免，爵位涉及肉刑和城旦舂身份回避；确认户籍/管理机构信息是固定犯罪证据和涉案人员，执行犯罪可能导致的家庭成员与财产之查封看管（"封守"）乃至没收（"收制"），和实施基于地域、职事关联的同居/典伍/职务连坐（"相坐法"）等后续程序的要求。

　　秦文书常用"名事里"格式用语来概指前述待确认的各项个人信息。官府确认其人在身份管理系统中的姓名为"定名"，年龄、爵位、居住地等信息一般随之得以确认，此即为"定名事里"。因此"定名事里"之"问"主要是应治狱县要求，由犯罪者主管机构确认个人信息的环节，本案中就是多的具体身份、逃亡时和现在的年龄及爵位等事项。"定名事里"一语动态反映着秦政府对个人的管理形式，可稍作引申：

　　关于"定名"。"定"后接的待确认事项有"名"之单项信息，有多

---

① 释文参见张家山二四七号汉墓竹简整理小组：《张家山汉墓竹简［二四七号墓］》（释文修订本），文物出版社 2006 年版，第 94 页。

项身份信息,亦有关联罪刑的事实。里耶秦简见有"名吏(事)里皆定",①睡虎地秦简《封诊式》见有"定名事里",除 97 简"名事定"之"定"被整理小组注为"确实"外,②他处皆注译为"确定",诸家多无异议。岳麓秦简《为狱等状四种》"猩敄知盗分赃"案 49 简:"●执一男子。男子士五,定名猩。"类例还有"魏盗杀安、宜等"案 158 简"定名魏"、"学为伪书"案"定名学"。整理者注"定名":"定,审定、确定。……此处'定名'用作名词,指经过官方证实之名,即户籍上的正式名字。"③劳武利、史达英译释文从之。④

　　"定名"未必落于乡官管理的里民户籍,盖因犯罪者身份或为隶属官府人员,乃至隶臣妾、收人、城旦春、鬼薪白粲等受刑后附属官府或被官府没收之人,另有集簿登录其身份信息,主管者是官府机构而非乡。因此"定名"的意义是通过确认个人姓名,将其落实于各类身份管理系统,包括编户民之户籍(与此对应的是"邑里"),或隶属官府机构的特定身份人员如学室之学童,受刑罚处罚后的隶臣妾、城旦春、鬼薪白粲等(与此对应的是"官")等,⑤又或处于特殊状态、最新身份信息暂时掌握在特定机构的人员(如前引里耶秦简 9 - 2287 简

---

① 　里耶秦简牍 9 - 1887 简,参见陈伟主编:《里耶秦简牍校释》(第二卷),武汉大学出版社 2018 年版,第 386 页。

② 　参见睡虎地秦墓竹简整理小组:《睡虎地秦墓竹简》,文物出版社 1990 年版,第 164 页注。

③ 　[德]陶安著:《岳麓秦简〈为狱等状四种〉释文注释(修订本)》,上海古籍出版社 2021 年版,第 88 页。

④ 　Ulrich Lau & Thies Staack, *Legal Practice in the Formative Stages of the Chinese Empire: An Annotated Translation of the Exemplary Qin Criminal Cases from the Yuelu Academy Collection*, Brill, 2016, pp.137 - 138, note 685.

⑤ 　以"邑里"为单位的编户里民,或以"官"为单位的著籍、隶属于官府机构的隶臣妾等身份的人。"邑里"与"官"在身份意义上的区分,可见于岳麓秦简(肆)24 简对逃亡者统称"亡不仁邑里、官",参见陈松长主编:《岳麓书院藏秦简》(肆),上海辞书出版社 2015 年版,第 46 页。

所示,它犯罪已经论决、身份变动,又在重审期间逃亡),①乃至尚未登录、附籍者。② 对后者而言,首先需要确认其是否有官府登录信息即是否"有名事"(但不能直接判定所属机构为"邑里"或"官"),这常见于对逃亡者身份的核查。《封诊式》"亡自出"条96-97简记有对逃亡自出者的身份核实之"问":"·问之□名事定……"③原释文对97简首字未释,后接"名事定"。里耶秦简牍8-136+8-144Ⅱ有"·问之有名吏(事),定,故旬阳隶臣,以约为",④据此可知97简首字应为"有",可读为"·问之,有名事,定,……",即先行确认既有信息管理系统已有此人信息,然后确认具体信息为何。

关于"名事里"。《秦律十八种·仓律》25简"而书入禾增积者之名事邑里于廥籍",整理小组注"名事邑里":"《封诊式》作名事里,意为姓名、身份、籍贯,与《汉书·宣帝纪》'名县爵里'意近。"注《封诊式》6简"名事里"引《说文解字》"事,职也",增居延汉简文例,说同《秦律十八种》25简注。⑤

诸家解"事"为"身份",概括而言并无不妥,但细究其义,恐非一般意义的"身份/status""职业""工作"。整理小组注《封诊式》6简

---

① 该案"问—定名事里"程序较特殊:首先,它的户籍地、犯罪和治狱地和捕获地分别在新武陵县、迁陵县和酉阳县。其次,它经过迁陵县初次治狱并被论断、执行,在其初次治狱的"问"环节应经过由户籍地新武陵县"定名事里"。最后,它原审被论断为"耐为侯"并遣归原籍,"耐为侯"刑罚与"耐为司寇"相当或更轻,此一新的"名事里"信息本应落于所遣归的原籍地新武陵县,但其狱被迁陵县更论(再审),于是最新信息是掌握在迁陵县。它在更论其狱期间逃亡。因此,捕获县确认其身份的"问—定名事里"程序不是指向其原籍/遣归之新武陵县,而是指向治狱的迁陵县。

② 如浮浪逃亡,无名数,未附着于任何身份系统,类于今日所谓"黑户"者。

③ 本条释文见睡虎地秦墓竹简整理小组:《睡虎地秦墓竹简》,文物出版社1990年版,第163-164页。

④ 陈伟主编:《里耶秦简牍校释》(第一卷),武汉大学出版社2012年版,第76页。

⑤ 参见睡虎地秦墓竹简整理小组:《睡虎地秦墓竹简》,文物出版社1990年版,第25、26、148页。

时引《说文解字》"事,职也"值得注意,"事"应取"职事、役使、给事于君/官府"之义,从睡虎地秦简《封诊式》文书模板、里耶秦简治狱文书、岳麓秦简(叁)《为狱等状四种》和张家山汉简《奏谳书》奏谳文书可见,与"事"相对应的调查事项是"爵",《汉书·宣帝纪》载地节四年诏有"其令郡国岁上系囚以掠笞若瘐死者所坐名、县、爵、里,丞相御史课殿最以闻",①诸家所引西北汉简中治狱所行文书语句亦以"爵"具化"事"。要之,虽然汉简中"爵"与"名县里"并列,也用于说明非犯罪者身份事项,但在治狱调查事项中,"爵"具有特殊重要性,且与"吏(事)"有关联。秦简牍文书所见"名事里"在汉文献中具化为"名爵里",这既暗示了"名事里"用语中"吏/事""职""爵"有密切联系的早期意涵,也说明秦"治狱"意义上的"事"在汉代逐渐落实在"爵"上。就前者而言,涉及给事官府/君主者的刑罚优待与特别的慎刑程序,"爵"不是唯一条件,②"爵"本派生于"事";就后者而言,则涉及两方面变化,一是,刑罚优待和特别的慎刑程序落实于"爵",二是,本由"事"涵盖的其他群体如隶臣妾,在秦是无期限身份,但在汉文帝刑制改革后有了确定期限或逐步消失,因此从国家角度衡量其身份时,基本分类标准可以具化为爵之有无。③

(二)"问"之"有鞫/覆"文书与回复之"上奔牒"

前述个人身份、当前涉嫌罪名和其他牵连犯罪、既往犯罪与赦免

---

① (汉)班固:《汉书》卷八《宣帝纪》,中华书局1962年版,第253页。
② 众所周知,爵与刑罚确定有密切关系,奏谳类文书中,"事"相对的是爵位保有与官吏身份,官吏身份不一定必然享有刑罚优遇,如《奏谳书》"恢盗县官米"案有"令:吏盗,当刑者刑";但有上请的慎刑程序。对秦高秩与高爵者同样须经上请程序的梳理,可参见管笑雪:《秦至汉初特殊身份者审判程序研究》,收入王沛主编,黄海执行主编:《出土文献与法律史研究》第十辑,法律出版社2021年版。
③ 笔者已另撰文,从"职事"角度重新梳理官僚系统、爵制与国家徭役问题,以及相应的,法律体系内"事律"在"罪律"之外的展开。此不赘述。

等项"问"环节的待询信息，在下引《封诊式》中被归结为"名事里，所坐论云可（何），可（何）罪赦"，里耶秦简文书亦见"（定）它坐"的要求，①由治狱者以文书函询主管犯罪者、保有其身份信息的机构。当犯罪者原主管机构不在治狱县时，这一"问"环节需跨县、在不同机构间进行。本案应即如此，"问"环节确认的多之年爵信息应即治狱县向其原籍县发文要求"定名事里"的信息查询结果，应询机构应即多原户籍管理机构。睡虎地秦简《封诊式》各件文书显示县是向乡询问嫌疑人身份，籾山明先生据"告臣""黥妾"条提出，"名事里"的确定需由乡官负责，"里民的户籍和财产理应在乡的管辖之下"。② 宫宅洁先生亦指出"至少在秦简所反映的时代，乡就已经在管理里民的户籍"，嫌疑人户籍不在案件审理县时，由该县向嫌疑人户籍所在县"县主"发文，转询户籍所在乡。③《封诊式》录有多件查询涉案人信息的文书范本，其中"有鞫"类是询问犯罪者信息的文书范本，"覆"类是询问逃亡者信息的文书范本。

《封诊式》6-7简为"有鞫"文书：

　　有鞫　敢告某县主：男子某有鞫，辞曰："士五（伍），居某

---

① 如里耶秦简9-2287简"它坐论报赦（赦）皋（罪）云何"，释文见陈伟主编：《里耶秦简牍校释》（第二卷），武汉大学出版社2018年版，第453页；及下引里耶秦简14-18简"它坐"。

② ［日］籾山明著，徐世虹译：《秦代审判制度的复原》，收入刘俊文主编：《日本中青年学者论中国史·上古秦汉卷》，上海古籍出版社1995年版，第256页。宫宅洁也译为"记录官"。见［日］宫宅洁撰，徐世虹译：《秦汉时期的审判制度——张家山汉简〈奏谳书〉所见》，收入杨一凡主编：《中国法制史考证》丙编第1卷，中国社会科学出版社2003年版，第309页。

③ ［日］宫宅洁撰，徐世虹译：《秦汉时期的审判制度——张家山汉简〈奏谳书〉所见》，收入杨一凡主编：《中国法制史考证》丙编第1卷，中国社会科学出版社2003年版，第309页。宫宅之说可以证之于后出秦简牍，尤其是《为狱等状四种》奏谳文书和秦令见有不少户婚信息登录事例。乡官掌握户籍簿册、县廷藏其副本的制度在汉代得到延续，汉初《二年律令》和西北汉简多见其例。

里。"可定名事里,所坐论云可(何),可(何)罪赦,或覆问毋(无)
有。遣识者以律封守。当腾,腾皆为报。敢告主。

13-14 简为"覆"文书:

覆　敢告某县主:男子某辞曰:"士五(伍),居某县某里,去
亡。"可定名事里,所坐论云可(何),可(何)罪赦,【或】覆问毋
(无)有,几籍亡,亡及逋事各几可(何)日。遣识者。当腾,腾皆
为报。敢告主。①

孙闻博先生指出二者"当视作它县或与县平行相关机构移书于
嫌犯原居县的文书范本"。② 本案中多涉嫌"邦亡",函询需跨县,文
书格式与内容应不出"有鞫""覆"类文书。这类询问文书有二点可
注意:

其一,"遣识者"之"识者",整理小组译为"了解情况的
人",③Katrina C. D. McLeod 和叶山译为"记录者(recorder)",④籾
山明先生从之,并认为乡是"识者"的派遣地;⑤何四维先生译为
"知道的人",解为那些知道后续程序的地方管理者。⑥ 下析的里

---

① 参见睡虎地秦墓竹简整理小组:《睡虎地秦墓竹简》,文物出版社 1990 年版,第 148-
150 页。句读有改。
② 孙闻博:《简牍所见秦汉法律诉讼中的乡》,《中华文化论坛》2011 年第 1 期。
③ 睡虎地秦墓竹简整理小组:《睡虎地秦墓竹简》,文物出版社 1990 年版,第 148-
150 页。
④ Katrina C. D. McLeod & Robin D. S. Yates, Forms of Ch'in Law: An Annotated Translation
of The Feng-chen shih, *Harvard Journal of Asiatic Studies*, Vol. 41, No. 1(Jun., 1981),
p.136.
⑤ [日]籾山明著,徐世虹译:《秦代审判制度的复原》,收入刘俊文主编:《日本中青年
学者论中国史·上古秦汉卷》,上海古籍出版社 1995 年版,第 255-256 页。宫宅洁也
译为"记录官",参见[日]宫宅洁撰,徐世虹译:《秦汉时期的审判制度——张家山汉
简〈奏谳书〉所见》,收入杨一凡主编:《中国法制史考证》丙编第 1 卷,中国社会科学
出版社 2003 年版,第 309 页。
⑥ See A. F. P. Hulsewé, *Remnants of Ch'in Law*, Brill, 1985, p.186, note 8.

耶秦简牍"学童拾有鞫"文书中,迁陵县令要求学佴与狱史"以律封守上牒",则学佴正对应《封诊式》"有鞫"文书指令接收县所遣之"识者";《封诊式》"封守"条言"乡某爰书",负责有鞫者之封守的是乡官,可知"有鞫"条"遣识者依律封守","识者"不是由乡派遣,而是由县派遣至乡,去核实信息、查封嫌疑人物品和拘禁家庭成员。由此可知整理小组之说最贴切,"识者"是应知晓待询信息的主管机构负责人;治狱县发送"有鞫""覆"文书到犯罪者原主管机构所在县道,要求对方核实文书所列明的信息,派遣知晓(或应当知晓)待询事项的人(即犯罪者的主管者),查封、拘禁涉案物品与人员。

其二,二件范本皆有"当腾腾皆为报",应是文书需跨县以驿传传送、传送需回报的用语。整理小组注为:

> 当,《吕氏春秋·义赏》注:"正也。"腾,读为誊,《说文》:"迻书也。"《系传》:"谓移写之也。"当誊,正确地写录下来。①

"当腾腾(皆)为报"也见于里耶秦简牍,是文书习语。对"当腾腾",诸家理解各异,邢义田、陈伟等学者曾有梳理。② 何四维先生认

---

① 睡虎地秦墓竹简整理小组:《睡虎地秦墓竹简》,文物出版社 1990 年版,第149 页。

② 对诸家之说的汇总,可参见邢义田:《湖南龙山里耶 J1(8)157 和 J1(9)1－12 号秦牍的文书构成、笔迹和原档存放形式》,收入武汉大学简帛研究中心主办:《简帛》第一辑,上海古籍出版社 2006 年版,第 291 页注释 1。陈伟主编:《秦简牍合集》(壹),武汉大学出版社 2014 年版,第 287－288 页,"当腾腾"注;陈伟主编:《里耶秦简牍校释》(第一卷),武汉大学出版社 2012 年版,第 3－4 页,5－1 简"当腾"注释 9。其中《里耶秦简牍校释》(第一卷)认为里耶秦简简 8－647"酉阳已腾书沅陵"是同一批简牍中"腾"有移送公文之义的例证,《秦简牍合集》(壹)亦提出,据里耶秦简 8－66+8－208"腾真书,当腾腾",简 8－647 和张家山汉简《奏谳书》案例十七简 123"腾书雍",显示腾的对象是文书,认为整理者读为"誊",解作"迻书"大致当是,"当腾腾"是说应当移送文书的移送文书。据其注引,里耶秦简讲读会和籾山明先生认为"腾＝"为"腾马"合文,使用腾马急送之意。

为"腾"为"驿马",进而解为使用驿马传递的动词,译"当腾,腾皆为报"为"应当使用驿马,使用驿马皆需报告";①戴世君先生认为"腾"兼有名词"驿传"和动词"传送"两义,"当腾腾"应作"当传(zhuàn)传(chuán)"理解,它是秦过县长途公文传送中,公文发文方告知接收方文书传送方式的交代语,即文书由驿传传送;"当腾腾"所反映的公文驿传传送方式,在一定条件下,秦人又表述为"以次传""以县次传"。② "当腾腾"与"腾书"之关联不能坐实,但以驿传制度去解说"当腾腾"与"腾书",其说有据。《汉书·高帝纪》:"横惧,乘传诣雒阳,未至三十里,自杀。"颜师古注:"传者,若今之驿,古者以车,谓之传车,其后又单置马,谓之驿骑。传音张恋反。"③《一切经音义》卷十二"具腾"引《说文》"腾,传也",言"传音知恋反,谓传递邮驿也",④《后汉书·隗嚣传》有"因数腾书陇、蜀,告示祸福",⑤注引《说文》"腾,传也";《说文解字义证》引二例以证"腾"之"传"义。⑥ 综上,"腾书"似有二义:一为以驿传跨县传送文书。个别"腾书"是否跨县不明,⑦余者如睡虎地秦简《封诊式》"当腾腾"、《奏谳书》案例十七"腾书雍"、里耶秦简牍"腾书"或"当腾腾"等例文书系跨县传送。二是这类驿传传送文书有"即时性"特点。"腾"应即本字,"驿传传送"之意;"当腾腾皆为报"的第二个"腾"不必改属上读,可借鉴何四维氏"当腾,腾皆为报"读法,解为"(本件文书)应当以驿传传

---

① See A. F. P. Hulsewé, *Remnants of Ch' in Law*, Brill, 1985, p.186, note10.

② 戴世君:《秦司法文书"当腾腾"用语释义》,《浙江社会科学》2010 年第 2 期。

③ (汉)班固:《汉书》卷一《高帝纪》,中华书局 1962 年版,第 57－58 页。

④ 徐时仪校注:《一切经音义三种校本合刊》(上),上海古籍出版社 2008 年版,第247 页。

⑤ (南朝宋)范晔:《后汉书》卷十三《隗嚣传》,中华书局 1965 年版,第 526 页。

⑥ (清)桂馥:《说文解字义证》,齐鲁书社 1987 年版,第 836 页上。

⑦ 如里耶秦简牍 IV8－130+8－190+8－193"可(何)故不腾书",参见陈伟主编:《里耶秦简牍校释》(第一卷),武汉大学出版社 2012 年版,第 68 页。

送,传送皆需回报"。①

应询县接收"有鞫""覆"询问文书后应即"遣识者"进行调查、确认待询信息,回复治狱县。回复文书属于"奔牒",亦有"即时性"要求。就此而言,"腾"在"上跃也,奔也"②常义上或与"奔牒"有关联。

岳麓秦简(肆)《尉卒律》见有"奔书",岳麓秦简(陆)有针对特定事件的"奔劾"、对其报告的"告奔劾"和相应文书"奔牒",里耶秦简 9-752 简和张春龙先生披露的里耶秦简 14-18 和 15-172 简见有"奔牒","奔书/奔牒"为名词;睡虎地秦简《法律答问》132 简有"已奔",为动词,大概是"已上奔牒"的省称。可注意者,除里耶简 9-752 简残断而语境不明外,③诸例"奔书/奔牒"都用于逃亡事件:《法律答问》132 简涉及刑徒逃亡,岳麓秦简(肆)"奔书"涉及黔首逃亡,里耶秦简 14-18 和 15-172"奔牒"涉及学童逃亡。"奔书""已奔"详下,此处申说"奔牒"。

岳麓秦简(陆)26-30 简:

　　26/1478:请:自今以来,县□劾(?)计(?)……年……封其(?)符,令(?)人校

---

① 睡虎地秦简《秦律十八种》、岳麓秦简所见秦律、张家山汉简《二年律令》皆有《行书》律篇,规范邮传行书制度,里耶秦简牍等有秦公文传送实例,有传递者记录回报的要求。《晋书·刑法志》载"秦世旧有厩置、乘传、副车、食厨,汉初承秦不改,后以费广稍省,故后汉但设骑置而无车马"((唐)房玄龄等撰:《晋书》卷三〇《刑法志》,中华书局 1974 年版,第 924 页),可知秦汉邮驿系统曾有较大省废变化。秦汉邮驿行书方面的史料丰富,所论者多,精要讨论可参见 Anthony J. Barbieri-Low & Robin D.S. Yates, *Law, State, and Society in Early Imperial China: A Study with Critical Edition and Translation of the Legal Texts from Zhangjiashan Tomb no. 247*, vol. II, Brill, 2015, pp.729-737;闫晓君:《秦汉行书律与帝国行政运作》,《四川大学学报(哲学社会科学版)》2022 年第 2 期。

② (梁)顾野王撰:《大广益会玉篇》,中华书局 1987 年版,第 108 页。

③ 里耶秦简 9-752 简记有"☑□陵具移其奔牒所以遣武",参见陈伟主编:《里耶秦简牍校释》(第二卷),武汉大学出版社 2018 年版,第 198 页。

缺简

27/1356：谨以道里计之，有失期盈 二日 以上 乚，当告奔劾者，智（知）弗告奔 劾，皆以所当告 奔劾而弗告

28/1431：劾之日数定皋，以纵皋人律论之。所告奔劾者得及自出，而后 有□□告 奔劾者，不为

29/1462：不审。其别有所繇（徭）使（使）而毋将吏，及虽有将吏，将吏毋县官印及印不行县官者，其 过 及居所

30/1452+C5－9－1：县道官、郸部丞听告及受将吏奔牒，移其县官及士吏，令求之。　　·十一①

陈松长先生认为"奔劾"的"劾"应解为特定文书名，"奔劾"也就是持劾书而奔走，而"奔劾者"即以劾书而奔走的人。"奔劾"有日程规定和限制，故简文中要根据其里程来核算他的送到时间，凡有延误者，当及时举报，不举报者，"以纵皋人律论之"。他推论"'奔劾'与'奔警''奔命'或都是同一类型的语词"，并认为 30 简（1452 简）由之前"奔书"改为"奔牒"，"牒"是书的同义词，若奔书是与奔亡有关的特殊文书，不会改为"奔牒"。②

本条有缺简，28、29 简连排方案也并非无疑。28 简有"得及自出"，故"所告奔劾者"应系已逃亡者，据本条无法否定奔牒与逃亡有关。本条意为，某机构所辖特定人员发生特定信息递送延误（以道里计，失期盈二日以上）而应当被"奔劾"的事件，应被奔劾者逃亡的，有义务报告此事的官吏（当告奔劾者）知情不告、延误时日者，以延误不告的日数定罪，按纵罪人律论断。如应被奔劾者先于此类官吏的报告就被捕获或自行投案的，就不算是某罪（应即不按"纵罪人律

① 陈松长主编：《岳麓书院藏秦简》（陆），上海辞书出版社 2020 年版，第 56－57 页。
② 陈松长：《岳麓秦简〈奔警律〉及相关问题浅论》，《湖南大学学报（社会科学版）》2017 年第 5 期。

论"）。若此类官吏另有差事而无法将应"奔劾"之事直接报告其所属县，如其无将吏，就亲自通知其当时所在县道、郡部，县道、郡部立即听取并写成文书，若其有将吏但无法以印"告奔劾"，就写成文书，由将吏以"奔牒"形式送交所在县道、郡部，所在县道、郡部移送其所属县，追捕逃亡者。此处"奔牒"致送所在地机构，内容是说明有应"奔劾"之事发生，是在将吏"无县官印""有印不行县官"时紧急传递的文书，而非用以报告应奔劾之事的文书本身。"告奔劾"应另有文书要求。

张春龙先生披露的里耶秦简 14–18 简和 15–172 简是奔牒文书实例。14–18 简：

> 正面：廿六年七月庚辰朔乙未，迁陵拔谓学佴：学童拾有鞫，与狱史畸徼执，其亡，不得。上奔牒而定名事里，它坐，亡年日月，论云何，[何] 皋赦，或覆问之毋有。与狱史畸以律封守。上牒，以书言。勿留。
>
> 背面：七月乙未牢臣分 戲 以来/亭手。畸手。

15–172 简：

> 正面：廿六年七月庚辰朔乙未，学佴亭敢言之：今曰：童拾 ☒ 史畸执，定，言。今问之，毋学童拾。敢言之。☒①

二简分别为有鞫逃亡者的查询文书和回复文书。14–18 简是县令要求县学官查询有鞫逃亡者信息后上呈奔牒的"有鞫"文书，格式与《封诊式》"有鞫"文书范本类似，惟《封诊式》"有鞫"文书范本拟制为跨县传送，此为县内传送。具体内容是某人自称学童拾，涉刑狱

---

① 张春龙：《里耶秦简中迁陵县学官和相关记录》，收入清华大学出土文献研究与保护中心编：《出土文献》第 1 辑，中西书局 2010 年版，第 232 页。陈伟先生修改 14–18 简释读，参见陈伟：《秦简牍校读及所见制度考察》，武汉大学出版社 2017 年版，第 283 页。

事逃亡,迁陵县令拔要求学童主管者即县学"学室"负责人学佴上呈
奔牒,奔牒需登录该所谓学童拾的身份、逃亡时间、既往犯罪史等信
息。前注引张春龙和陈伟先生将14‑18简"上牒"连上读。"与狱史
畸以律封守上牒以书言"是在指令学佴亭与狱史畸一起,对学童拾物
品或家庭成员进行封守,确认学童拾的信息后以奔牒文书上报,背面
有"亭手""畸手"即是受指令办理的学佴与狱史二人署名。因此本
文断读如上。15‑172简即是学佴按指令制作的奔牒,仅言查无
此人。

综上,在涉案者个人信息不明的案件中,治狱者在"问"环节确
认有关信息,其流程大概是:治狱县以"有鞫""覆"文书致送涉案
者的主管机构,一般为其户籍所在乡官或所属特定县官;跨县查询
需以"腾书"传送;应询县派遣知晓案情者与主管机构负责人确认
待询信息,查封扣押涉案人、物,以"奔牒"回复至治狱县,
完成"问"。

二、原籍未治狱与"以令论削爵"

军巫间知悉多系邦亡者的途径还涉及对秦逃亡事件处理程序的
认识。可能存在一种理解,即多出逃后曾被原籍地论罪并通缉,间因
而知晓多系邦亡者。如前所述,多如何到官的事实不明,不能据此展
开讨论多是否曾经历刑事审判。简文有"小走马,已削爵为士伍",应
是在秦国原籍地,多因逃亡被削小走马爵、成为士伍,整理者认为其
法律依据或即岳麓秦简(肆)《尉卒律》的一条律文。① 135‑138简
该条为:

① 〔德〕陶安:《岳麓秦简〈为狱等状四种〉释文注释(修订本)》,上海古籍出版社2021
年版,第102页。

　·尉卒律曰:黔首将阳及诸亡者,已有奔书,及亡毋(无)奔书盈三月者,辄筋〈削〉爵以为士五(伍)。有爵寡以为毋(无)爵寡。其小爵及公士以上子年盈十八岁以上,亦筋〈削〉小爵爵而傅,及公士以上子皆籍以为士五(伍)。乡官辄上奔书县廷,廷转臧(藏)狱,狱史月案计日,盈三月即辟问乡官,不出者,辄以令论削其爵。皆校计之。①

　本条律文是专对有爵黔首逃亡后的削爵程序。知悉里民逃亡后,乡官"辄上奔书县廷,狱史计亡日,满三月不出,削爵"。

　但"多小未能与谋"案与《尉卒律》的互证效力需予先行论证:本案"问"无"它罪坐"信息,说明多非因其他犯罪被削爵;本案可能发生在秦王政二十二年,②岳麓秦简(肆)诸律制定年代常有不明,100简"亡出故徼"应是在里耶秦简牍"更名方"所记更名弃用"邦",失去"邦亡"之名后的"出(故)徼"亡罪,③故本案应早于《尉卒律》制定年代。但从简牍来源看,二者可能同出,"亡,削爵为士伍"程序也相合,

---

① 　陈松长主编:《岳麓书院藏秦简》(肆),上海辞书出版社2015年版,第112－113页。句读修改参考陈伟:《秦简牍校读及所见制度考察》,武汉大学出版社2017年版,第283页。

② 　整理者认为本案可能发生在秦王政二十二年,见[德]陶安:《岳麓秦简〈为狱等状四种〉释文注释(修订本)》,上海古籍出版社2021年版,第101页。劳武利、史达提出另一时间点是秦王政二十六年。See Ulrich Lau & Thies Staack, *Legal Practice in the Formative Stages of the Chinese Empire: An Annotated Translation of the Exemplary Qin Criminal Cases from the Yuelu Academy Collection*, Brill, 2016, p.168, note 819.

③ 　根据里耶秦简牍和岳麓书院藏秦简牍等材料,近来学者已指出秦统一进程中"徼塞"指称的变化,如欧扬:《岳麓秦简"毋夺田时令"探析》,《湖南大学学报(社会科学版)》2015年第3期;周海锋:《岳麓书院藏秦简〈亡律〉研究》,收入杨振红、邬文玲主编:《简帛研究》(二〇一六春夏卷),广西师范大学出版社2016年版;邹水杰:《秦代属邦与民族地区的郡县化》,《历史研究》2020年第2期;张韶光:《试论简牍所见秦对边缘地区的管辖》,《史学月刊》2020年第8期;尚宇昌:《"故塞""故徼"的由来与秦并天下》,《中国边疆史地研究》2022年第1期等。《法律答问》和《为狱等状四种》"癸瑣相移谋购"案、"多小未能与谋案"案时代以"出徼"为重要标准的"邦亡",随着《更名方》所揭示的秦统一前后"邦"概念的弃用,已经被"出故徼"罪名取代。

律文与案例应可互证。

对"黔首亡,以令论削爵为士伍"是否为逃亡者原籍地治狱论罪的刑事审判程序,学界有不同意见,而这与多此前是否被论罪而削爵的认识有关。对此似可从"上奔书"的程序意义和"以令论削爵"的性质两方面来考察。

（一）"奔牒""奔书"的程序意义

目前所见"奔牒""奔书"诸例皆涉逃亡,在其语境中确"与逃亡有关"。不过,若奔牒是专对逃亡事件的类型化文书专谓,则不必详列逃亡者的待询事项。里耶秦简"学童拾有鞫"案中,迁陵令拔的函询文书详列了奔牒需登载的信息,回复文书正是奔牒,但没能登录逃亡者信息。在此意义上,"奔"更突出文书传递的"即时性"而非文书的内容特性,"奔牒/奔书"是即时传递文书的类称。只是"有鞫"之治狱事本就有"即时性"要求,①"覆"之逃亡罪、刑需计时日,"即时性"更是其内在要求;因此治狱机构可在发文时明言需以"奔牒"回复。

《尉卒律》此例"奔书"也涉及逃亡事件,"奔"亦被解出二义。整理者认为奔书为"秦代文书的一种,用以登记黔首逃亡情况。或应是涉及奔警的命令,即因突发事件需要征召士徒的法律文书",②学者

---

① 秦汉皆有治狱不得久系不决的要求,尽快确认犯罪者信息以定罪处刑是应有之义。《二年律令·行书律》276 简有"诸狱辟书五百里以上,及郡县官相付受财物当校计者书,皆以邮行",此为汉初治狱文书需跨县传递时依靠邮驿系统的规定。"诸狱辟书"应包括查询犯罪者身份之"有鞫""覆"类文书。可资为秦制的参考。释文见张家山二四七号汉墓竹简整理小组:《张家山汉墓竹简[二四七号墓]》(释文修订本),文物出版社 2006 年版,第 47 页。
② 陈松长主编:《岳麓书院藏秦简》(肆),上海辞书出版社 2015 年版,第 164 页注释 39。

对整理者二说各有所从。① 华东政法大学出土法律文献研读班提出,奔书是亡不得的后续文书,并推测岳麓简"已有奔书"可能是"黔首在犯了其他罪之后逃亡,因无法抓获而下达所谓的'奔书'。这样也正可解释同样是逃亡行为,为何会出现有奔书和无奔书两种情形"。② 如此区分有奔书和无奔书,是把使用奔书的标准限定为犯罪事发逃亡,但这与秦汉犯罪事发以"告书"为据的常例不合,其说对《尉卒律》本条乃至与《二年律令·具律》《亡律》的引证关联也有问题,详下。"奔书"之有无难与犯罪事发逃亡匹配。

接下来的问题是此例"奔书"是否同于"奔牒"。"书""牒"在"简牍""文书"的一般意义上可混指,所见诸家皆将"奔书"等同"奔牒",将本条"已奔"之"奔"视为"奔书"。不过目前"奔书"仅此一见,岳麓秦简(陆)又有"奔牒",二者是否同为泛指,颇有疑问。《尉卒律》之"奔书"是由乡官上呈的黔首逃亡报告文书,与余例"奔牒"相比,有两个特点:

一是,此类里民逃亡事件一般由里居之伍人、典长等报告,《二年

---

① 取"奔,出亡"义,视其为"逃亡文书"的,如陈伟先生认为,"奔书"之"奔"取"逃亡"意,"奔书"是一种关于逃亡的文书。见陈伟:《秦简牍校读及所见制度考察》,武汉大学出版社 2017 年版,第 283 页;又如朱红林:《〈岳麓书院藏秦简(肆)〉疏证》,上海古籍出版社 2021 年版,第 151 页。取"奔,赴急"义,视其为"奔走携带紧急文书"泛称的,如陈松长先生提出奔书可能"并不是一种特定的有关奔亡的文书,而应该是有关奔走携带所有紧急文书的一个泛称,也就是说,前面所说的'奔警''奔命''奔劾'中的'警''命''劾'等都应该是'奔书'的一种,而不应该将'奔书'中的'奔'另解为'奔亡'的'奔'"。见陈松长:《岳麓秦简〈奔警律〉及相关问题浅论》,《湖南大学学报(社会科学版)》2017 年第 5 期。与陈说有所不同,视"奔书"为"奔命书/奔警书"省称的,如杨振红先生认为岳麓秦简(肆)《尉卒律》中出现的"奔书"就应是"奔命书"(或"奔警书")的省称,即上级下达的令黔首奔命或奔警的文书。见杨振红:《从岳麓秦简看秦汉时期有关"奔命警备"的法律》,收入姚远主编:《出土文献与法律史研究》第七辑,法律出版社 2018 年版,第 35 页。

② 华东政法大学出土法律文献研读班:《岳麓简秦律令释读(二)》,收入王捷主编:《出土文献与法律史研究》第九辑,法律出版社 2020 年版,第 218 页。

律令·户律》305 简言民里伍人有义务报告逃亡事件,"有为盗贼及亡者,辄谒吏、典",①乡官听取口头报告后易为文字,以奔书上呈。而余例"奔牒"皆非针对乡里之黔首逃亡,而是针对县官主管的有特定身份/职事者。

二是,《尉卒律》"奔书"使用情境是削爵程序,而非论定罪刑的治狱程序,不涉及"狱"后续审判程序的进行。余例"奔牒"中,里耶简"学童拾"案是有鞫逃亡,岳麓秦简(陆)"告奔劾"是稽程犯罪逃亡,都是需治狱即追究罪责、叠加刑罚者。

因此奔书和奔牒在适用的具体治狱/逃亡场景、制作主体和适用对象方面有一定差异。再看睡虎地秦简《法律答问》132 简:

> 隶臣妾鋜(系)城旦春,去亡,已奔,未论而自出,当治(笞)五十,备鋜(系)日。②

本条可还原为问答体,疑问点在于:同为逃亡自出,隶臣妾、城旦春等不同身份人的处理程序和罚则有异,"论"后自出与"未论"自出效果或有不同,系城旦春之隶臣妾逃亡,"未论自出"者如何处置遂成疑。③ 本条"已奔"标示了逃亡事件已为主管机构发觉。中国政法

---

① 张家山二四七号汉墓竹简整理小组:《张家山汉墓竹简[二四七号墓]》(释文修订本),文物出版社 2006 年版,第 51 页。

② 睡虎地秦墓竹简整理小组:《睡虎地秦墓竹简》,文物出版社 1990 年版,第 124 页。

③ 秦及汉初律令简牍文本可见部分规定。如岳麓书院藏秦简(肆)50 简:"城旦春司寇亡而得,黥为城旦春,不得,命之,其狱未鞫而自出殹(也),治(笞)五十,复为司寇。"陈松长主编:《岳麓书院藏秦简》(肆),上海辞书出版社 2015 年版,第 55 页。张家山汉简《二年律令·亡律》164 简:"城旦春亡,黥,复城旦春。鬼薪白粲也,皆笞百。"165简:"隶臣妾、收人亡,盈卒岁,鋜(系)城旦春六岁;不盈卒岁,鋜(系)三岁。自出殹,笞百。其去鋜(系)三岁亡,鋜(系)六岁;去鋜(系)六岁亡,完为城旦春。"张家山二四七号汉墓竹简整理小组:《张家山汉墓竹简[二四七号墓]》(释文修订本),文物出版社 2006 年版,第 30–31 页。诸条标点修改与自出效果的讨论,可参见张传玺:《秦及汉初逃亡犯罪的刑罚适用和处理程序》,《法学研究》2020 年第 3 期。诸条尤其是秦简牍中,未见隶臣妾系城旦春逃亡,在已奔未论时自出的处置,《法律答问》132 (转下页)

大学中国法制史基础史料研读会认为奔书系"前者(登记黔首逃亡情
况的文书/记录逃亡情况的文书)的可能性较高",本简"已奔"则"可理解
为已经登记入'奔书'"。① 不过,一方面,岳麓秦简《尉卒律》中制作并
上呈奔书的意义不在"登记"信息,而在及时将黔首逃亡事件传递到狱
史处,用于未来治亡罪狱时的计日;另一方面,系城旦舂之隶臣妾乃至
其他"刑徒"逃亡时应治狱,进行缺席审判,罚则也异于黔首逃亡。② 故

(接上页) 简或是针对此疑问而设置;秦汉之间的时代差异和诸条与《法律答问》132 简之
　　间的文本差异也有可能成为本条问答设置的背景。例如,岳麓秦简(叁)《为狱等状
　　四种》案例十一"得之强与弃妻奸"案中,得之强奸弃妻未遂,被论为耐为隶臣,之后
　　首次乞鞫不审,在奸罪的耐为隶臣刑罚基础上加罪一等,需系城旦六岁;之后逃亡,被
　　"论系十二岁";之后自出,再次就奸罪乞鞫,但又被认定为不审,在奸罪的耐为隶臣刑
　　罚基础上加罪一等,加系城旦六岁。总计十八岁。得之以隶臣系城旦身份逃亡,被论
　　为系十二岁。目前尚不清楚逃亡发生在乞鞫不审之论的前还是后,是在隶臣基础上
　　判罚系六岁,还是在隶臣系城旦六岁基础上判罚系六岁。如是后者,则需考虑《二年
　　律令·亡律》165 简"去系六岁亡,完为城旦舂"与此案是否相合。165 简系城旦舂而
　　亡加系年数乃至升格为完城旦舂,是在亡罪前提下,即隶臣妾亡不盈卒岁,加系三岁,
　　盈卒岁,加系六岁。如在加系三岁期间亡,加系六岁;如在盈卒岁之加系六岁期间亡,
　　则完为城旦舂。这意味着,是在先亡"盈卒岁"前提下,"加系六岁"又亡时,才会升格
　　为完城旦舂。得之则不然,即使是在乞鞫不审加罪一等而加系城旦期间亡,也不应升
　　格为完城旦。劳武利、史达据此例认为秦时只是延长了系日,汉初则适用更重一级刑
　　罚即完为城旦舂。See Ulrich Lau & Thies Staack, *Legal Practice in the Formative Stages
　　of the Chinese Empire: An Annotated Translation of the Exemplary Qin Criminal Cases
　　from the Yuelu Academy Collection*, Brill, 2016, p.261, note 1237.
①　中国政法大学中国法制史基础史料研读会:《睡虎地秦简法律文书集释(九):〈法律
　　答问〉111~135 简》,收入中国政法大学法律古籍整理研究所主编:《中国古代法律文
　　献研究》第十四辑,中西书局 2020 年版,第 54－55 页。
②　对后一点可申说如下:前引《法律答问》132 简有"未论自出"之语,说明系城旦舂之隶臣
　　妾逃亡的会有治狱程序,但不确知"论"后是采取"命"还是"令出会"程序。岳麓秦简
　　(肆)50 简云:"城旦舂司寇亡而得,黥为城旦舂,不得,命之,其狱未鞫而自出殹(也),治
　　(笞)五十,复为司寇。"见陈松长主编:《岳麓书院藏秦简》(肆),上海辞书出版社 2015
　　年版,第 55 页。是专对解决身份从城旦舂升为司寇者逃亡的规定,非自出者需治狱、
　　论命,刑罚为黥为(复)城旦舂;治狱时,狱未鞫自出者则按照身份即司寇处理,仅处笞五
　　十。从本条看,城旦舂司寇逃亡的追究程序不是"论令出会",应是按其原身份即城旦舂
　　"刑徒"逃亡处理,适用"论命"程序。可见至少隶臣妾系城旦舂以上"刑徒"逃亡的,主
　　管的司空/仓等县机构需立即以文书上报县廷并治狱;由城旦舂提升为司寇者逃亡的,
　　即使其主管机构是编户民的乡,也应与黔首一样以奔书上报县廷,但后续会进行治狱。

132 简"已奔"之"奔"恐指向"奔牒"而非"奔书";该问答讨论自出效果,侧重司法程序的时间节点,就此而言,"已奔"当为"已上奔牒"省称。①

综上,岳麓秦简《尉卒律》涉及县辖机构职能的展开。135－138 简是关于逃亡黔首的削爵程序,专门适用于有爵黔首,直接涉及的机构组织是里、乡、县廷、狱及其狱史,其一般程序大概是里民(逃亡黔首之伍人、典老)报告逃亡事件,乡官听取报告、制作并上呈奔书,县廷转付奔书至狱史,狱史据以计算逃亡时长并决定削爵;后续处理机构和程序还应包括县尉修正爵位信息、乡官修正户籍等。

据此,岳麓秦简(肆)《尉卒律》所见"乡官辄上奔书县廷",是乡官初步确认其人逃亡后需立即采取的措施;里耶秦简 14－18 简中迁陵县要求"学佴上奔牒",15－172 简应即奔牒,学佴亭当天即予回复。可见无论"奔书""奔牒"作何解,都有"即时性"的程序要求,符合"赴急"之意。这类文书名为"奔",意义在于事发即制作并传递,而用于各类逃亡事件的主要目的恐怕是以"奔"文书的形式即时上报县廷、及时记录逃亡时间,以待将来定罪、量刑。

综上,"奔书""奔牒"不是追究罪案的引导文书,《尉卒律》中"奔书"转送狱史处也不意味着治狱程序的开始。逃亡事件中"奔牒"的作用是将各机构发生的逃亡事件上报县廷,至于其后是否进行治狱程序,需根据逃亡者身份再行确定。

①　笔者曾讨论《法律答问》132 简"已奔未论自出"限定阶段是在已上奔书后的哪一环节,以及在"已狱未鞫""未论"之间区分出类似"辞定满三日"的时限的可能性,参见拙文:《秦及汉初逃亡犯罪的刑罚适用和处理程序》,收入中国政法大学法律古籍整理研究所主办:《"多元视角下的传统法律文献研究"国际学术研讨会论文集(第一组)》,2019 年 11 月,第 155 页注释 3。该文后发表于《法学研究》2020 年第 3 期,篇幅和行文所限,此处删去正文和注。

（二）"以令论削爵"非治狱

前文已述，本案文书不是由多的原籍县制作，治狱县始终是庐谿或某一其他被征服的楚地县、道。这本可说明黔首逃亡的，其原籍县未治其狱；兼之《尉卒律》"上奔书至狱史"不是治狱标志，则无法将"黔首亡盈三月不出者，辄以令论削其爵"规定视为刑事审判程序，更不能推论类如多母子般的黔首逃亡者会被治狱、论定为罪人，甚或被通缉。陶安先生提出多邦亡"削爵为士伍"是乡官依职权，不经刑事审判进行的，①后又引岳麓秦简（肆）《尉卒律》本条说明。② 笔者也曾引用本条和140简以下简文说明本条律文规定的仅是黔首逃亡者削爵程序，不启动司法程序，无所谓论罪。③

亦有学者认为《尉卒律》本条是定罪规定。周海锋提出："从律文可知，奔书是一种用以登记黔首逃亡情况的文书，是定逃亡者之罪和削去其爵位的文书凭证。逃亡者出逃满三个月者，名字将被录于奔书之上，会被立案，成为罪人。"④不过其说未明言"以令论削爵"是审判程序。王萍提出"以令论"之"令"指定罪程序，"以令论削其爵"是按照定罪程序判处"削其爵"；"削爵"由狱而非乡官进行判决，说明削爵程序属于法律程序，削爵是刑罚，而非仅为注销爵籍的行政行为。针对逃亡罪的"削爵""是在逃亡者逃亡达到一定时限后，自动

① 朱汉民、陈松长主编，[德]陶安撰：《岳麓书院藏秦简》（叁），上海辞书出版社2013年版，第144页。
② [德]陶安：《岳麓秦简〈为狱等状四种〉释文注释（修订本）》，上海古籍出版社2021年版，第102页。
③ 张传玺：《秦及汉初逃亡犯罪的刑罚适用和处理程序》，《法学研究》2020年第3期。
④ 周海锋：《岳麓秦简〈尉卒律〉研究》，收入中国文化遗产研究院编：《出土文献研究》第十四辑，中西书局2015年版，第84页。

进入司法程序,进行'缺席'判决"。① 削爵程序确由狱史而非乡官实施,但将削爵程序视为"缺席刑事判决",将"削爵"视为刑罚,恐不确。②

如前引述,华东政法大学出土法律文献研读班推测"已有奔书"可能是"黔首在犯了其他罪之后逃亡,因无法抓获而下达所谓的'奔书'",本条是针对有奔书者的规定,语译"以令论"为"按照法令论处",认为与《二年律令·具律》122-124简"论令出会之"有关,是针对犯有耐为隶臣妾以下罪而逃亡者的程序,并引岳麓秦简(肆)关于"迁者、迁者所包"逃亡"论令出会之"的规定,提出"有奔书而超过3个月未予自首的,'辄以令论',恰可与071所讲'不得者,论令'相对应"。③ 朱红林先生看法类似,将"以令论"之"令"注为:"令,命也,发文通缉。岳麓简2009(047)'城旦舂亡而得,黥,复为城旦舂;不得,命之',简1976(050)'城旦舂司寇亡而得,黥为城旦舂;不得,命之',皆可为旁证。"并语译"以令论"为"按律……进行通缉"。④ 此说值得反思:

一方面,《尉卒律》本条黔首逃亡不以"犯罪"为前提。就律文首句结构言,"黔首将阳及诸亡者已有奔书及亡毋(无)奔书盈三月者,辄削爵以为士伍"中,"黔首将阳及诸亡者"和"亡"本是彼此涵盖的

---

① 王萍:《岳麓秦简〈尉卒律〉"削爵"考》,收入邬文玲、戴卫红主编:《简帛研究》(二○二○秋冬卷),广西师范大学出版社2021年版,第114-115、118-119页。

② 将"令"解为"定罪程序",无据;逃亡黔首亦非皆有爵位,削爵不是刑罚,削爵后身份是士伍,未降等为刑徒;如前所述,"狱"有多义,并不绝对重合,"狱(曹)/狱史"处理的事务不都是刑事审判;秦汉所谓"刑事判决"即治狱,有主体限定和基本程序,论断权限在于县道令长、丞乃至尉等,狱史不单独治狱,治狱有"讯鞫论"等基本环节;削爵不是"刑事判决",黔首逃亡"自动进入司法程序、进行'缺席审判'"之说无据。

③ 华东政法大学出土法律文献研读班:《岳麓简秦律令释读(二)》,收入王捷主编:《出土文献与法律史研究》第九辑,法律出版社2020年版,第217-219页。

④ 朱红林:《〈岳麓书院藏秦简(肆)〉疏证》,上海古籍出版社2021年版,第154-155页。

逃亡类型，简文若以有犯罪为前提来限定有奔书者，前后难通；且据岳麓秦简（肆）91 简"阑亡盈十二月而得，耐。不盈十二月为将阳，赣（系）城旦春"，①"黔首将阳者"不是犯罪逃亡，则犯罪逃亡的只能是"诸亡者"中的一部分。如此，律文结构会是：黔首将阳+诸亡有奔书+亡无奔书。但无奔书之"亡"与黔首之将阳又有重合；"诸亡"中除了阑亡、亡出故徼等独立成罪的单纯逃亡之外，还应包括其他类型，如伴随违反徭役更赋等义务的逃亡、主体身份特别或罚则特别的逃亡等；②因此"奔书"不以犯罪事发逃亡为据。

另一方面，本条"以令论"与《二年律令·具律》和岳麓秦简（肆）所见"论，命之""论，令出、会之"程序无关。《二年律令·具律》122－124 简前部规定了犯罪逃亡的处理程序：

> 有罪当完城旦春、鬼薪白粲以上而亡，以其罪命之；耐隶臣妾罪以下，论，令出、会之。其以亡为罪，当完城旦春、鬼薪白粲以上不得者，亦以其罪论，命之。③

据本条，对犯罪逃亡者，"论"后区分本罪刑罚轻重，适用不同程序予以追缉：本犯之罪的刑罚在完城旦春、鬼薪白粲以上的，以其本犯罪刑予以通缉（"以其罪命之"）。本犯之罪的刑罚在耐隶臣妾刑以下的，则指令其自出（"令出"），在规定时空接受本罪刑罚（"（令）会之"）。④ 可见"令，命也，发文通缉"之解不确。"论，令出、会之"

---

① 陈松长主编：《岳麓书院藏秦简》（肆），上海辞书出版社 2015 年版，第 69 页。

② 如 60 简有"盗贼旋（遂）及诸亡坐所去亡与盗同法者当黥城旦春以上及命者"，"诸亡坐所去亡与盗同法"可能包括隶臣妾逃亡以日计赃与盗同法者。释文见陈松长主编：《岳麓书院藏秦简》（肆），上海辞书出版社 2015 年版，第 58 页。

③ 张家山二四七号汉墓竹简整理小组：《张家山汉墓竹简［二四七号墓］》（释文修订本），文物出版社 2006 年版，第 25 页。句读有改。

④ 可参见张传玺：《秦及汉初逃亡犯罪的刑罚适用和处理程序》，《法学研究》2020 年第 3 期。

程序不一定限于对犯耐隶臣妾以下罪而逃亡者的处理,特殊身份者的单纯逃亡也可能适用,如岳麓秦简(肆)所见迁者、迁者所包单纯逃亡的处理即是;①不过《尉卒律》此条显然不应适用此程序。在本条制定时代,黔首逃亡需区分将阳、阑亡,秦黔首出故徼亡可能与邦亡罪一样被单独规定,因此逃亡后本无法确定具体逃亡类型,也就无法论断其刑,发文通缉等后续程序更无法落实。反过来说,若黔首逃亡后确实论断罪刑,据《二年律令·具律》123-124简"其以亡为罪,当完城旦舂、鬼薪白粲以上,不得者,亦以其罪论,命之",多母子先前之逃亡已经被论断为邦亡,处刑是黥为城旦舂,若汉初此制同于秦,则二人将被"论,命之"即以确定罪名、刑罚加以通缉,这必然会反映到"定名事里"之"问"的确认结果;但本案文书仅言多被"削爵为士伍",显系多未被通缉。这可反证原籍县并未治狱审理母子邦亡犯罪,而是仅按黔首逃亡事件,削爵、修改户籍身份信息而已。② 引申而言,《尉卒律》本条与《二年律令·具律》关于有罪而亡的规定也不冲突。135简规范的"诸亡"既不是犯罪逃亡,与《具律》124简无关,也非"论令出会"之例,故而与岳麓秦简(肆)71、72简也无关。③

综上,《尉卒律》削爵程序不是对逃亡行为定罪处刑,"以令论"需作别解:

关于"令"。此"令"不是作为正式法律规范,与律相对且与律有直接关联的"律令"之"令"(Ordinance),而是简牍文书常见的"主事

① 可参见张传玺:《秦汉治狱之"鞫"与"鞫狱"犯罪》,收入中国政法大学法律古籍整理研究所编:《中国古代法律文献研究》第十六辑,中西书局2023年版。
② 《尉卒律》此条只是黔首逃亡后对其可能保有的爵位进行处理的"行政"措施,黔首单纯逃亡的,无法进入审判程序。对此可参见张传玺:《秦及汉初逃亡犯罪的刑罚适用和处理程序》,《法学研究》2020年第3期。
③ 从刑罚角度看,71、72简"论令出会"程序可能是基于迁相当于耐刑,迁者、迁者所包相当于受耐刑之人的前提,其从迁所逃亡,不啻于逃避耐刑,因此相当于有耐隶臣妾以下罪而亡。故与无罪黔首逃亡有别。

者的指令",是官僚体系内,基于职事的指令、命令(order)。对此可
稍作申说。《法律答问》142 简有:

> 可(何)如为"犯令""法(废)令"? 律所谓者,令曰勿为,而
> 为之,是谓"犯令";令曰为之,弗为,是谓"法(废)令"殹(也)。
> 廷行事皆以"犯令"论。①

对本条之"令",何四维先生意识到有二解,译文译为"律令"之
"令"(Ordinance),注中提出"也可能应按字面意义译为'命令'
(order)"。② 在此意义上,何氏未取整理小组连排《秦律十八种》184
简和 185 简的方案("行传书、受书,必书其起及到日月夙莫(暮),以
辄相报殹(也)。书有亡者,亟告官。隶臣妾老弱及不可诚仁者勿184
令。书廷辟有曰报,宜到不来者,追之。　行书185"),③认为二简不接,
185 简应读作"令书、廷辟有曰报,宜到不来者,追之",并译"令书"为
"书面命令"(written order)。④ 近年来秦简牍面世,何氏"令"有二分
之义得以落实。劳武利与史达列举了睡虎地秦简《秦律十八种》《法
律答问》,岳麓秦简《为狱等状四种》,张家山汉简《奏谳书》等秦简牍
中,统治者之"所言/法令(edict)"意义下的"令",并着重提示里耶简
中的那些在"命令"(order)意义上,从"王令(royal order)"(8-461
"更名方")到"丞相令"(8-159)"御史令"(8-1514)等高级官吏之
命令(higher officials' order)在内的"令(order)";⑤"书面命令"之义

---

① 睡虎地秦墓竹简整理小组:《睡虎地秦墓竹简》,文物出版社 1990 年版,第 126 页。
② See A. F. P. Hulsewé, *Remnants of Ch' in Law*, Brill, 1985, p.160, note 2.
③ 释文见睡虎地秦墓竹简整理小组:《睡虎地秦墓竹简》,文物出版社 1990 年版,第
　　61 页。
④ See A. F. P. Hulsewé, *Remnants of Ch' in Law*, Brill, 1985, p.86.
⑤ See Ulrich Lau & Thies Staack, *Legal Practice in the Formative Stages of the Chinese
　　Empire: An Annotated Translation of the Exemplary Qin·Criminal Cases from the Yuelu
　　Academy Collection*, Brill, 2016, pp.104-105, note 556.

的"令书"也数见于里耶秦简,何氏对"令书"的看法终得证实。①

秦简牍出现的官府之"令",有专名"令"而不限定者,或为"律令"之"令",此类多见,如里耶简 8 - 62 简;亦有自"王令"以下,明言指令发出者之"令",系主事者在履行职事时对具体事务的指令,正是"字面意义上之'命令'"。② 如前引里耶简 15 - 172 简简正有"令曰:童拾",虽然其后残断,但"令"以"童拾"开头,则可知此"令"是针对"学童拾有鞫亡"这一案件的具体指令,应即县令拔要求核查信息、制作并上呈奔牒的指令、命令。

以此验看《尉卒律》"以令论"之"令",亦应非"律令"层面的法律规范,而是县令、丞、尉等主管者基于职事就具体事件下达的"行政命令"。在本条律文前部,逃亡时长的削爵条件和削爵为士伍的后果乃至削除不同爵位的方式皆已有规定,狱史决定削爵时并无援引其他"律令"之"令"的余地。反而是秦削爵具体手续不明,个案中爵位保有与削除、削爵后逃亡黔首统计数据处理、削爵后个人户籍信息修改为"士伍"等后续工作将涉及县尉与乡官,③狱史职权恐不能覆盖这些环节,其削爵决定须依主管者指令作出。强调"以令",大概是如

---

① 对睡虎地秦简《秦律十八种·行书律》184、185 简断读和何氏意见的总结,可参见中国政法大学中国法制史基础史料研读会:《睡虎地秦简法律文书集释(五):〈秦律十八种〉(〈效〉──〈属邦〉)、〈效〉》,收入中国政法大学法律古籍整理研究所编:《中国古代法律文献研究》第十辑,社会科学文献出版社 2016 年版,第 58 - 59 页。

② 其中"更名方"(简 8 - 461)所见"以王令曰【以】皇帝诏"之"王令"被更名为"皇帝诏",是将确为"命令"的君主指令定名为其表现形式之"皇帝诏"。里耶秦简诸例分别见陈伟主编:《里耶秦简牍校释》(第一卷),武汉大学出版社 2012 年版,第 47 - 48、156、96、342 页。

③ 尉与人事任免、爵位授除有关,汉初《二年律令·置吏律》215 简有"受(授)爵及除人关于尉",见张家山二四七号汉墓竹简整理小组:《张家山汉墓竹简[二四七号墓]》(释文修订本),文物出版社 2006 年版,第 37 页;《尉卒律》141 简记有县尉在人口统计时,对卒岁不归的阑亡黔首单独处理,"結其計,籍書其初亡之年月于結,善臧(藏)以戒其得",见陈松长主编:《岳麓书院藏秦简》(肆),上海辞书出版社 2015 年版,第 114 页。

"学童拾"案中"有鞠"文书被学佴称为"令"般，需落实为文书。

关于"论"，《说文解字》"论，议也。从言仑声"。段玉裁注："论以仑会意。亼部曰：仑，思也。侖部曰：仑，理也。此非两义。……许云：论者，议也。议者，语也。似未尽。""当云从言仑，仑亦声。"①"论"常用于描述官吏在治狱时"议定罪、刑"，但也可见于其他事务的处理，如军事行动结束后论定赏罚，睡虎地秦简《秦律杂抄》35简"军新论攻城"，37简"战死事不出，论其后"皆非"论罪"。② 治狱之"论"意味着罪案已经过"鞠"之事实确认，排除了因某些事实导致不追究责任的情况（"毋论""不当论"等），需按律令议定刑罚，这时才是治狱之"论罪"。可见"议罪"义固然常见，但不是唯一义项，"论"实为议而决事之意；本条"以令论"似可解为受县廷之令，议决削爵之事，而非"论狱"以确定逃亡者罪刑的司法程序。据本条，削爵决定还需经受校计，削爵结果会告知乡官以更改户籍信息。因此视其为"行政措施"为宜。

结合前文各项查询信息事例可知，逃亡者主管机构获悉逃亡事件发生后，将制作奔书或奔牒，立即呈送县廷。其中黔首逃亡的，是乡官上报，主要工作转移至县；不同于刑徒等其他身份，黔首逃亡时日不同，罪刑也各异，需由狱史接收奔书以计算逃亡时日；在逃亡者被捕获前，无法定罪量刑，因此不进行审判程序，但会先行处理逃亡者的爵位，"亡盈三月，以令论、削爵"，对无爵黔首则无额外措施；黔首"亡盈卒岁"时，理论上已构成阑亡、应论耐，无论有无爵位，黔首逃亡满三月以上的都已是士伍，此时及之后狱史再无行动，所谓"狱"之工作大概终结于此；此后主要工作转移至县尉，县尉在每年统计人口时对阑亡黔首单独造册处理，等待其被捕获归案。一旦逃亡黔首被

---

① 段玉裁撰：《说文解字注》，中华书局2013年版，第92页。
② 睡虎地秦墓竹简整理小组：《睡虎地秦墓竹简》，文物出版社1990年版，第88页。

捕获,如捕获地即原籍县,则由县狱追究亡罪,即治亡罪之狱;如在它县被捕获并治狱,治狱县会向原籍县发文查询信息,"问"明后"鞫审",治狱县随即论断。后一情形下,是捕获县而非原籍县来治逃亡之狱,更可知原籍县之"乡官奔书—县廷狱史计日—满三月以令论削爵"并非治狱程序。

这一程序可落实在本案中。多在被捕获前,原籍地乡官掌握多的年、爵信息,多也可能被登录在县尉掌管的阑亡者簿册上,但原籍地不掌握多的逃亡形态(阑亡,邦亡,亡而死等),亦未治狱"缺席审判"多;捕获多及治多邦亡之狱的或为楚地庐谿,治狱时庐谿向其原籍地询问多之信息,原籍地回复给庐谿;庐谿治狱之吏对多之罪刑有不同意见,本案遂成疑罪,其上谳文书被辑入《为狱等状四种》,今人有幸得见。

结语

前文借"多小未能与谋"案对秦治狱程序若干问题稍作浅析,关注了治狱县道的确定、对犯罪关键事实之"问"的内容与过程、多之出亡可能经历的"以令论削爵"程序的定性。

在行文过程中,笔者再一次梳理了秦治狱程序研究的材料、框架及其时代问题,在此简要说明。20 世纪 70 年代睡虎地秦简《法律答问》和《封诊式》不少内容涉及治狱程序,《封诊式》更是辑录秦治狱关键程序所用文书范本,以《封诊式》注释、语译为重要契机的治狱程序复原研究逐渐展开,1980 年代和 1990 年代见证了一批重要成果的面世,如Katrina C. D. McLeod 和叶山先生的《封诊式》译注与研究,[1]何四维先

---

① Katrina C. D. McLeod & Robin D. S. Yates, Forms of Ch'in Law: An Annotated Translation of The Feng-chen shih, *Harvard Journal of Asiatic Studies*, Vol. 41, No. 1(Jun., 1981).

生的译注,①籾山明先生的审判程序复原②等等。1990 年代张家山
汉简《奏谳书》面世,基于司法文书实例的程序复原研究迅猛推进,里
耶秦简牍、岳麓秦简等法律简牍中有关治狱程序的律令规定和司法
文书实例丰富,将秦汉尤其是秦及汉初时段材料作为整体进行研究
的趋势较明显,成果不胜枚举。从中既能看到新出材料对研究领域
的拓展之功,也能领会到框架视角的意义。将治狱程序作为材料分
析框架,重新整合材料,既是现代法学学科体系中"诉讼程序"观念影
响的结果,也不脱离传世文献中汉代治狱程序记录如《史记·张汤
传》"张汤劾鼠,讯鞫论报"程序框架的启发,③以今律古、从汉及秦的
思路暗含在秦汉治狱程序整体研究的内在逻辑中。总体而言,这种
思路并无错误,但在细节上,时代差异仍不可忽视。如本案中多邦亡
后被原籍地削除小爵,显然是岳麓秦简(肆)《尉卒律》"黔首亡盈三
月,削爵"规定的运用实例。但在汉初,这一规定乃至《尉卒律》应随
刘邦入关蠲除秦法而被完全废除,在汉初随后的立法中,逃亡事项被
规定在《亡律》中,但亡盈三月削爵程序未随之入律。《二年律令·
亡律》157 简记有:"吏民亡,盈卒岁,耐;不盈卒岁,黥(系)城旦舂;公
士、公士妻以上作官府,皆偿亡日。"④吏民亡不盈一岁的,有爵者得
以作官府偿亡日,可见其爵并未被削除。这提示我们,即使取秦汉乃
至秦及汉初时段材料所见共同制度的公约数,选取整体乃至一体研

---

① See A. F. P. Hulsewé, *Remnants of Ch' in Law*, Brill, 1985, p.186, note 8.

② ［日］籾山明著,徐世虹译:《秦代审判制度的复原》,收入刘俊文主编:《日本中青年
学者论中国史·上古秦汉卷》,上海古籍出版社 1995 年版。

③ 体系式架构的典型著作是何四维先生的《汉律辑佚》,以专章架构了汉代治狱程序。
See A. F. P. Hulsewé, 'Introductory Studies and An Annotated Translation of Chapters 22
and 23 of the History of the Former Han Dynasty', in *Remnants of Han Law*, vol.I, Brill,
1955, pp.71 - 101.

④ 张家山二四七号汉墓竹简整理小组:《张家山汉墓竹简［二四七号墓］》(释文修订
本),文物出版社 2006 年版,第 30 页。

究思路时,仍需重视传世文献所揭示的秦汉鼎革之际法统废除与再造的史实,并充分预设出具体规定的时代差异前提。

最后,如前所述,"除多""黥多为城旦"吏议是在"鞠审"后进行,体现了秦汉疑狱上谳时"鞠—议而未论"的典型场景,各方意见已经是综合考量"鞠审"确认的事实后的具体处置方案。因此,上谳文书呈现的不同意见之间,某一意见自身,乃至被舍弃未用、今人无缘得见的那些意见,或许都蕴含着时人所知而未言明的依据和思路。今人从文字上无法直观获取这类知识,就不得不求诸其他材料,以作体系解释。其间如何保持合理限度,将预设(assumption)、论据(evidence)与结论(conclusion)以强有力的论证串联起来,恐怕是历史研学者,尤其是法律制度史研学者需持续思考的议题。

读岳麓秦简《亡律》札记二则

刘自稳 *

一、简 2083 补释

《岳麓书院藏秦简》(肆)第一组《亡律》简 029/2083 的整理者释文为:"【匿】亡不仁邑里、【官】者,赀二甲。"[1]整理者在注释中指出"本简第一字残,根据残存笔画和文义,定为'匿'字"。[2] 细查该简图版,其中第一字字迹漫漶严重,实难释读。至于"文义"为何,囿于体例,整理者注释未能详加阐释。朱锦程先生同意整理小组的释读,认为补充残简、缺简的记载内容"【 】"应替换为以文意补释字的符号"□"。[3] 对于整理者这一释读方案,大部分学者都是同意的。[4] 目前,仅见日本"秦代出土文字史料研究班"的研究成果提出了质疑,但

---

* 刘自稳,中国政法大学法律古籍整理研究所讲师。

[1] 陈松长主编:《岳麓书院藏秦简》(肆),上海辞书出版社 2015 年版,第 48 页。
[2] 陈松长主编:《岳麓书院藏秦简》(肆),上海辞书出版社 2015 年版,第 76 页。
[3] 朱锦程:《读〈岳麓书院藏秦简〉(肆)札记(二)》,简帛网,http://www.bsm.org.cn/show_article.php?id=2546,首发时间 2016 年 5 月 8 日。
[4] 欧扬:《岳麓秦简《亡律》"亡不仁邑里、官者"条探析》,收入杨振红、邬文玲主编:《简帛研究》(二○一六春夏卷),广西师范大学出版社 2016 年版,第 173 页;陶磊:《读岳麓书院藏秦简(四)札记》,简帛网,http://www.bsm.org.cn/show_article.php?id=2698,首发时间 2017 年 1 月 9 日;朱红林:《〈岳麓书院藏秦简(肆)〉补注(二)》,收入武汉大学简帛研究中心编:《简帛》第 15 辑,上海古籍出版社 2017 年版,第 90 页。

未提出新的释读方案。① 实际上,图版的模糊字形已难以佐证该字的释读,至于整理者释为"匿"的意见则尚需结合其他律文规定审视其合理性。在无法依靠字形释读的情况下,本文拟从整理者未展开的"文义"角度出发,试对该字提出个人释读意见。

简 029/2083 律文涉及对"亡不仁邑里、官者"的理解,在展开讨论前,有必要对该辞例所指代的对象稍加说明。相似表述最早见于睡虎地秦简《秦律十八种·金布律》简 96"亡、不仁其主及官者"和《法律答问》简 63"将上不仁邑里者而纵之",睡简整理小组对前一处"不仁"的解释为"不忠实对待",后一处语译为"在乡里作恶的人",②因而都是基于道德素质层面的理解。岳麓秦简《亡律》简 024/1978 - 028/2060 是一组涉及对"亡不仁邑里、官者"惩罚方式及审理程序等的律文,其释文如下:

> 024/1978 者已刑,令备赀责(债)┃。亡不仁邑里、官,毋以智(知)何人殹(也),中县道官诣咸阳,郡〖县〗道诣其郡都 025/1996 县,皆毄(系)城旦舂,槫作仓,苦,令舂勿出,将司之如城旦舂。其小年未盈十四岁者,槫 026/2027 作事之,如隶臣妾然。令人智(知)其所,为人识,而以律论之。其奴婢之毋(无)罪者殹(也),黥其雠〈颜〉027/1973 颡,畀其主。咸阳及郡都县恒以计时上不仁邑里及官者数狱属所执法,县道官别之,028/2060 且令都吏时覆治之,以论失者,覆治之而即言请(情)者,以自出律论之。③

---

① ［日］"秦代出土文字史料の研究"班著,张奇玮译:《岳麓书院所藏简〈秦律令(壹)〉译注一(上)》,收入西北师范大学历史学院等编:《简牍学研究》第 9 辑,甘肃人民出版社 2020 年版,第 136 页。

② 睡虎地秦墓竹简整理小组:《睡虎地秦墓竹简》,文物出版社 1990 年版,第 42、108 页。

③ 陈松长主编:《岳麓书院藏秦简》(肆),上海辞书出版社 2015 年版,第 46 - 48 页。

整理小组认为"仁"读为"认"，所谓"亡不仁邑里、官者"就是指"一类逃亡者，因不知其原籍县乡里和所属官署，不能通过原籍地的户籍资料和官署记录确认其姓名等情况"。① 上引对"亡不仁邑里、官者"简文讨论的文章中，除陶磊依然坚持睡虎地秦简整理小组的意见，其他学者都认同岳麓秦简的解释。概言之，所谓"亡不仁邑里、官者"就是不明身份的逃亡者。至于逃亡者身份不明的原因，或可因逃亡时间过长而记不清，②亦可是逃亡者主观上不供述个人身份信息。

比照上引简 024/1978－028/2060 与简 029/2083 内容，前者是直接对"亡不仁邑里、官者"惩处和审判的规定，而后者惩罚的对象似乎是与"亡不仁邑里、官者"有某种牵连关系的人员。岳麓秦简《亡律》的内容既有关于如何惩罚不同身份逃亡人员的规定，又有关于故意藏匿和不知情而收容逃亡人员的惩罚规定，即对"匿"和"舍"行为的打击。整理小组基于未加阐释的"语义"将该简首字释读为"匿"，或即在于此。日本"秦代出土文字史料研究班"对整理小组的质疑为：

> 对隐匿身份不明者的人所处的刑罚，与"匿罪人当赀二甲以上到赎死，室人存而年十八岁以上者"（《岳麓（肆）》简 1－2）情况下所科的赀一甲相比，罚金额要高。③

质疑中指出 029/2083 的科罚金额"赀二甲"比岳麓秦简《亡律》简 001/1966"赀一甲"要高，似乎是认为简 029/2083 释为"匿"不合理。简 001/1966 中"赀一甲"的惩罚对象是"室人存而年十八岁以上者"，不是主持藏匿的直接责任人"主匿者"，而是被"主匿者"所连带

---

① 陈松长主编：《岳麓书院藏秦简》（肆），上海辞书出版社 2015 年版，第 75 页。

② 王宁：简帛网论坛发言，2017 年 1 月 11 日，http://www.bsm.org.cn/forum/index.php。

③ ［日］"秦代出土文字史料の研究"班著，张奇玮译：《岳麓书院所藏简〈秦律令（壹）〉译注一（上）》，收入西北师范大学历史学院等编：《简牍学研究》第 9 辑，甘肃人民出版社 2020 年版，第 136 页。

的人员。细审简 029/2083 的内容,该简中并没有直接指明"赀二甲"的具体惩罚对象,如果认同整理小组读作"匿",则一般应当将惩罚对象看作"主匿者",如岳麓秦简《亡律》简 003/1965 载"〖主〗【匿】亡收、隶臣妾,耐为隶臣妾"。① 如此一来,简 029/2083 和简 001/1966 两款律文中惩罚对象并不相同,前者为"主匿者"而后者为连带者,因而就不能对科罚金额的差异进行比较。

上文已经指出对逃亡人员除了存在故意藏匿的"匿",还存在不知情时收容的"舍",因而简 029/2083 首字在"匿"之外还有"舍"的可能性。当然,无论"舍"和"匿",简文中"赀二甲"的科罚对象都是作为直接责任人的"主舍者"和"主匿者"。至于"舍"和"匿"哪一个更为合适,则需要参照其他律条予以论证。

秦汉司法审判程序中有所谓的"诊"的环节,即通过给嫌疑者原籍发出照会,"得到证明的年龄与爵位,然后进入下一阶段的'鞫'"。② "亡不仁邑里、官者"作为尚未被审判机关掌握原籍和原所属机构等信息的逃亡者,也就无法通过照会原籍来调查明确其身份,其后果是无法明确其在亡罪之外是否还有其他犯罪行为,同时无法明确其他影响定罪量刑的信息,从而无法对这一群体进行最终的定案判决。欧扬认为此时的"亡不仁邑里、官者"属于睡虎地秦简《秦律十八种·司空律》提到的"群下吏毋耐者"中一类,即他们是"被交付相关官署拘系的罪囚,其案件未审结,未被执行耐刑等刑罚"。③ 岳麓秦简《亡律》中有数枚简是关于主舍匿者及其连带人员

① 陈松长主编:《岳麓书院藏秦简》(肆),上海辞书出版社 2015 年版,第 39 页。

② [日] 宫宅洁撰,徐世虹译:《秦汉时期的审判制度——张家山汉简〈奏谳书〉所见》,收入杨一凡、寺田浩明主编:《日本学者中国法制史论著选》(先秦秦汉卷),中华书局 2016 年版,第 288 页。

③ 欧扬:《岳麓秦简〈亡律〉"亡不仁邑里、官者"条探析》,收入杨振红、邬文玲主编:《简帛研究》(二〇一六春夏卷),广西师范大学出版社 2016 年版,第 177 页。

在舍匿亡人后的惩罚规定,以简文接续可靠且完整的简 060/2011－064/1979"舍亡人律"为例,当被舍者所犯之罪或者逃亡者的原始身份被确定后,主舍匿者及其连带人员所受之惩罚也就得以清晰明确。由于"亡不仁邑里、官者"无法进入最后的定罪量刑,对于主舍匿者的惩罚自然也无法直接适用于岳麓秦简《亡律》中诸如简 060/2011－064/1979 等条文的规定,因而也就有本文所论简 029/2083 的单独规定。至于简 029/2083 简首一字是"舍"还是"匿"则需加以考辨。

　　虽未进行最终的定罪量刑,但是对于"亡不仁邑里、官者"依然有暂时的处理方案,即上引简 024/1978－028/2060 中所指出的十四岁以上者"系城旦舂"而不满十四岁者"如隶臣妾"。徐世虹先生曾指出"系城旦舂"的功能有三:一为以劳役刑抵偿罚刑、赎刑及债务;二为针对无爵者的"吏民"以劳役抵偿逃亡天数;三为针对"隶臣妾及收人"逃亡行为的加刑。① 欧扬进一步指出系城旦舂还可以是"对不明身份逃亡者以及其他案件未审结者的处置"。② "系城旦舂"和"如隶臣妾"当然不是正式刑名,但是这种处理方式实际上反映了立法者对"亡不仁邑里、官者"暂时的罪行认定或身份认定。律文规定十四岁以下者"如隶臣妾"可以视作对低年龄者的优待。而十四岁以上者被暂时论处为"系城旦舂"并且"将司之如城旦舂",才是一般情况下的处理方式。"系城旦舂"者自然暂未受到肉刑,因而对"亡不仁邑里、官者"罪行的认定大致在完城旦舂以下到耐为隶臣妾以上。

　　在确定"亡不仁邑里、官者"可对比的暂定身份后,可以将"舍"和"匿"分别置于简文,根据其他简文关于"主舍者"和"主匿者"的惩

---

① 参见徐世虹:《"三环之"、"刑复城旦舂"、"系城旦舂某岁"解——读〈二年律令〉札记》,收入中国文物研究所编:《出土文献研究》第六辑,上海古籍出版社 2004 年版,第 79－89 页。

② 欧扬:《岳麓秦简〈亡律〉"亡不仁邑里、官者"条探析》,收入杨振红、邬文玲主编:《简帛研究》(二〇一六春夏卷),广西师范大学出版社 2016 年版,第 179 页。

处条款,考察何种释读更为合理。岳麓秦简《亡律》中关于"匿罪人"有数条简文规定,简016/2041载"主匿黥为城旦舂以下到耐罪,各与同法",简003/1965载"主匿亡收、隶臣妾,耐为隶臣妾"。① 相似的简文在张家山汉简中有更为完整的表述,《亡律》简167载"匿罪人,死罪,黥为城旦舂,它各与同罪"。② 可见,在秦及汉初,至少故意藏匿死罪以下的罪人以及故意藏匿刑徒,"主匿者"一般被判处与所藏匿对象相同的罪或相同的身份。通过上文关于"亡不仁邑里、官者"暂定罪行的考察,其比照罪行显然为在罚金刑之上的徒刑,因而简文若为"匿亡不仁邑里、官者","主匿者"所获的刑罚应当较"赀二甲"重。

如果将简文释读为"舍亡不仁邑里、官者",根据上文关于"亡不仁邑里、官者"暂定身份的考察,则大致相当于在不知情的情况下留宿罪行在完为城旦舂罪以下到耐为隶臣妾罪的人员。关于不知情而留宿逃亡人员的惩处规定,在岳麓书院秦简《亡律》中有一组完整简文,其中简062/1977、063/2040载"当完为城旦舂以下到耐罪及亡收、司寇、隶臣妾、奴婢阑亡者舍人室、人舍、官舍,主舍者不智(知)其亡,赀二甲",③简文明确规定主舍者不知情而"舍"了"完为城旦舂以下到耐罪"的罪人时,"主舍者"都要被处以"赀二甲"的处罚,正好契合简029/2083中"赀二甲"的处罚。

综上,通过对秦律关于"亡不仁邑里、官者"被抓捕后暂定罪行认定的考察,结合秦律中"舍"和"匿"相关逃亡人员的罪行判定条款,本文认为029/2083当改释为"舍亡不仁邑里、官者,赀二甲"。

① 陈松长主编:《岳麓书院藏秦简》(肆),上海辞书出版社2015年版,第44、39页。
② 张家山二四七号汉墓竹简整理小组:《张家山汉墓竹简[二四七号墓]》(释文修订本),文物出版社2006年版,第31页。
③ 陈松长主编:《岳麓书院藏秦简》(肆),上海辞书出版社2015年版,第59页。

二、简 2140 试析

《岳麓书院藏秦简》（柒）除了两组较完整的秦律令，还有一组可与前六卷所收简牍进行缀合或编联的整简、残简以及一组尚不能缀合的残简。其中第三组有 17 枚简为第四卷所遗漏，从内容上看这 17 枚简中的前 8 枚或属于《亡律》。其中简 2140 形制较为完整，仅上端残去一到两个字，但整简字迹大多墨色不存，对整体释读及简文理解造成较大障碍。整理者提供的简 2140 释文为：

　　　　□妾（?）毄（系）城旦舂……去亡……日，日六钱，与盗同法。①

据残简释文，该律文大意是对隶臣妾系城旦舂期间逃亡，将逃亡天数以每天六钱折算成钱数比照盗罪论处。汉初《亡律》有关于隶臣妾去系城旦舂的律文，其处罚原则与此处有较大不同。《二年律令·亡律》简 165 载：

　　　　隶臣妾、收人亡，盈卒岁，毄（系）城旦舂六岁；不盈卒岁，毄（系）三岁。自出殹，笞百。其去毄（系）三岁亡，毄（系）六岁；去毄（系）六岁亡，完为城旦舂。②

本简中律文提示了隶臣妾系城旦舂的原因，即隶臣妾逃亡后会根据逃亡时长分别论处系城旦舂六岁和三岁，而隶臣妾在系城旦舂三岁期间又逃亡的则论处系城旦舂六岁，去系城旦舂六岁则直接论处完为城旦舂。据此，秦隶臣妾去系城旦舂而亡根据逃亡天数折算为钱数以盗罪论处，汉初则按照去系三岁论处系六岁直

①　陈松长主编：《岳麓书院藏秦简》（柒），上海辞书出版社 2022 年版，第 181 页。
②　张家山二四七号汉墓竹简整理小组：《张家山汉墓竹简［二四七号墓］》（释文修订本），文物出版社 2006 年版，第 31 页。

接论处完城旦舂。至此需要思考,岳麓秦简 2140 简的内容若不误,何以秦及汉初对隶臣妾系城旦舂逃亡的论罚原则存在此种差异。

需要稍加说明的是,隶臣妾获刑系城旦舂并非仅是由于自身的逃亡。《二年律令·具律》90、91 简:"有罪当耐,其法不名耐者……隶臣妾及收人有耐罪,鬾(系)城旦舂六岁。鬾(系)日未备而复有耐罪,完为城旦舂。"①意即隶臣妾因其此前已被耐为隶臣妾,其再犯耐罪则论处系城旦舂六岁。隶臣妾再犯耐罪需论处系城旦舂在睡虎地秦简中也有所体现。《法律答问》简 118 载"当耐为隶臣,以司寇诬人,可(何)论? 当耐为隶臣,有(又)鬾(系)城旦六岁"。② 简文中的"当耐隶臣"属于狱未断情形下还未论处耐隶臣但已视作隶臣身份,③其"以司寇诬人"即以耐罪诬告人,最终获刑耐为隶臣又系城旦六岁。因而,隶臣妾被论处系城旦舂的两种犯罪情形中,隶臣妾犯耐罪需系城旦舂六岁在秦及汉初并无变化,隶臣妾逃亡在论处系城旦舂仅见于汉初律,秦代情况如何还需具体分析。

《岳麓书院藏秦简》(柒)的出版标志这批材料的图版全部刊布,周海锋先生将简 2002 置于第四册《亡律》017/1981 和 018/1974 件之前,形成如下律文:

> 工隶臣妾及工当隶臣妾者亡,以日六十钱计之└。隶臣妾、宫隶、收人 2002 及诸当隶臣妾者亡,以日六钱计之,及司寇、冗作及当践更者亡,皆以其当冗作及当践 017/1981 更日,日六钱

① 张家山二四七号汉墓竹简整理小组:《张家山汉墓竹简[二四七号墓]》(释文修订本),文物出版社 2006 年版,第 21 页。
② 睡虎地秦墓竹简整理小组:《睡虎地秦墓竹简》,文物出版社 1990 年版,第 121 页。
③ 参见张传玺:《睡虎地秦简〈法律答问〉"狱未断"诸条再释——兼论秦及汉初刑罚体系构造》,收入中国政法大学法律古籍整理研究所:《中国古代法律文献研究》(第十二辑),社会科学文献出版社 2018 版,第 164-171 页。

计之，皆与盗同法。018/1974①

本条规定了隶臣妾等不同主体逃亡后的论处方式。岳麓秦简
（肆）的《亡律》刊布时未将 2002 简置于此处，或是考虑该简下端尚
有较大空白，或不能与其他简直接编联。实际上，由于抄写过程中校
勘等原因导致简牍的书写形态多样，并未完全写满的简也存在与其
他简编联连读的可能，这种现象在张家山 336 号墓汉简《功令》中也
较为常见。② 该条律文中简 2002 和简 017/1981 编联后，"隶臣妾、宫
隶、收人"指已属于这类身份的刑徒，"当隶臣妾者"为前文所指狱未
断情形下的身份，两种身份刚好与前文的"工隶臣妾"和"工当隶臣
妾"对应，因而编联意见可从。回到律文，本简中对隶臣妾逃亡的处
理方式与前引汉初《二年律令》不同，是根据隶臣妾实际逃亡天数按
照每天六钱折算成钱数，再比照一般盗窃罪原则进行论处。根据学
者复原的秦代盗赃值论罪的序列，③隶臣妾逃亡实际可能会获从罚
金刑到黥城旦舂的各类刑罚。

关于本条与前引《二年律令·亡律》简 165 对隶臣妾逃亡惩治方
式的不同，目前仅见京大读简班提供了原因解释，其认为简文中"隶
臣妾"是指"冗作、践更者"意义上的隶臣妾，即处在被官府征召上番
阶段的隶臣妾。④ 睡虎地秦简《秦律十八种·仓律》载："更隶妾节

① 周海锋：《〈岳麓书院藏秦简（柒）〉初读》，简帛网，http://www.bsm.org.cn/?qinjian/8738.html，首发时间 2022 年 7 月 8 日。
② 如张家山 336 号墓《功令》16 和 17 简内容连贯，语义清晰，明显可以编联，但 16 简下端尚有大部分空白。参见荆州博物馆编，彭浩主编：《张家山汉墓竹简［三三六号墓］》，文物出版社 2022 年版，第 4 页。
③ 参见彭浩：《谈〈二年律令〉中"鬼薪白粲"加罪的两条律文》，收入武汉大学简帛研究中心编：《简帛》第 2 辑，上海古籍出版社 2007 年版，第 439 页。
④ ［日］"秦代出土文字史料的研究"班著，张奇玮译：《岳麓书院所藏简〈秦律令（壹）〉译注一（上）》，收入西北师范大学历史学院等编：《简牍学研究》第 9 辑，甘肃人民出版社 2020 年版，第 120、121 页。

（即）有急事，总冗，以律禀食；不急勿总。"①杨振红先生将更隶妾比
作唐代的"上番"即可更代服役，将冗隶妾比作"长上"即长期服
役。② 孙闻博先生考察秦及汉初徒隶的内部区分时指出"相对隶臣
妾，城旦舂、鬼薪白粲并不以'冗''更'供役，可看作长役无
番"。③ 可见存在部分隶臣妾无需长期供役的现象，只需轮番更代去
官府服役。但是，从编联完整的律条来看，无论在工隶臣妾和后文的
隶臣妾、宫隶、收人前都没有明显限定其"冗"或"更"性质的词语。
更为重要的是，隶臣妾姑且还能看到"冗"或"更"的服役形态，收人
作为因连坐被收入官府的人员很难想象存在"冗"或"更"的可能。
因而，本条律文针对的就是一般隶臣妾逃亡的惩罚原则。从现有律
文来看，秦和汉初对隶臣妾逃亡的惩罚方式并不相同。

　　前文指出汉初隶臣妾系城旦舂有隶臣妾逃亡和再犯耐罪两种情
形所致，而秦代只有隶臣妾再犯耐罪的场合下才会直接导致系城旦
舂六岁。当然，秦时隶臣妾逃亡折算天数的臧值在 110 至 220 钱之
间当处耐隶臣妾，实际也会论处系城旦舂六岁，但其原理仍是隶臣妾
再犯耐罪。既然秦时隶臣妾逃亡不直接论处系城旦舂，那么隶臣妾
因犯耐罪系城旦舂时逃亡的惩处方式，也应基于隶臣妾逃亡的惩处
方式设定。学者普遍认同隶臣妾系城旦舂的身份还未沦为城旦舂，
执行完系日后仍回归其隶臣妾身份，所以隶臣妾系城旦舂与隶臣妾
在逃亡论罪原则上应当一致。至此，再看前文所举简 2140 的内容，
将逃亡主体看作隶臣妾系城旦舂，则其论罪方式也是以天数折算成
钱数比照盗罪论处。

① 睡虎地秦墓竹简整理小组：《睡虎地秦墓竹简》，文物出版社 1990 年版，第 33 页。
② 杨振红：《秦汉简中的"冗"、"更"与供役方式——从〈二年律令·史律〉谈起》，收入
　卜宪群·杨振红主编：《简帛研究二〇〇六》，广西师范大学出版社 2008 年版，第 81 -
　89 页。
③ 孙闻博：《秦及汉初的司寇与徒隶》，《中国史研究》2015 年第 3 期。

就简 2140 内容看,其后似还需有其他内容。前引周海锋编联的对于各类身份人员逃亡论罪律文后还有 019/0169、020/0180 和 021/2036 三简的内容,其中包含"与盗同法"的特例以及自出减罪的原则,其内容为"不盈廿二钱者,赀一甲。其自出殹(也),减罪一等"。① 比照这一律条的格式,简 2140 后似也应有相似内容,因而本文认为岳麓秦简(肆)《亡律》022/1988 简或应编在该简之后,其内容为:

> 臧不盈廿二钱,赀一甲,耐罪以下,令备前繫(系)日。

纪婷婷等将该简置于 2047 简之后,但两简之间存在缺简可能,②此说得到华东政法大学出土法律文献研读班的认可,并进一步认为 2047 简和 1988 简之间并无缺简,重排释文如下:

> 十四年七月辛丑以来,诸居赀赎责(债)未备而去亡者,坐其未备钱数,与盗同法(法)。066/2047
>
> 臧(赃)不盈廿二钱,赀一甲。耐罪以下,令备前繫(系)日。022/1988③

此种编联方式意味着居赀赎债者在未以劳役偿还全部钱数的情况下逃亡,在被捕后如果判耐罪以下需要将此前的系日执行完毕。根据学者对居赀赎债者劳役内容的研究,其供役的场所多种多样,未必就系于城旦舂。④ 一般而言,022/1988 简中的"备前繫(系)日"都指向将系城旦舂的劳日执行完毕。如《法律答问》132 简:"隶臣妾繫

① 陈松长主编:《岳麓书院藏秦简》(肆),上海辞书出版社 2015 年版,第 45 页。
② 纪婷婷:《岳麓书院藏秦简〈亡律〉集释及文本研究》,武汉大学 2017 年硕士学位论文,第 98-99 页。
③ 华东政法大学出土法律文献研读班:《岳麓简秦律令释读(一)》,收入王沛主编:《出土文献与法律史研究》第八辑,法律出版社 2020 年版,第 176 页。
④ 参见刘鹏:《秦简牍所见居赀赎债问题再探》,《北京社会科学》2021 年第 8 期。

（系）城旦舂，去亡，已奔，未论而自出，当治（笞）五十，备戮（系）日。"①京大读简班将此条单独出注，更推测简文所指为"系城旦舂犯了'耐罪以下'罪时，规定应先服满剩余的系日，同时还会受到'耐罪以下'的处罚"。② 基于此，将简 022/1988 接续在简 2140 之后，则律义刚好符合，一方面明确了"与盗同法"原则下的特例，另一方面明确隶臣妾系城旦舂逃亡犯耐罪以下还需要将此前系日执行完毕。

综上，根据简文大意，可暂对简 2140 的内容作如下推测补充，并将 1988 简置于其后，构成秦对隶臣妾系城旦舂逃亡的律文：

［隶臣妾］戮（系）城旦舂［日未备而］去亡者［坐亡］日，日六钱，与盗同法。2140 臧不盈廿二钱，赀一甲，耐罪以下，令备前戮（系）日。022/1988

---

① 睡虎地秦墓竹简整理小组：《睡虎地秦墓竹简》，文物出版社 1990 年版，第 124 页。
② ［日］"秦代出土文字史料の研究"班著，张奇玮译：《岳麓书院所藏简〈秦律令（壹）〉译注一（上）》，收入西北师范大学历史学院等编：《简牍学研究》第 9 辑，甘肃人民出版 2020 年版，第 125 页。

浅析秦法所见马政

周海锋 *

【摘要】秦律令多有涉及马匹畜养、训练、使用和买卖方面的条文,乃秦重视马政的表现。战争导致马匹需求量大,加上法律规定可以马代替主人服徭役,民间由此热衷畜马。马匹是重要的家庭财富,转让时须有官府在场立下文书。马匹作为大宗物品,交易时必须立下质书。买卖双方各缴纳廿二钱予市亭,相关官吏与买卖双方共同见证"质"文书的生成。"质"是官府为了保证贸易公平进行而采取的一种举动。"质钱"乃官府为质时所收取的费用,按照交易次数收取,或要考虑交易数额。卖牛马它县、它乡以及关外,则需要县廷批发"传"文书。

【关键词】睡虎地秦简;岳麓秦简;里耶秦简;马政;质钱

汉武帝派遣张骞出使西域并耗费巨量人力物力征伐匈奴,目的之一是为得到大宛的"汗血宝马"。先秦秦汉时期,马匹作为重要的战略物资之一,在战争、运输、耕作、礼仪等方面扮演着不可或缺的角色,其重要性不言而喻。秦律令为中国目前所见最早最完备的成文

---

* 周海锋,湘潭大学文学与新闻学院副教授,"古文字与中华文明传承发展工程"协同攻关创新平台外聘人员。

法,其中有不少条文涉及马政。下文打算从以下几个方面着力:剖析条文的内涵,探讨其产生的背景,揭示其造成的影响,从律令条文入手洞察秦汉马政之异同。

马政指一整套马匹管理制度,包括马匹的畜养、训练、使用和买卖等,严格意义上的马政仅限于官府的马匹。本文探讨马政时会顺便提及民间相关情况,这并非任意扩大研讨对象,而是考虑到物品在官私之间的流通在那个时代已颇为盛行。

一、马匹畜养

秦处西戎,善养马,"伯翳为舜主畜,畜多息,故有土,赐姓嬴",非子居犬丘,"好马及畜,善养息之","孝王召使主马于汧渭之间,马大蕃息"。[①] 秦因此成为周王室的附庸,拥有自己的城邑。在华夷之防颇盛的时代,这一认同是十分重要的。秦襄公在周王室东迁之后,能顺理成章地"接管"岐周故地,一是在于其有一定的军事实力,二是由于其能得到周王室的认可,后一点更为重要。从某种层面上讲,秦能在林立的邦国中占有一席之地,得益于其先进的养马技术。

据《史记》记载,最晚在秦缪公时即有涉马的法令,岐下野人盗食缪公之马被吏捕得,正要依法处置,缪公不忍,不但赦免其罪,还赐予美酒。[②] 秦官府畜养马牛的地方曾一度被称为"公马牛苑",有关马匹畜养的法令集中在《厩苑律》之中。史书言萧何定九章律,对《厩律》进行过调整,《厩律》即《厩苑律》。《唐律疏义》中有《厩令》,多有养马的法令。

岳麓秦简《为吏治官及黔首》为宦学课本一类的典籍,其中谈到

---

① (汉)司马迁:《史记》卷五《秦本纪》,中华书局 2014 年版,第 237 - 238 页。
② 《史记》卷五《秦本纪》,第 241 页。

官吏的一项重要职责就是"畜马牛羊"。① 一般而言，每个县都设有
畜官这一机构，专门负责饲养牲畜。这一点可从里耶秦简中得知：

仓曹计录：A Ⅰ

禾稼计，A Ⅱ

贷计，A Ⅲ

畜计，A Ⅳ

器计，B Ⅰ

钱计，B Ⅱ

徒计；B Ⅲ

畜官牛计，B Ⅳ

马计，C Ⅰ

羊计；C Ⅱ

田官计。C Ⅲ

凡十计。C Ⅳ

史尚主。C Ⅴ 8－481②

畜官课志：A Ⅰ

徒隶牧畜死负、剥卖课，A Ⅱ

徒隶牧畜畜死不请课，A Ⅲ

马产子课，A Ⅳ

畜牛死亡课，B Ⅰ

畜牛产子课，B Ⅱ

畜羊死亡课，B Ⅲ

畜羊产子课。B Ⅳ

---

① 朱汉民、陈松长主编：《岳麓书院藏秦简》（壹），上海辞书出版社 2010 年版，第 140 页。
② 陈伟主编：《里耶秦简牍校释》（第一卷），武汉大学出版社 2012 年版，第 164 页。

·凡八课。Ｂ∨8－490+8－501①

从 8－481 仓曹计录中"畜计"与"畜官牛计""马计""羊计"分别列目可知,畜官畜养对象为马、牛、羊,而不包括鸡、犬、豕。这一点从上引"畜官课志"所含细目亦可得知。从所见秦律令可知,当时官吏面临的考课项目繁多,就畜官而言,所牧养马牛羊产子、丢失、死亡、遗体处置情况均为考课的内容。某项目考课不合格时,主管官吏会受到惩处:

廿六年十二月癸丑朔庚申,迁陵守禄敢言之:沮守瘳言:课廿四年畜Ⅰ息子得钱殿。沮守周主。为新地吏,令县论言夬（决）。·问之,周不在Ⅱ迁陵。敢言之。Ⅲ

·以荆山道丞印行。Ⅳ(8－1516)

丙寅水下三刻,启陵乘城卒秭归□里士五(伍)顺行旁。壬手。(8－1516 背)②

周廿四年(公元前 223 年)为沮县守,在当年畜息子得钱考评中得了最后一名(一般为同郡所辖县之间的评比),依律当受到惩处。周已调遣到新地为吏,然朝廷竟然不知其确切处所,实在是令人费解。笔者认为,周或许在前往新地的过程中逃逸了。此封文书采取以次传的方式邮递,表面上是询查周的处所,实际上与海捕通缉文告无异。秦吏常视往新地任职为畏途,因此而自绝仕途甘为流民者众,此不赘述。

关于公有马牛羊死亡应如何处理,官吏在考课时未合格当如何处置等问题,《秦律十八种·厩苑律》有比较具体的规定:

① 陈伟主编:《里耶秦简牍校释》(第一卷),武汉大学出版社 2012 年版,第 168 页。
② 陈伟主编:《里耶秦简牍校释》(第一卷),武汉大学出版社 2012 年版,第 343 页。按:个别字有改释。

　　将牧公马牛,马〖牛〗死者,亟谒死所县,县亟诊而入之,其入之其弗亟而令败者,令以其未败直(值)赏(偿)之。其小隶臣疾死者,告其□□之;其非疾死者,以其诊书告官论之。其大厩、中厩、宫厩马牛殹(也),以其筋、革、角及其贾钱效,其人诣其官。其乘服公马牛亡马者而死县,县诊而杂买(卖)其肉,即入其筋、革、角,及索(索)入其贾(价)钱。钱少律者,令其人备之而告官,官告马牛县出之。今课县、都官公服牛各一课,卒岁,十牛以上而三分一死;不【盈】十牛以下,及受服牛者卒岁死牛三以上,吏主者、徒食牛者及令、丞皆有辠(罪)。内史课县,大(太)仓课都官及受服者。①

　　从律文可知,官府畜养的马牛,多采取放牧而非圈养的方式,带有游牧性质。放牧区域较广,常跨越若干个县,故一旦出现马牛死亡等情况,须立即向事发地所在官府报告,再通过它把有关情况传递到牛马所属县。

　　律文中所见大厩、中厩、宫厩均为秦朝廷厩名,亦为官署名。大厩的长官为大厩令,见于《汉书·百官公卿表》,乃太仆属官。又秦玺印有"大厩之丞"。② 大厩在秦统一后更名为泰厩,《岳麓秦简(肆)·亡律》1997 号简"泰厩城旦不将司从马,亡而得者,斩其左止,复为城旦。后复亡,勿斩,如它城旦然"。③ 泰厩城旦即在泰厩服刑役的城旦,"从"通"纵",纵马即放牧之马,此种用法的"纵"见于《张

① 陈伟主编:《秦简牍合集 释文注释修订本》(壹),武汉大学出版社 2016 年版,第 52 - 53 页。
② 伏海翔编著:《陕西新出土古代玺印·颖拓制作的印纽》,上海书店 2005 年版,第 2 页。
③ 陈松长主编:《岳麓书院藏秦简》(肆),上海辞书出版社 2015 年版,第 55 页。

家山汉简·奏谳书》："南门外有纵牛,其一黑牝,类扰易捕也。"①中
厩见于《史记·李斯列传》,汉代中厩为皇后车马所在。秦封泥中有
中厩丞印、②中厩将马、③中厩马府,④据此可推测秦代亦有泰厩将马
和泰厩马府。宫厩不见于传世文献,出土秦封泥有宫厩⑤和宫厩
丞印。⑥

　　除设置在都城以内的大厩、中厩和宫厩外,秦在适合养马的边郡
也设置与厩苑性质类似的机构。秦封泥中见代马、⑦代马丞印,⑧代
马当是设置在代郡的养马机构,代马丞负责日常管理工作。岳麓秦
简一则令文中提到"渔阳外厩",当是设置在渔阳郡的厩苑。《史
记·李斯列传》"骏良駃騠不实外厩",外厩当与中厩对称。

　　上文提到马可以通过放牧豢养,但这只能在其尚未达到使用年
龄或赋闲时实现,当马处于劳作状态时,则需人工施以草料。《周
礼·夏官·校人》载,校人"掌王马之政。辨六马之属。种马一物,戎
马一物,齐马一物,道马一物,田马一物,驽马一物"。⑨《周礼》按照
用途将马分为六类,有其合理性,此种做法必为后代承继,只是名称
有所变化而已。秦汉律令中可见骑马、传马、使马、乘舆马、都厩马
等,每种马能享用的食料种类及数量各不相同。一般而言,劳动强度
越大、从事工种技术含量越高,马的待遇就越好。

① 彭浩、陈伟、[日]工藤元男主编:《二年律令与奏谳书——张家山二四七号汉墓出土
法律文献释读》,上海古籍出版社 2007 年版,第 359 页。
② 孙慰祖:《中国古代封泥》,上海人民出版社 2002 年版,第 35 页。
③ 孙慰祖:《中国古代封泥》,上海人民出版社 2002 年版,第 47 页。
④ 傅嘉仪编著:《秦封泥汇考》,上海书店出版社 2007 年版,第 39 页。
⑤ 周晓陆、路东之编著:《秦封泥集》,三秦出版社 2000 年版,第 186 页。
⑥ 孙慰祖:《中国古代封泥》,上海人民出版社 2002 年版,第 47 页。
⑦ 周晓陆主编:《二十世纪出土玺印集成》,中华书局 2010 年版,第 389 页。
⑧ 傅嘉仪编著:《秦封泥汇考》,上海书店出版社 2007 年版,第 177－178 页。
⑨ 陈戍国点校:《周礼·仪礼·礼记》,岳麓书社 2006 年版,第 74 页。

《秦律十八种·仓律》：驾传马，一食禾，其顾来有（又）一食禾，皆八马共。其数驾，毋过日一食。驾县马劳，有（又）益壶〈壹〉禾之。　　仓律①

《二年律令·金布律》：马牛当食县官者，犗以上牛日刍二钧八斤；马日二钧□斤，食一石十六斤，刍稾半。乘舆马刍二稾一。牸、玄（马）食之各半其马牛食。仆牛日刍三钧六斤，犊半之。以冬十一月稾之，尽三月止。其有县官事不得刍牧者，夏稾之如冬，各半之。②

《二年律令·金布律》：□□马日匹二斗粟、一斗叔（菽）。传马、使马、都厩马日匹叔（菽）一斗半斗。③

制曰：下大司徒、大司空，臣谨案：令曰：未央厩、骑马、大厩马日食粟斗一升、叔（菽）一升。置传马粟斗一升，叔（菽）一升。其当空道日益粟，粟斗一升。长安、新丰、郑、华阴、渭成（城）、扶风厩传马加食，匹日粟斗一升。车骑马，匹日用粟、叔（菽）各一升。建始元年，丞相衡、御史大夫谭。（Ⅱ0214②：556）④

县官毋得过骖乘，所过县以律食马及禾之└。御史言，令覆狱乘恒马者，日行八十里└。请，许。如（0698）有所留避，不从令，赀二甲。（0641）⑤

大厩、中厩、未央厩等处畜养的马，所食之物要较他处更有营养，

① 陈伟主编：《秦简牍合集 释文注释修订本》（壹），武汉大学出版社 2016 年版，第 70 页。

② 彭浩、陈伟、[日] 工藤元男主编：《二年律令与奏谳书——张家山二四七号汉墓出土法律文献释读》，上海古籍出版社 2007 年版，第 251 页。

③ 彭浩、陈伟、[日] 工藤元男主编：《二年律令与奏谳书——张家山二四七号汉墓出土法律文献释读》，上海古籍出版社 2007 年版，第 252 页。

④ 胡平生、张德芳撰：《敦煌悬泉汉简释粹》，上海古籍出版社 2001 年版，第 5 页。

⑤ 陈松长主编：《岳麓书院藏秦简》（肆），上海辞书出版社 2015 年版，第 198－199 页。

且数量大,这不是因为此处马匹劳动强度大,而是为了彰显皇权的至高无上。驿站所用传马承担文书传递等公务,每天必须跑完法令规定的里程,消耗体能大,故获得的食物质优量多。恒马并非特指哪一种马,似是按照固定章程配置的马。官吏出行乘用哪一种马、可用几匹马,要根据其品秩高低而定。一般而言,秦代乘车吏以上的官员,出行时均可享用公家提供的车马。

《二年律令·金布律》规定:"以冬十一月稟之,尽三月止。其有县官事不得为牧者,夏稟之如冬,各半之。"①可见官府给牛马发放的刍稟有季节性,草枯季节提供饲料,夏季的马牛只有在劳作日才能得到给养,且是冬季的一半。丰草季节马匹喂养以放牧为主,而负责放牧者常为官徒隶和居赀赎债者。秦律明确规定黔首不能为官吏养马:

> ●繇(徭)律曰:毋敢傅(使)段(假)典居旬于官府;毋令士五(伍)为吏养、养马;毋令典、老行书;令居赀责(债)、司寇、隶臣妾(1374)行书。(1406-1)②
> 卅年十二月乙卯,畜□□□作徒薄(簿)。AⅠ
> 受司空居赀□□。AⅡ
> 受仓隶妾三人,AⅢ
> 小隶臣一人。BⅠ
> 凡六人。BⅡ
> 【一人】牧马武陵:获。BⅢ
> 一人牧牛:敬。CⅠ
> 一人牧羊:□。CⅡ

---

① 彭浩、陈伟、[日]工藤元男主编:《二年律令与奏谳书——张家山二四七号汉墓出土法律文献释读》,上海古籍出版社2007年版,第251页。
② 陈松长主编:《岳麓书院藏秦简》(肆),上海辞书出版社2015年版,第119页。

一人为连武陵薄(簿):□。C Ⅲ

一人病:燕。D Ⅰ

一人取菅:宛。D Ⅱ(8-199+8-688+8-1017+9-1895 背)

十二月乙卯,畜官守丙敢言之:上。敢言。/□手。□ Ⅰ

十二月乙卯水十一刻刻下一,佐贰以来。尚半[10]。□ Ⅱ

(8-199 背+8-688 背+9-1895)①

从里耶秦简秦始皇卅年(公元前217年)十二月迁陵县畜官作徒簿可知,负责放牧的有居赀者与官徒隶,且可至它郡牧马。汉初《二年律令》规定冬十一月至三月给马匹提供饲料,当是针对关中和华北地区的,可能并不适用于长江以南地区。由此我们有个推测:在疆域广阔、民情不一的秦帝国,整齐划一的全国性律令之下必有一套符合各地实际的地方性法规与之配套使用。

民间养马在秦亦颇为盛行,秦《金布律》对马匹买卖程序有细致规定,这在后文会有详论。一般而言,民间养马并不限于自用,而是为了一定程度上缓解官马不敷用的困局。战国以来,战争不断,马匹的消耗量日渐增多。马匹作为百姓的重要财产之一,受法律保护,可以被继承。

卅二年六月乙巳朔壬申,都乡守武爰书:高里士五(伍)武自言以大奴幸、甘多,大婢言、言子益 Ⅰ等,牝马一匹予子小男子产。   典私占。   初手。Ⅱ(8-1443+8-1455)

六月壬申,都乡守武敢言:上。敢言之。/初手。Ⅰ

六月壬申日,佐初以来。/欣发。   初手。Ⅱ(8-1443 背+8-1455 背)②

---

① 陈伟主编:《里耶秦简牍校释》(第二卷),武汉大学出版社2018年版,第389-390页。

② 陈伟主编:《里耶秦简牍校释》(第一卷),武汉大学出版社2012年版,第326页。

《为狱等状四种》"识劫𡢁案":𡢁即入宗,里人不幸死者出单赋,如它人妻。居六岁,沛死。萧(义)代为户、爵后,有肆、宅。识故为沛隶,同居。沛以三岁时为识取(娶)妻;居一岁为识买室,贾(价)五千钱;分马一匹、稻田廿(二十)亩,异识。识从军,沛死。①

秦爵位以公士起步,士伍乃黔首无爵者之称,武乃迁陵县都乡高里一个无爵无官职的普通百姓,过继给儿子的财产有奴婢数人,牝马一匹,其总资产当颇可观。武从事何种职业,文书上并未写明,但可以肯定并非一般的自耕农。从牝马一匹可推测出武或是靠养马息子聚集了不少钱财。"识劫𡢁案"发生在秦王政十八年(前229),识本为大夫沛的奴,沛为其娶妻买房,并将马一匹、稻田二十亩分给他,允许他自立户籍。考虑到识只是沛的一个奴隶,而沛和续娶之妻𡢁育有四个子女,沛留给妻儿的财产必然远多于识。又沛之前妻或有生育,故沛所拥有的资产总量应相当可观,其名下的马匹数量肯定不止一匹。沛爵位为大夫,曾拥有舍人,之前极有可能是一名官吏。

民间热衷养马,有经济利益方面的考虑,也与秦律规定可以用畜力代替本人居赀服役的政策有关:

《秦律十八种·司空律》:百姓有赀赎责(债)而有一臣若一妾,有一马若一牛,而欲居者,许。　司②

《岳麓秦简·司空律》:黔首有赀赎责(债)而有一奴若一婢,有一马若一牛,而欲居者,许之。(J28)③

以上二则律文实质内容一样,只是称谓发生了更改,这是秦统一

① 朱汉民、陈松长主编:《岳麓书院藏秦简》(叁),上海辞书出版社2013年版,第155页。
② 陈伟主编:《秦简牍合集 释文注释修订本》(壹),武汉大学出版社2016年版,第113页。
③ 陈松长主编:《岳麓书院藏秦简》(肆),上海辞书出版社2015年版,第156页。

在法律文化上的反映，也是秦统一前后律令保持连续性的佐证。

当畜养的马匹对官私财物造成损失时，主人和监管者当承担相应的民事和刑事责任。

《法律答问》：甲小未盈六尺，有马一匹自牧之，今马为人败，食人稼一石，问当论不当？不当论及赏（偿）稼。①

《岳麓秦简》：●御史言：予徒隶园有令，今或盗牧马、牛、羊徒隶园中，尽踩其嫁（稼）。请：自今以来盗牧马、牛、羊（0962）徒隶园中壹以上，皆赀二甲。吏废官，宦者出宦，而没其私马、牛、羊县官。有能捕、讯告犯此令（2108）☑□伤树木它嫁（稼）及食之，皆令偿之，或入盗牧者与同法。·请：诸盗牧马、（1120+C4－2－1－7）牛、羊县官园者，皆用此令。　　　·廿（0930）②

《二年律令·金布律》：马、牛、羊、穀麤、麤食人稼穑，罚主金马、牛各一两，四穀麤若十羊、麤当一牛，而令挢稼偿主。县官马、牛、羊，罚吏徒主者。贫弗能赏（偿）者，令居县官；□□城旦春、鬼薪白粲也，笞百，县官，县官皆为赏（偿）主，禁毋牧麤。③

秦律综合考虑年龄和身高两个因素来鉴定一个人是否为完全的民事刑事责任人。六尺五寸为临界点，超过者视为成人，《法律答问》中的甲身高不足六尺，不当论，即不承担相应责任。但马匹是被他人惊扰而逃脱，并非牧马者看管不力造成，损失的禾稼不应由牧马者赔偿，而当由惊马者承担。徒隶园唯见于岳麓秦简，里耶秦简 8－1636

---

① 陈伟主编：《秦简牍合集 释文注释修订本》（壹），武汉大学出版社 2016 年版，第242 页。

② 陈松长主编：《岳麓书院藏秦简》（伍），上海辞书出版社 2017 年版，第 50－51 页。

③ 彭浩、陈伟、［日］工藤元男主编：《二年律令与奏谳书——张家山二四七号汉墓出土法律文献释读》，上海古籍出版社 2007 年版，第 192 页。

有"二人治徒园"①的记载,"徒园"当为"徒隶园"的省称。徒隶园似为县官园之一种,或因在园中劳作者均为徒隶,故有此名。园以种植菜蔬果木为主,徒隶园禁止放牧,"盗牧马、牛、羊徒隶园中壹以上,皆赀二甲。吏废官,宦者出宦,而没其私马、牛、羊县官"。②

二、马匹训练

畜养马匹是为了使用,然而无论是骑马还是驾马,并非自然成就,这中间有一个驯马的过程。《庄子·马蹄》通篇主旨是反对束缚,呼吁回归自然本性,篇中提及马匹之驯化:

> 马,蹄可以践霜雪,毛可以御风寒。龁草饮水,翘足而陆。此马之真性也。虽有义台路寝,无所用之。及至伯乐,曰:"我善治马。"烧之剔之,刻之雒之。连之以羁絷,编之以皂栈,马之死者十二三矣! 饥之渴之,驰之骤之,整之齐之,前有橛饰之患,而后有鞭笑之威,而马之死者已过半矣。③

"烧之剔之,刻之雒之",指在马身上留下各种标志,装马蹄铁之类。"连之以羁絷,编之以皂栈",用缰绳束缚之,将其关在马圈中。"驰之骤之,整之齐之",指训练马奔跑速度和步伐协调等。《淮南子·修务》亦论及马之所以能驾御,是教化使然:

> 夫马之为草驹之时,跳跃扬蹄,翘尾而走,人不能制,啮咋足以噬肌碎骨,蹶蹄足以破颅陷匈;及至圉人扰之,良御教之,掩以衡扼,连以辔衔,则虽历险超堑,弗敢辞。故其形之为马,马不可

---

① 陈伟主编:《里耶秦简牍校释》(第一卷),武汉大学出版社 2012 年版,第 371 页。
② 陈松长主编:《岳麓书院藏秦简》(伍),上海辞书出版社 2017 年版,第 50 页。
③ 曹础基:《庄子浅注》,中华书局 2014 年版,第 155 页。

化;其可驾御,教之所为也。①

秦统一前,军马的遴选、训练由县司马负责:

> 《秦律杂抄》:蓦马五尺八寸以上,不胜任,奔挚(絷)不如
> 令,县司马赀二甲,令、丞各一甲。先赋蓦马,马备,乃鄰从军者,
> 到军课之,马殿,令、丞二甲;司马赀二甲,法(废)。②

整理者将"挚"解释为"将马羁绊起来",③将"挚"视为"絷"之假
字。絷可指系马之缰绳,《诗经·周颂·有客》"言授之絷,以絷其
马",《左传·成公二年》"韩厥执絷马前"。"絷"又可指拘系马脚,
《楚辞·九歌·国殇》"霾两轮兮絷四马",《礼记·月令》"(仲夏之
月)游牝别群,则絷腾驹"。"奔挚"在岳麓秦简令文中写作"奔鷙":

> ·县已傅畴司御子各自识(试),给车、善马,马毋(无)奔鷙
> 者及所以肄识(试)具,令厩啬夫谨先教驾御,驾御(0578)具盈
> 廿日,令若丞与尉杂识(试)之,官啬夫、令史、佐史佐肄识
> (试),皆期足。厩啬夫教之不谨及予马不(0569)善,赀一甲。
> (0674)④

《说文》:"鷙,马重貌。"指马负重难行的样子。《史记·晋世
家》:"惠公马鷙不行,秦兵至,公窘,召庆郑为御。"司马贞《索隐》:
"谓马重而陷之于泥。"⑤浑而言之,马止步不前均可称为作鷙,駤、樊
亦有此种用法。王念孙《广雅疏证·释诂》:"駤者,《说文》'鷙,马重
皃'。《史记·晋世家》云:'惠公马鷙不行。'鷙与駤同。《淮南子·

---

① 刘文典撰:《淮南鸿烈集解》卷十九《修务训》,中华书局 1989 年版,第 638 页。
② 陈伟主编:《秦简牍合集 释文注释修订本》(壹),武汉大学出版社 2016 年版,第 161 页。
③ 睡虎地秦墓竹简整理小组:《睡虎地秦墓竹简》,文物出版社 1990 年版,第 82 页。
④ 陈松长主编:《岳麓书院藏秦简》(柒),上海辞书出版社 2022 年版,第 74 - 75 页。
⑤ 《史记》卷三十九《晋世家》,第 1997 - 1998 页。

修务训》'人谓之駤'，高诱注云'駤，不通达也'。《说文》'寷，碍不行也'。《豳风·狼跋》篇'载寷其尾'义并与駤同，駤与愤声亦相近也。"①《说文·癶部》："樊，鹜不行也。"段玉裁注："各本讹作鹜。《马部》曰：'鹜，马重貌。'鹜不行，沉滞不行也。"②三国魏阮瑀《驾出北郭门行》："驾出北郭门，马樊不肯驰。"③阮诗中的"樊"即马止步不前。

　　通过上文可知鹜指马止步不前，则奔鹜当指马在奔跑时忽然止步。"马毋奔鹜者"是对前文"善马"的补充性解释，指不要挑选那些跑着跑着就止步不前的马。《秦律杂抄》中出现的"奔挚"就是岳麓秦简令条中的"奔鹜"，鹜为本字，挚为借字。经过训练的辖马，出现奔鹜现象，显然是法令不允许的，故言"奔挚不如令，县司马赀二甲"。

　　司御乃畴官之一种，以驯马为本职工作。畴官是世袭的，《二年律令·傅律》载"畴官各从其父畴，有学师者学之"，④《史记·龟策列传》亦云"虽父子畴官，世世相传，其精微深妙，多所遗失"。⑤《史记·历书》集解引如淳曰："家业世世相传为畴。律：年二十三傅之畴官，各从其父学。"⑥学艺者傅籍后，需通过考核才能成为正式的畴官。令文中提到的"肄识"，就是对学习情况的考核，"识"通"试"，《仪礼·士丧礼》"为铭"下郑玄注"故以其旗识识之"，⑦陆德明《经

①　（清）王念孙：《广雅疏证》，中华书局1983年版，第94页。
②　（清）段玉裁注：《说文解字注》（第二版），上海古籍出版社1988年版，第104页。
③　俞绍初辑校：《建安七子集》卷五《阮瑀集》，中华书局2005年版，第157页。
④　彭浩、陈伟、［日］工藤元男主编：《二年律令与奏谳书——张家山二四七号汉墓出土法律文献释读》，上海古籍出版社2007年版，第234页。
⑤　《史记》卷一百二十八《龟策列传》，第3918页。
⑥　《史记》卷二十六《历书》，第2504页。
⑦　李学勤主编：《十三经注疏·仪礼注疏》卷三十五《士丧礼》第十二，北京大学出版社1999年版，第666页。

典释文》识作试。①《为吏治官及黔首》0931号简有"春秋肄试"②的
记载。"肄识"即"肄试"，乃"讲肄课试"之省，《汉官仪》："高祖命天
下郡国选能引关蹶张、材力武猛者，以为轻车、骑士、材官、楼船，常以
立秋后讲肄课试，各有员数。平地用车骑，山阻用材官，水泉用
楼船。"③

　　"司御子"在傅籍后由厩啬夫教授驾车技能，学习时间为二十天，
期满后由县尉和县令或县丞主持考核，厩啬夫、令史和佐史等也要到
场，以期选出足够多的司御。厩啬夫若没有尽心教授，给司御子准备
的马匹欠佳，均会受到惩罚。"司御子"考核不合格，教官和本人均会
受到惩罚：

　　　　《秦律杂抄》：驾骀除四岁，不能驾御，赀教者一盾；免，赏
（偿）四岁繇（徭）戍。除吏律。④

　　　　·十九年八月辛丑，丞相请：恒以傅时识（试）畤司御∟、医
∟、鼓人、执痹（剂）、鬝骚。医之新傅∟不中识（试）者，夺
（0402）□，令戍新地三岁，日备，勿令复畤。其前令弃畤者，以
此令从事。制曰：其初弃畤时益高（0919）今而后益高及初弃畤
益高，今而益下及年过六十者，皆勿令戍。它如请。可。　　·四
（0302）⑤

　　司御等畤人在傅籍时需参加考核，考核不合格者要面临戍新地
三岁的处罚，罚戍期满后亦不能再复畤人之职。

① （唐）陆德明撰，黄焯汇校：《经典释文汇校》卷十《士丧礼第十二》，中华书局2006年
　　版，第336页。
② 朱汉民、陈松长主编：《岳麓书院藏秦简》（壹），上海辞书出版社2010年版，第120页。
③ 孙星衍等辑：《汉官六种·汉官仪》，中华书局1990年版，第152页。
④ 陈伟主编：《秦简牍合集 释文注释修订本》（壹），武汉大学出版社2016年版，第
　　155页。
⑤ 陈松长主编：《岳麓书院藏秦简》（柒），上海辞书出版社2022年版，第75－76页。

三、马匹使用

秦律还限定了马匹的用途：

> ●金布律曰：禁毋敢以牡马、牝马高五尺五寸以上，而齿未盈至四以下，服暴车及貇（垦）田、为人（1229）就（僦）载，及禁贾人毋得以牡马、牝马高五尺五寸以上者载以贾市及为人就（僦）载，犯令者，皆（1279）赀各二甲，没入马县官。有能捕告者，以马予之。乡亭啬夫吏弗得，赀各一甲；丞、令、令史赀（1410）各一盾。马齿盈四以上当服暴车、貇（垦）田、就（僦）载者，令厩啬夫丈齿令、丞前，久（灸）右肩，章曰：当乘。（1398）不当乘，窃久（灸）及诈伪令人久（灸），皆卺（迁）之，没入马县官。（1365）①

1229组律文由5枚简组成，规定了身高超过五尺五寸但年龄未满四岁的马匹均不可用来拉车、垦田以及租赁予人拉载货物。明令禁止商贾以身高五尺五寸以上的马匹来载物经商、租赁。年满四岁的马匹若要用来拉车、垦田、租赁，事先须让厩啬夫当着县令、县丞的面进行丈量检验，并在右肩烙上"当乘"二字。马匹不当乘而私下烙上"当乘"印的以及弄虚作假让别人烙印的，均要处以迁刑，马匹充公。

马匹在历史上发挥的重要作用，早已被人称道，《后汉书·马援传》曰："马者，甲兵之本，国之大用。安宁则以别尊卑之序，有变则以济远近之难。"②加之秦人之先祖有善于牧马、驾车而得到周天子青睐者，故秦历代统治者均十分重视马政。秦律之所以对身高五尺五寸以上的马匹管理格外严格，或是因为超过该尺寸的马匹常常用以拉车、邮驿传递和作战。这一点从汉代马政相关情形可以推知：

《汉书·景帝纪》：御史大夫绾奏禁马高五尺九寸以上，齿未平，不得出关。①

《居延汉简释文合校》：142.26　驿马一匹驿驳牡齿四岁高五尺八寸　上　调习②

《肩水金关汉简》：☐☐尺八寸一匹驿驳齿四岁高五尺八寸☐ 73EJT4：54③

《传马名籍》：传马一匹，骝，牡，左剽，决两鼻两耳数，齿十九岁，高五尺九寸……（V1610②：10）

私财物马一匹，骃，牡，左剽，齿九岁，白背，高六尺一寸，小育。补县（悬）泉置传马缺。（11 简）

传马一匹，骃，乘，白鼻，左剽，齿八岁，高六尺，驾，翟圣，名曰全（?）厩。厶尸（12 简）

……尺六寸，驾，名曰葆橐。（13 简）

传马一匹，骗，乘，左剽，决右鼻，齿八岁，高五尺九寸半寸，骖，名曰黄爵（雀）。（14 简）

传马一匹，骃，乘，左剽，八岁，高五尺八寸，中，名曰仓（苍）波，柱。（15 简）

传马一匹，骝，乘，左剽，决两鼻，白背，齿九岁，高五尺八寸，中，名曰佳☐，柱，驾。（16 简）

传马一匹，赤骝，牡，左剽，齿八岁，高五尺八寸，驾，名曰铁柱。（17 简）

---

①　（汉）班固：《汉书》卷五《景帝纪》，中华书局 1962 年版，第 147 页。

②　谢桂华、李均明、朱国炤：《居延汉简释文合校》，文物出版社 1987 年版，第 235 页。

③　甘肃简牍博物馆、甘肃省文物考古研究所、甘肃省博物馆、中国文化遗产研究院古文献研究室、中国社会科学院简帛研究中心编：《肩水金关汉简》（壹）上册，中西书局 2011 年版，第 85 页。

传马一匹,骓驹,乘,左剽,齿九岁,高五尺八寸,駗,吕戟,名
曰完幸。厶尸(18 简)

私财务马一匹,骝,牡,左剽,齿七岁,高五尺九寸,补县(悬)
泉置传马缺。(19 简)

建始二年三月戊子朔庚寅,县(悬)泉厩啬夫欣敢言之:谨
移传马名籍一编,敢言之。(20 简)(V1610②∶11－20)①

从居延汉简、悬泉汉简材料可知,汉代传马、驿马的身高均在五
尺八寸以上。日本学者森鹿三在《论居延简所见的马》一文中指出汉
代马的平均年龄为 8.2 岁,汉代马的平均身高为五尺九寸。② 参照西
北汉简相关材料,可知对《汉书·景帝纪》"禁马高五尺九寸以上,齿
未平,不得出关"的规定之贯彻是十分到位的。秦律规定身高达五尺
五寸以上的马匹不可随意役使,与汉相比则更显严格。

如前所述,秦代一般百姓蓄养的马匹作为私人财产是受到法律
保护的。③ 然商贾使用身高超过五尺五寸的马匹运载货物和从事商
业贸易,马匹将被充公。"禁贾人毋得以牡马、牝马高五尺五寸以上
者载以贾市及为人就(僦)载,犯令者,皆赀各二甲,没入马县官",这
样的规定显然是为了打击商贾、抑制商业。商贾只能驱使身高在五
尺五寸以下的马匹从事商贸活动。这与汉高祖刘邦"令贾人不得衣
丝乘车,重税租以困辱之"④的做法如出一辙。

秦代烙马印抑压在马的右肩,而汉代在左肩,这是秦汉马政显著

---

① 胡平生、张德芳编撰:《敦煌悬泉汉简释粹》,上海古籍出版社 2001 年版,第 81－82 页。
② [日]森鹿三著,姜镇庆译:《论居延简所见的马》,收入中国社会科学院历史研究所战
　 国秦汉史研究室编:《简牍研究译丛》(第一辑),中国社会科学出版社 1983 年版,第
　 89 页。
③ 《里耶秦简》8－1433 载秦始皇卅二年爰书一份,涉及财产继承,在武赠予儿子产的财
　 物之中有牝马一匹。
④ 《汉书》卷二四《食货志》,第 1153 页。

差异之一。《睡虎地秦墓竹简·封诊式》"盗马"爰书中出现"右剽":

> 爰书：市南街亭求盗才(在)某里曰：甲缚诣男子丙，及马
> 一匹，骓牝右剽；……及履，告曰："丙盗此马、衣，今日见亭旁，而
> 捕来诣。"①

"右剽"一词鲜见于传世文献，睡虎地秦墓竹简整理小组在给
"剽"作注释时曰："剽，疑读为瞟。《广韵》引《埤苍》：'一目病也。'
《居延汉简甲编》八七八有'□驳乘两剽，齿十六……'，一九三七有
'……左剽，齿五岁，高五尺九寸'。"②验之后来公布的材料，整理小
组的注释显然是有问题的，如上文提及的《传马名籍》中所有马匹均
"左剽"，而传马担负着重要的传载任务，怎么可能专挑有目病的马匹
来充当？学者们或意识到这一点，故胡平生、张德芳先生在《敦煌悬
泉汉简释粹》一书中对"剽"进行了重新解读：

> 左剽：剽，标识。左剽，即在马的左部烙上徽记。《集韵·
> 宵韵》："表，识也。或作剽。"《周礼·春官·肆师》："表粢盛。"
> 郑玄注："故书'表'为'剽'。剽、表皆为徽识也。"③

《敦煌悬泉汉简释粹》一书中对"剽"的解释是可信的。参照岳
麓秦简《金布律》的记载，秦代"右剽"马可能是在马的右肩烙上徽
记。秦代有一套严格的公物标识制度，官有马匹无疑均要烙上徽记，
官员在烙记过程中若出现失误，会受到相应的处罚，《效律》载："马
牛误职(识)耳，及物之不能相易者，赀官啬夫一盾。"④然这种徽记制
度又不仅限于官有财物，某些重要的物资，如马匹，即使是私人拥有，

---

① 睡虎地秦墓竹简整理小组：《睡虎地秦墓竹简》，文物出版社 1990 年版，第 151 页。
② 睡虎地秦墓竹简整理小组：《睡虎地秦墓竹简》，文物出版社 1990 年版，第 151 页。
③ 胡平生、张德芳编撰：《敦煌悬泉汉简释粹》，上海古籍出版社 2001 年版，第 25–26 页。
④ 睡虎地秦墓竹简整理小组：《睡虎地秦墓竹简》，文物出版社 1990 年版，第 74 页。

也要强制加以标识。如岳麓秦简《金布律》规定马年龄超过四岁，"令厩啬夫丈齿令、丞前，久(炙)右肩，章曰：当乘"。故判定马匹是否为官有，不能光看其身上是否有徽记，重要的是徽记的内容。据此还可以推测秦代一般的官马，身上至少有两个徽记，一个标明其所属情况，似后代的"灵丘骑马""遒侯骑马"印之类；①一个标明其是否堪用，如"当乘"章之类。

《周礼》将马分为六种，基本是根据用途之不同来区分。用于作战的骘马在体态上肯定要高于邮驿的传马，而传马的性能总体上要优于官吏日常驱使的乘马。官吏出行时该乘何种马，秦令有细致的规定：

> 令曰：守以下行县，县以传马、吏乘给，不足，毋赁黔首马，犯令及乘者，赀二甲，废。　　·郡卒令己十二(1674)②

"吏乘"当为"吏乘马"之省，"传马"与"吏乘"并列，二者当有不同。"吏乘马"见于《法律答问》："肤吏乘马笃，辇(罷)，及不会肤期，赀各一盾。"③吏乘马指供官吏日常乘坐的匹马，不含车。"传马"指驿站用以传递文书与公职人员的马，如《汉书·昭帝纪》："颇省乘舆马及苑马，以补边郡三辅传马。"颜师古曰："乘舆马，谓天子所自乘以驾车舆者。"传马，张晏曰："驿马也。"④《二年律令·金布律》："传

---

① 刘钊：《说秦简"右剽"一语并论历史上的官马标识制度》，收入《书馨集——出土文献与古文字论集》，上海古籍出版社 2013 年版，第 193 页。"灵丘骑马""遒侯骑马"为汉代烙马印，秦代烙马印目前尚未见著录或出土。
② 陈松长主编：《岳麓书院藏秦简》(伍)，上海辞书出版社 2017 年版，第 113 页。按：标点略有调整。
③ 陈伟主编：《秦简牍合集 释文注释修订本》(壹)，武汉大学出版社 2016 年版，第 170 页。
④ 《汉书》卷七《昭帝纪》，第 228 页。

马、使马、都厩马日匹菽一斗半斗。"①《二年律令与奏谳书》整理者认为"'使马'或同'乘马'，指驾车之马"。② 岳麓秦简 1663 简"诸乘传、乘马、傳（使）马傳（使）及覆狱行县官"，③乘马与使马并列，其为二物无疑。使马乃官吏外出它县公干时配备之马：

> ●令曰：叚（假）廷史、诸傳（使）有县官事给殹（也），其出县昉（界）者，令乘傳（使）马，它有等殹（也）。卒史、属、尉佐▢
> （1917）乘比叚（假）廷史、卒史覆狱乘傳（使）马者。它有等比。
> ·内史旁金布令第乙十八（1899）④
>
> ●令曰：叚（假）廷史、廷史、卒史覆狱乘傳（使）马凵及乘马，有物故不备，若益骖驷者凵。议：令得与书史、仆、走乘，毋得（1924）骖乘凵。它执法官得乘傳（使）马覆狱、行县官及它县官事者比。　　·内史旁金布令第乙九（1920）⑤

综合以上两则令文可知，秦代官员公干时若需用马，在县境内只能使用乘马，去它县则可以乘使马。乘马为无车的骑马，使马当为拉车之马，官吏徭使它县它郡，或有乘坐三匹或四匹马拉的车。新制定的令文规定，乘使马者"毋得骖乘"，即不能乘坐三匹马拉的车，言外之意，只能乘坐一马拉的辂车或两匹马拉的车。岳麓秦简另一则令文也规定：

> 县官毋得过骖乘，所过县以律食马及禾之凵。御史言，令覆

---

① 彭浩、陈伟、[日]工藤元男主编：《二年律令与奏谳书——张家山二四七号汉墓出土法律文献释读》，上海古籍出版社 2007 年版，第 252 页。
② 彭浩、陈伟、[日]工藤元男主编：《二年律令与奏谳书——张家山二四七号汉墓出土法律文献释读》，上海古籍出版社 2007 年版，第 253 页。
③ 陈松长主编：《岳麓书院藏秦简》（伍），上海辞书出版社 2017 年版，第 183 页。
④ 陈松长主编：《岳麓书院藏秦简》（伍），上海辞书出版社 2017 年版，第 185 页。
⑤ 陈松长主编：《岳麓书院藏秦简》（伍），上海辞书出版社 2017 年版，第 184 页。

狱乘恒马①者,日行八十里∟,请许。(0698)②

所谓恒马,就是使马,每天行走路程是恒定的,故有此名。

秦汉律令中的传马指传置使用之马。《秦律十八种·金布律》:"传车、大车轮,葆缮参邪。"③整理者认为传车指传置所用之车,《汉书·高帝纪》颜师古注:"传者,若今之驿,古者以车,谓之传车,其后又单置马,谓之驿骑。"传马之所以不能简单地理解为牵引传车之马,是因为传车有不同种类。一般的邮驿机构所用之车可称为传车,一般有公干的官吏均可乘坐。另有一种高级传车,非常人能乘坐:

> 《汉书·贾谊传》:赋六百余万钱,乘传而行郡国。如淳曰:"此言富者出钱谷,得高爵,或乃为使者,乘传车循行郡国,以为荣也。"④

> 《汉书·文帝纪》:张武等六人乘六乘传。张晏曰:"传车六乘也。"⑤

> 《汉书·平帝纪》:征天下通知逸经、古记、天文、历算、钟律、小学、《史篇》方术、《本草》及以《五经》《论语》《孝经》《尔雅》教授者,在所为驾一封轺传。如淳曰:"律,诸当乘传及发驾置传者,皆持尺五寸木传信,封以御史大夫印章。其乘传参封之。参,三也。有期会累封两端,端各两封,凡四封也。乘置驰传五封也,两端各二,中央一也。轺传两马再封之,一马一封也。"师古曰:"以一马驾轺车而乘传。"⑥

> 《后汉书·贾琮传》:旧典,传车骖驾,垂赤帷裳,迎于

---

① 恒马:亦见于《张家山汉简·奏谳书》:"乘恒马及船行五千一百卌六里,率之,日行八十五里。""恒马"或认为指不每天更换的马。我们认为指按照章程可以乘用之马。

② 陈松长主编:《岳麓书院藏秦简》(肆),上海辞书出版社2015年版,第198页。

③ 陈伟主编:《秦简牍合集 释文注释修订本》(壹),武汉大学出版社2016年版,第94 - 95页。

④ 《汉书》卷四十八《贾谊传》,第2244、2246页。

⑤ 《汉书》卷四《文帝纪》,第106 - 107页。

⑥ 《汉书》卷十二《平帝纪》,第359 - 360页。

州界。①

　　由《汉书》可知，此种传车非一般人能乘坐，为国捐钱六百万的富人可允其乘坐，乘坐传车被视为荣幸之事。又从如淳引汉律可知，乘坐传车者先要取得传信，传信以御史大夫印章封之，一马一封，一般传车由三匹马拉，故有三封。据《后汉书》传车由三匹马牵引，有赤色的帷幕为遮掩。

　　官吏在日常行政时根据实际需要享有乘坐乘马、传马或使马的权利，但如何合理享用这一权益，秦律只见些许规定。《法律答问》："以其乘车载女子，可（何）论？赀二甲。以乘马驾私车而乘之，毋论。"②此种规定颇有意思，法律规定不能用官府的公车搭载女子，否则罚二甲，但若是以官府的马驾私人的车，是没有罪过的。此规定的重点在车，不在马，亦不在女子。官府的车，官吏不能利用职务之便随意载人；官府的马，如何使用似乎完全是官吏个人说了算。关于"乘车"，整理者解释为安车，是一种可以坐乘的小车。③ 此种解释忽略了以下事实：能否乘坐安车，取决于身份地位，而非性别。秦代女子可以继承爵位，里耶秦简有"寡大夫"（拥有大夫爵位的寡妇）。颜师古对公乘爵的解释为"得乘公家之车也"。④ 故乘车只能解释为乘坐公车，所谓乘车吏即享有乘坐公车的权利之吏。

　　使用乘马公车者需先出示传信，没有传信而擅自借用公家车马，或以公家车马搭乘他人，均比照盗赃论处。里耶秦简载：

① 《后汉书》卷三十一《贾琮传》，第 1112 页。
② 陈伟主编：《秦简牍合集 释文注释修订本》（壹），武汉大学出版社 2016 年版，第 249 页。
③ 陈伟主编：《秦简牍合集 释文注释修订本》（壹），武汉大学出版社 2016 年版，第 249 页。
④ 《汉书》卷十九上《百官公卿表》，第 740 页。

廿六年十一月甲申朔壬辰,迁陵邦候守建敢告迁陵主:令史下御史请书曰:自今以来,毋(无)传叚(假)马以使若有吏(事)县中,及逆传车马而以载人、避见人若有所之,自一里以上,皆坐所乘车马臧(赃),与盗同法。书到相报。今书已到。(正)

敢告主。　毋(无)公印以私印,印章曰李志。

十一月甲午,销士五(伍)□□若思以来。　□□　但手。(背)　9-1874①

文书引用"御史请书"部分,无论是术语、格式、内容还是功用,均与律令无别。又律令也可称书,故径直视之为律令亦无妨。内容是规范官府车马使用的,与上引《法律答问》相关规定相比,此处对车马的控管更为严格。"逆"一般作迎接讲,"逆传车马"或可理解为官府迎来送往所需用的传车马。传车规定了行驶路线,不可"避见人",不可驶向它处。

四、马匹买卖

岳麓秦简《金布律》条文对牛、马、奴婢交易相关程序进行了规定,这是之前的文献中见不到的,一定程度上填补了历史空白。为了便于讨论,先引用律文如下:

●金布律曰:黔首卖马牛勿献(谳)廷,县官其买毆(也),与和市若室,勿敢强∟。买及卖马、牛、奴婢它乡、它县,吏(1415)为(?)取传书及致以归,及(?)免(?),弗为书,官啬夫吏主者,赀各二甲,丞、令、令史弗得,赀各一甲。其有事关外,以私马(1428)牛羊行而欲行卖之及取传卖它县,县皆为传,而欲徙卖它县者,发其传为质。黔首卖奴卑(婢)、(1300)马牛及买者,各出

① 陈伟主编:《里耶秦简牍校释》(第二卷),武汉大学出版社2018年版,第381页。

廿二钱以质市亭。皇帝其买奴卑（婢）、马，以县官马牛羊贸黔首
马牛羊及买以为义（1301）者，以平贾（价）买之，辄予其主钱。
而令虚质、毋出钱、过旬不质，赀吏主者一甲，而以不质律论└。
黔首自（1351）告，吏弗为质，除。黔首其为大隃取义，亦先以平
贾（价）直之└。质奴婢、马、牛者，各质其乡，乡远都市，欲
徙①（0990）

（缺简）

老为占者皆甼（迁）之。舍室为里人盗卖马、牛、人，典、老见
其盗及虽弗见或告盗，为占质，黥为（1226）城旦，弗见及莫告盗，
赎耐，其伍、同居及一典，弗坐└。卖奴卑（婢）、马、牛者，皆以帛
书质，不从令者，（J42）赀一甲└。卖半马半牛者，毋质诸乡。②
（1263）

1415 组律文由 9 支竹简组成，然律文并不完整，中间尚缺简。此
则律文对牛、马、奴婢等大宗商品的交易程序作了规定。律文中多次
提及"质"，"质"应为黔首交易大宗物品过程中必须履行的一项手
续。然"质"之深层含义究竟为何，"质"与"质钱"是否有关联，均是
值得探索的重要议题。也只有厘清了这两个问题，才能说真正读懂
了此则律文。

秦汉简牍中多次出现"质"和"质钱"，学者们多有讨论，但尚未
达成一致看法。《睡虎地秦墓竹简·法律答问》："百姓有责（债），毋
敢擅强质，擅强质及和受质者，皆赀二甲。""强质""和质"之"质"，整
理小组注释曰："质，抵押。古书中'质'常指以人作抵押。"整理小组
给出的译文为："百姓间有债务，不准擅自强行索取人质，擅自强行索

---

① 　陈松长主编：《岳麓书院藏秦简》（肆），上海辞书出版社 2015 年版，第 133 – 135 页。
　　按：标点略有调整。
② 　陈松长主编：《岳麓书院藏秦简》（肆），上海辞书出版社 2015 年版，第 135 – 136 页。

取人质以及双方同意质押的,均罚二甲。"①张家山汉简《二年律令·金布律》"质钱"之"质",整理小组注释:"质,抵押。"②《二年律令·杂律》"诸有责(债)而敢强质者",整理小组注释:"强质,强以人或物为质。"③陈伟先生认为秦汉《金布律》中"质钱"之"质"与《法律答问》148 简所见"擅强质""和受质"之"质"不是一回事。质钱是官府为大型交易提供质剂而收取的税金。④ 徐世虹先生《也说质钱》一文也指出了传世文献与出土文献中"质钱"含义有别,"质仍作质押解释,质钱也许与官方行为下的经济活动或债务关系有关"。⑤ 李力先生推测秦汉律所见"质钱"是因官府(债权人)占有民(债务人)之物以保证其借贷而产生的,是官府在借贷期限届满时所收到的、由民交来的款项(本钱与子钱之和)。⑥

　　陈伟、徐世虹和李力先生关于"质"和"质钱"的论断均有可取之处,然尚有进一步讨论的余地。传世文献以及部分简牍材料中的"质"的确相当于现代语境中的"抵押",但并非所有的"质"均如是解。秦汉《金布律》中的"质钱"乃官方收入之重要组成部分,与传世文献中"质钱"表示以人或物作为抵押以借钱之义完全不同。参之岳麓秦简《金布律》,"质"乃大宗物品交易过程中必须履行的手续,买卖双方各缴纳廿二钱予市亭,相关官吏与买卖双方共同见证"质"文

① 睡虎地秦墓竹简整理小组:《睡虎地秦墓竹简》,文物出版社 1990 年版,第 127 - 128 页。
② 张家山二四七号汉墓竹简整理小组:《张家山汉墓竹简[二四七号墓]》(释文修订本),文物出版社 2006 年版,第 67 页。
③ 张家山二四七号汉墓竹简整理小组:《张家山汉墓竹简[二四七号墓]》(释文修订本),文物出版社 2006 年版,第 33 - 34 页。
④ 陈伟:《关于秦与汉初"入钱缿中"律的几个问题》,《考古》2012 年第 8 期。
⑤ 徐世虹:《也说质钱》,收入王沛主编:《出土文献与法律史研究》第二辑,上海人民出版社 2013 年版,第 1 - 9 页。
⑥ 李力:《秦汉律所见"质钱"考辨》,《法学研究》2015 年第 2 期。

书的生成。"质"是官府为了保证贸易公平进行而采取的一种举动。专门从事"质"的官吏或称为"质人"，《周礼·夏官·马质》"马质掌质马"，贾公彦疏云："质，平也，主平马力及毛色与贾直之等。"①"质马"之"质"与岳麓秦简1415组律文出现之"质"当是一回事。

市吏主持质并立文书，一是充当贸易中间人并依平价对交易物品进行估值，再者保证了交易的合法性和有效性。"皇帝其买奴卑（婢）、马，以县官马牛羊贸黔首马牛羊及买以为义者，以平贾（价）买之，辄予其主钱"，表明皇帝购买奴婢、马、牛等是不必履行"质"程序的，然亦要"以平价买之"。"黔首其为大隃取义，亦先以平贾（价）直之"，"大隃取义"可依整理小组作"大大超过了平价"②解，当卖方要价钱偏离平价过多时，市吏要以平价对物品进行估值，至于交易最终能否达成，完全看买卖双方的意愿。通过岳麓秦简J42可知质文书均以帛书为之，应当是一式三份，卖方、买方、官府各持有一份。

厘清了"质"在律文中的含义，"质钱"便毫无奥义可言。"质钱"乃官府为质时所收取的费用，按照交易次数收取，或要考虑交易数额。岳麓秦简《金布律》规定"质奴婢、马、牛者，各质其乡"的同时又规定"卖半马半牛者，毋质诸乡"，可见为质时会考虑交易额度。"质"与"占质"恐非一事，"舍室为里人盗卖马牛人，典、老见其盗及虽弗见或告盗，为占质，黥为城旦，弗见及莫告盗，赎耐，其伍、同居及一典、弗坐"。依律文，"占质"是典、老可以履行的手续，此"占"应当作"申报"解。因为里典、老并没有为质的权力，他们只负责将相关的情况上报到乡一级行政单位所在的市亭，由市亭来"质"。只有在交易无需质诸乡的情况下，如"卖半牛半马"或其他小型交易，典、老在室舍中所充当的角色与市亭中的市吏才无所差别。

---

① 李学勤主编：《十三经注疏·周礼注疏》，北京大学出版社1999年版，第789页。
② 陈松长主编：《岳麓书院藏秦简》（肆），上海辞书出版社2015年版，第170页。

1415 简起首"黔首卖马牛勿献廷"一句,整理小组没有给出注释,只是随释文将"献"注为"谳"的通假字。"献"有进献之义,凡身份较低者向身份高贵者输送财物都可称作"献",律文中显然不可以此义解。"谳"指请求上级审理疑难案件,《汉书·景帝纪》"狱疑者谳有司",①《后汉书·孔融传》"郡县疑不能决,乃上谳之"。② "谳"或可由此引申出向上报告之义。"黔首卖马牛勿献廷"或可理解为黔首出售牛马不必事先请示县廷,只需要质诸市亭即可。后文"黔首卖奴卑(婢)马牛及买者,各出廿二钱以质市亭"可以极好地佐证此论断。"廷"乃"县廷"之省称,秦律中习见,如《秦律十八种·仓律》:"禾、刍稾积索(索)出日,上赢不备县廷。出之未索(索)而已备者,言县廷,廷令长吏杂封其廥,与出之,辄上数廷;其少,欲一县之,可殹(也)。"③律文中两处"廷"显然是指"县廷"。

从 1415 组《金布律》可知,卖牛马它县、它乡以及关外,则需要县批发"传"文书,主事官吏只有见到"传"文书之后才可"为质"。此举大约是为了打击非法盗卖马牛,汉初《二年律令·津关令》中亦规定马匹出关需要"传"。④ "传"即通行证,《汉书·宣帝纪》本始四年(前70),"民以车船载谷入关者,得毋用传",师古注:"传,符也。"⑤《释名·释书契》:"传,转也,转移所在,执以为信也。亦曰过所,过所至关津以示之也。"⑥传又有公务用传和私事用传之分,"私事用传是因私事出行持用的通行证,有一定的申请报批程序:出行

---

① 《汉书》卷五《景帝纪》,第 150 页。
② 《后汉书》卷七〇《孔融传》,第 2262 页。
③ 睡虎地秦墓竹简整理小组:《睡虎地秦墓竹简》,文物出版社 1990 年版,第 27 页。
④ 参见《二年律令·津关令》第十二则令文,张家山二四七号汉墓竹简整理小组:《张家山汉墓竹简[二四七号墓]》(释文修订本),文物出版社 2006 年版,第 86 页。
⑤ 《汉书》卷八《宣帝纪》,第 245 页。
⑥ (汉)刘熙撰,(清)毕沅疏证,王先谦补:《释名疏证补》卷六《释书契》,中华书局 2008 年版,第 205 页。

者首先必须向所在乡提出申请,经乡政府审核通过,然后报请所在县批准发放。私传须盖有县令、丞或相当等级的官印才有效"。①《金布律》中所见"传"当是私事用传。符传是有效掌控流动人口的工具之一,秦国很早就使用之,如《法律答问》云"诣符传于吏是谓'布吏'"。②

秦律严惩不依法为质的行为,"虚质毋出钱、过旬不质,赀吏主者一甲,而以不质律论","而"表递进,不仅仅要赀罚一甲,又要因"不质"而按律处理。至于"不质"该如何处理,律文没有明说。从 1226 号简文可推测对"不质"的惩处不会很轻。1226 号简的大致内容为:典、老知晓有人盗买马、牛、奴婢而替他"占质",将黥为城旦。在秦代的刑罚体系中,黥为城旦舂是仅次于死刑的重刑,多用惩罚影响极坏的恶性案件制造者,如"擅杀子","殴大父母",故意以箴(针)、鈠、锥伤人等,都要黥为城旦舂。③ 可见,秦律对不依法为质和盗卖大宗物品的打击力度是很大的。这是因为牛、马、奴婢在当时社会生活中起着十分重要的作用,是比较贵重的财产。

小结

秦十分重视马匹的畜养,几乎每个县都设有畜官这一机构,专门负责饲养马牛等牲畜;一些自然条件良好的地方,则开辟为大型养马场,并设置专门机构管理。相关部门会定期考课,以保证畜官、厩苑所养马匹的质量。民间养马的风气也很盛,黔首视马匹为重要财产。司御乃畴官之一种,以训练马匹为本职工作。"司御子"在傅籍后由

---

① 李均明:《秦汉简牍文书分类辑解》,文物出版社 2009 年版,第 68 页。
② 睡虎地秦墓竹简整理小组:《睡虎地秦墓竹简》,文物出版社 1990 年版,第 137 页。
③ 睡虎地秦墓竹简整理小组:《睡虎地秦墓竹简》,文物出版社 1990 年版,第 109、111、113 页。

厩啬夫教授驾车技能,学艺不精者会受到相应处罚。

在马匹使用方面,秦律规定了身高超过五尺五寸但年龄未满四岁的马匹均不可用来拉车、垦田以及租赁予人拉载货物。马身体上由官府烙上"当乘"二字后方可使用。官吏能否乘马,使用哪一类车马,与其身份以及从事的工作密切相关。使用乘马公车者需先出示传信,没有传信而擅自借用公家车马,或以公家车马搭乘他人,均比照盗赃论处。

马匹作为大宗物品,交易时必须立下质书。买卖双方各缴纳廿二钱予市亭,相关官吏与买卖双方共同见证"质"文书的生成。"质"是官府为了保证贸易公平进行而采取的一种举动。"质钱"乃官府为质时所收取的费用,按照交易次数收取,或要考虑交易数额。卖牛马它县、它乡以及关外,则需要县廷批发"传"文书。

岳麓秦简律令校释(六)

华东政法大学出土法律文献研读班 *

【摘要】本文对岳麓秦简肆257-283简、岳麓秦简陆260-266简所载秦律的内容做了注释与解读,就一些释文的隶定提出新的意见与理解,并逐一分析秦律篇名以及相关法条的内容与立法目的:肆257-261简中的"令日"是执行令抵达主管机构的日期,所针对的是"有罪以赀赎"的情形,"除官"疑为职掌罪人除罪后复作之官署;肆264-267中的"以日当刑"可理解为以居作服役的方式抵偿肉刑;肆268-270中原整理者的释文"除都膚"当改释为"幹都膚",其为官署名,掌管谷货仓储之事,隶属于"斡官";肆278-279整理者未释之字根据残笔与律文内容补释为"父母妻",279简简首"以"改释为"死",释文作"其父母妻死,归宁居室廿日外往来",该条律文最后的"貣(贷)日令庸以补"可断读为"貣(贷),日令庸以补",即向其提供借贷,因借贷所欠日数通过佣作来偿还;肆283"繫(系)人而弗治"改释为"繫(系)人而弗讯",即存在"繫(系)人而弗辟"的可能;陆260原整理者未释之"□"当释为"及当"二字,"当律令"可理解为符合律令规定之事;陆263中的"少(小)

* 本文受国家社科基金重大项目"甲、金、简牍法制史料汇纂通考及数据库建设"(项目批准号为20&ZD180)资助。执笔人为邬勖、陈迪、乔志鑫,黄海负责日文资料编译。研读班的其他成员有:张伯元、王沛、王捷、姚远、朱群杰。

官印"是指小官的官印,亦即级别低于县级令、丞的职官的官印,与汉武帝元狩时期复位印制以后的"小官印"应非同一概念。

【关键词】令日;除都厬;居赀赎责;以日当刑;司空律;岳麓秦简

凡　　例

一、本文的释读对象为《岳麓书院藏秦简》(肆)(陈松长主编,上海辞书出版社 2015 年版)中 257 - 283 号简以及《岳麓书院藏秦简》(陆)(陈松长主编,上海辞书出版社 2020 年版)中 260 - 266 号简。

二、本文由"释文""注释""语译""解读"四部分组成。"释文"部分的简文排序以原书为基础,参考学者的意见做了部分调整。各简释文之后标注原书的简牍原始编号和复原排序编号,如"2039/肆052""2039"为原始编号,"肆 052"为复原排序编号。"注释""解读"部分只注出复原排序编号。

三、"释文"部分使用的特殊符号基本沿用原书,稍有区别,具体如下:

　　· :原简中标于简牍天头或简文中的圆形墨点符号。

　　■ :原简中标于简牍天头的墨块符号(简首涂黑)。

　　| :原简中的墨钉符号。

　　└ :原简中的钩识符号。

　　□ :未能释出的一字。

……:未能释出的无法确定字数的字。

　　字 :据文意或残画补释的字(据残画可确定的字,直接释出,不加框)。

　　【】:据文意补出的原简文的脱字,或者残断的内容。

　　(?):释字存疑者。

　　[ ]:原简文中的衍文。

（ ）：原简文所用的异体字、假借字的通行字。

〈 〉：原简文所用的误字的正字。

▨：原简残断处。

（缺简）：已缺失的简文。

肆 257－261

释文

司空律曰：有辠（罪）以赀赎，及有责（债）于县官，以其令日[1]问之；其弗能入及偿[2]，以令日居之。日居 ⬛ 0350/肆257 钱；食县官者，日居六钱。居官府食县官者，男子参（叁）女子驷（四）[3]。当居弗居者，赀官 啬夫、吏各一甲，丞、令、令 0993/肆258 史 [4]各一盾。黔首及司寇、隐官、除官[5]人居赀赎责（债），或病及雨不作，不能自食者，贷食，以平贾（价）贾（价）[6]，令 0793/肆259 先居食 [7]。为它县吏及冗募群戍卒[8]有赀赎责（债）为吏县及署所者，以令及责（债）券日[9]问其人[10]，能入者[11]，0795/肆260 令日入之若移居县[12]人；弗能入者，以令及责（债）券日居之，如律。移居县，家弗能入而环（还）[13]者，赀一甲。J57/肆261

注释

[1] 令日：执行令抵达主管机构的日期，针对的是"有罪以赀赎"的情形。对比下文，知此处省略了针对"有责（债）"情形的"责券日"。"令"有执行令之义，如睡虎地秦简《法律答问》60："廷行事有罪当辠（迁），已断已令，未行而死若亡，其所包当诣辠（迁）所。"《法律答问》164："当繇（徭）吏（使），典已令之，即亡弗会，为'逋事'。"①即分别指

---

① 睡虎地秦墓竹简整理小组：《睡虎地秦墓竹简》，文物出版社 1990 年版，第 107、132 页。164 简整理小组释文作"当繇（徭），吏、典已令之"，今从《秦简牍合集》释读为"当繇（徭）吏（使），典已令之"。参见陈伟主编：《秦简牍合集：释文注释修订本》（壹），武汉大学出版社 2016 年版，第 262 页。

迁刑和徭使的执行令。① 睡虎地秦简整理小组注:"令日,判决所规定的日期。"②可参看。

[2] 入及偿:"入"意为缴纳,③此处指缴纳"赀""赎"钱;"偿"意为偿还、清偿,此处指清偿"责(债)"即对国家的负债。

[3] 男子参(叁)女子驷(四):男子叁食,女子四食。叁食、四食是战国秦汉时国家为吏徒按餐禀食的术语,意为每日发放两餐,每餐发放三分之一斗和四分之一斗原粮(未脱壳谷物)。④ 男子叁食即睡虎地秦简《秦律十八种》55"城旦……守署及为它事者"的禀食标准,女子四食则与《秦律十八种》49"隶臣妾其从事公……隶妾一石半"相同。

[4] 史:原简文残泐,整理者据文义补,认为原简不见其字。⑤ 今案其残画犹存。⑥

[5] 除官:疑为职掌罪人除罪后复作之官署。除罪者身份与黔首相近,劳役较轻,故在此可与黔首、司寇、隐官同列。整理者释"除"为"斡",注:"岳麓简中还有'右斡官、中斡官、左斡官'等。居赀赎债等身份者在斡官服役,汉印有'斡官泉丞'。"⑦陈伟改释为

① 里耶秦简 9‐1089:"迁陵丞□告少内主:……吉等令官佐黑监、得,论赀邛一甲,其听书入……迁陵丞昌告少内主:邛论赀二甲……听入赀,上校卅年。"应即县发给少内的赀罪执行令。

② 睡虎地秦墓竹简整理小组:《睡虎地秦墓竹简》,文物出版社 1990 年版,第 51 页。

③ 陈松长主编:《岳麓书院藏秦简》(肆),上海辞书出版社 2015 年版,第 174 页注释 243。此处整理者原注释下文"今日入"之"入"。

④ 参见睡虎地秦墓竹简整理小组:《睡虎地秦墓竹简》,文物出版社 1990 年版,第 32‐33、51 页。黄展岳:《关于秦汉人的食粮计量问题》,《考古与文物》1980 年第 4 期。今案,学界对秦汉法律和官文书中的禀食的食料、数量标准及相关计量单位的涵义等一系列问题有许多不同的理解,但仍以黄展岳所论较当。

⑤ 陈松长主编:《岳麓书院藏秦简》(肆),上海辞书出版社 2015 年版,第 174 页注释 241。

⑥ 参见朱锦程:《读〈岳麓书院藏秦简〉(肆)札记(二)》,简帛网,http://www.bsm.org.cn/?qinjian/6703.html,首发时间 2016 年 5 月 8 日。

⑦ 陈松长主编:《岳麓书院藏秦简》(肆),上海辞书出版社 2015 年版,第 174 页注释 242。

"除",①雷海龙认为是"斡"的异体,②今从陈伟说。岳麓秦简肆268、肆272、伍251之"居隐除"应即在隐官、除官中居赀赎责(债)。

[6] 以平贾(价)贾(价)：对某一特定商品,直接采用其所属商品种类的平价作为其价格。③"平价"是秦汉市署机构周期性地基于市场时价制定的各种商品的官定价格,通常在官私交易中使用。④"以平贾(价)贾(价)"是下文"令先居食"的前置措施。睡虎地秦简《封诊式·告臣》的"以市正贾(价)贾"亦当如此解。整理者读下一"贾"如字,可参看。

[7] 令先居食：令贷食者先以劳动抵偿其所贷粮食。"先""食"二字原简残泐,整理者释为"食(?)""作(?)",今据残画和文意改释。"居食"即居作以偿所贷之食,构词与睡虎地秦简《秦律十八种》138"居其衣"相近。整理者将此四字与下"为它县吏"连读,今从周海锋断开。⑤

[8] 冗募群戍卒：冗募等各类戍卒。里耶秦简8-132+8-334："冗募群戍卒百卅三人。"《里耶秦简牍校释》注："冗募是一事抑或二事,尚待考。冗募者为'戍卒',则通过本简可知。"⑥

[9] 责券日：责债之券抵达主管机构的日期,这是就"有责

---

①　陈伟指出："此字左旁有残,右旁完好,与秦简'斡'字(如岳麓肆简330所见)不同,应是'除'字。岳麓肆简268、272有'隐除',未知与'隐官、除官'是否有关。"参见陈伟：《岳麓秦简肆校商(三)》,简帛网,http://www.bsm.org.cn/?qinjian/6664.html,首发时间2016年3月29日。

②　雷海龙：《〈岳麓书院藏秦简(肆)〉释文商补(八则)》,收入姚远主编：《出土文献与法律史研究》第七辑,法律出版社2018年版,第86页。

③　朱红林认为"以平贾(价)贾"意为"按照平价卖出,或者按照平价计算价值"。参见朱红林：《〈岳麓书院藏秦简(肆)〉疏证》,上海古籍出版社2021年版,第295页。

④　参见慕容浩：《秦汉时期"平贾"新探》,《史学月刊》2014年第5期。

⑤　参见周海锋：《秦律令研究》,湖南大学2016年博士学位论文,第141页。

⑥　陈伟主编：《里耶秦简牍校释》(第一卷),武汉大学出版社2012年版,第70页。

(债)"的情形而言。整理者读"责"为"债",①今案"责"可解为责债,即追索债务,如《史记·田敬仲完世家》"公常执左券以责于秦韩",《平原君虞卿列传》"事成,操右券以责",岳麓秦简叁124–125:"券责建等,建等未赏(偿),识欲告婗,婗即折券,不责建。"

[10] 人:整理者释为"入",今从陈伟改释。②

[11] 者:陈伟据彩色图版改释为"之",③可参看。

[12] 居县:户籍所在县,参见肆248–252条注"居县官"。整理者理解为"居作之县",④可参看。

[13] 环(还):退回,此处指退回委托居县追缴赀赎责(债)的文书。里耶秦简9–3:"已訾责其家,家贫弗能入,有物故弗服,毋听流辞以环书。"岳麓秦简叁217:"勿环! 环之,毋择不得为丞主臣走。"整理者理解为"还债";⑤朱红林理解为"官府拿着债券来回往返",并举里耶秦简9–3、9–9为证,⑥皆可参看。今案里耶秦简多见跨县责债而"环"的实例,详"解读"。

语译

司空律规定,因有罪而被处赀甲盾、赎罪的,以及对国家负债的,应在执行令抵达的当天询问其人;若不能缴纳及偿还,则在当天让其人居作。居作每日抵偿八钱;由国家供食的,每日抵偿六钱。在官府居作而由国家供食的,男子每日早晚两餐各发放三分之一斗,女子发

① 陈松长主编:《岳麓书院藏秦简》(肆),上海辞书出版社2015年版,第154页。
② 参见陈伟:《岳麓秦简肆校商(三)》,简帛网,http://www.bsm.org.cn/?qinjian/6664.html,首发时间2016年3月29日。
③ 参见陈伟:《岳麓秦简肆校商(三)》,简帛网,http://www.bsm.org.cn/?qinjian/6664.html,首发时间2016年3月29日。
④ 陈松长主编:《岳麓书院藏秦简》(肆),上海辞书出版社2015年版,第174页注释244。
⑤ 陈松长主编:《岳麓书院藏秦简》(叁),上海辞书出版社2013年版,第174页注释245。
⑥ 朱红林:《〈岳麓书院藏秦简(肆)〉疏证》,上海古籍出版社2021年版,第296页。

放四分之一斗未脱壳谷物。应当居作而未让其人居作的,主管其事的官啬夫和吏要各处赀一甲,县丞、县令、令史各处赀一盾。黔首及司寇、隐官、除官之人为抵偿赀、赎、债而居作,由于疾病及下雨而不能劳作,又不能自给粮食的,应向其人出贷粮食,按照平价来作价,让他们先居作以抵偿其所贷的粮食。担任其他县之吏的人以及冗募等各类戍卒,在任职县及部署地被处赀、赎或负债的,应在执行令及责债之券抵达的当天询问其人,能缴纳的,应在当天缴纳,或移送文书至其户籍所在县追缴;不能缴纳的,应按照律文规定,在执行令及责债之券抵达的当天让其人居作。移送文书至其户籍所在县追缴,其家中不能缴纳而退回的,其人应处赀一甲。

解读

一、规定居赀赎责(债)者贷食须"以平贾(价)贾(价)"的目的

如上注,"以平贾(价)贾(价)"意为官府出贷粮食给居赀赎责(债)者时,应以该种粮食的官定平价作价,此规定的目的何在? 案睡虎地秦简《秦律十八种》133 和本条都规定,居赀赎责(债)"公食者"亦即"食县官者"居作一日,所抵偿的钱要比自食者少二钱,此差额是由本条直接规定的"公食者"一日口粮所折之价。若以"男子参"的标准计,一日的口粮为 2/3 斗,折价斗三钱,这与《秦律十八种》144 规定的"鼛(系)城旦舂,公食当责者,石卅钱"相等。同这个法定的口粮禀贷折价相比,当时的粮食平价一般要高出许多,如里耶秦简 9 - 715+9 - 1849:"出粟一斗大半斗,斗十二钱以贷冗。"①即其实例。可想而知,若按照平价来向"系城旦舂公食者"追索口粮钱,则其负担就要沉重得多;若按照平价从居作抵偿钱中扣除口粮钱,则居赀赎责(债)就会入不敷出,愈居愈"债",这就是法律无视平价的波动,而将口粮禀贷折价

---

①   陈伟主编:《里耶秦简牍校释》(第二卷),武汉大学出版社 2018 年版,第 189 页。

钉住"石卅钱/斗三钱"的最主要的原因,①这似乎暗示着"居赀赎责(债)"制度对于战国末至统一后的秦代国家来说实际上是不经济的,其处罚的意味相对更为突出。同时,由于此规定,居赀赎责(债)公食者以"病及雨"等为借口"偷懒"也就无利可图了,因为其劳动时尚能享受"石卅钱/斗三钱"的公食"福利",而一旦"病及雨不作",就要以高得多的平价来贷食而延长居作日数,这就大大促进了他们坚持劳动的积极性。

二、"移居县,家弗能入而环"的实例

本条规定,在其他县为吏或为戍卒,而在当地发生了须缴纳赀赎责(债)的情形,若其人声称其家庭可以缴纳的,官吏要行移文书给其户籍地县机关,委托后者向其家庭追索,同样的规定又见睡虎地秦简《秦律十八种》76《金布律》"有责(债)于公及赀、赎者居它县,辄移居县责之";而如果其"家弗能入而环",即户籍地县机关回报说其家庭无力缴纳而退回追索文书的,要对有赀赎责(债)者处赀一甲之罚。如此规定显然是因为异地往来文书没有达到预期目的,造成了资源浪费。

里耶秦简中有不少提及"家弗能入而环"的情形的文书,如:

> 十二月戊寅,都府守胥敢言之:迁陵丞膻曰:少内昭言冗佐公士燹道西里亭赀三甲,为钱四千卅二。自言家能入。为校□□□谒告燹道受责。有追,追曰计廿八年□责亭妻胥亡。胥亡曰:贫,弗能入。谒令亭居署所。上真书谒环。□□燹道弗受计。亭谳当论,论。敢言之。☐A
>
> 十二月己卯,燹道邯敢告迁陵丞主,写☐事,敢告主。/冰手。/六月庚辰,迁陵丞昌告少内主,以律令□☐手。/六月庚辰水十一刻刻下六,守府快行少内。☐

---

① 黄展岳认为:"每石谷三十钱应是秦汉政府利用政权强制推行的官方粮价,而实际粮价往往要高出官价数倍至数十、数百倍。"其对秦律"石卅钱"的性质的认识不尽全面。参见黄展岳:《关于秦汉人的食粮计量问题》,《考古与文物》1980年第4期。

六月乙亥水十一刻刻下二,佐同以来。/元手。☑ B

(里耶 8－60+8－656+8－665+8－748)①

　　如上,户籍在犍道的公士亭在迁陵县为吏,而被处赀三甲,他显然声称其家庭可以缴纳。于是迁陵县向犍道行移文书,附上"校券",委托后者向亭的家庭追缴,并在此后又追加了一次移文。主管此事的犍道都府则报告说,亭的妻子胥亡声称家庭贫穷无力缴纳,于是将相关文书(应主要是胥亡的爰书)的原件上报给犍道,②请犍道退回迁陵县的追缴委托,并以欺谩论处亭。这就是一个与本条的"移居县,家弗能入而环"的情形完全相合的实例。

　　另外,里耶秦简9－1至9－12这12枚牍是关中阳陵县委托洞庭郡向在该郡服役的阳陵戍卒追缴赀赎钱的文书,这种"移戍所入"的情形与本条的"移居县入"正好相反,但两者适用的规范应是一致的,这从阳陵的嘱托"已訾责其家,家贫弗能入,有物故,弗服。毋听流辞以环书,道远"(9－3)和"已訾责頯家,家贫弗能入,頯有流辞,弗服。勿听,道远,毋还书"(9－9),就可以看出。另外,9－1079+9－1520的"署前死,书后到,毋责殹(也)。写□环,当更券",9－1672的"到,毋责殹(也),环□",③应也是类似的情形。(邬勖)

肆 262－263

释文

诸有赀赎责(债)者,訾[1]之:能入者,令入;贫弗能入,令居之。徒隶[2]不足以给仆[3]、养[4],以居赀责(债)者给之,令出1260/肆262 □[5]

①　陈伟主编:《里耶秦简牍校释》(第一卷),武汉大学出版社2012年版,第44页。
②　朱红林将"真书"理解为"债券原件"。参见朱红林:《〈岳麓书院藏秦简(肆)〉疏证》,上海古籍出版社2021年版,第296－297页。
③　陈伟主编:《里耶秦简牍校释》(第二卷),武汉大学出版社2018年版,第11、17、251、346页。

受钱毋(无)过日八钱,过日八钱者,赀二甲、免。能入而弗令入,亦赀二甲、免。除[6]居赀赎责(债)以为仆、养,令出仆入[7]。○1264/肆263

注释

[1] 訾:估量,《商君书·垦令》:"訾粟而税。"①此处为估算财产之意。里耶秦简9-1:"已訾其家,家贫弗能入。"

[2] 徒:隶臣妾、城旦舂和鬼薪白粲等,②此处可用作吏仆、吏养的徒隶,特指隶臣妾。③ 里耶秦简16-5:"今洞庭兵输内史及巴、南郡、苍梧,输甲兵当传者多,节(即)传之,必先悉行乘城卒、隶臣妾、城旦舂、鬼薪白粲、居赀赎责(债)、司寇、隐官、践更县者……嘉、谷、尉各谨案所部县卒、徒隶、居赀赎责(债)、司寇、隐官、践更县者簿。"此例中刚好可见"徒隶"与下文"隶臣妾、城旦舂、鬼薪白粲"相对应。

[3] 仆:驾车为主、兼事杂役之人,此处应指吏仆。④

[4] 养:从事烹饪一类劳役之人,此处应为吏养。⑤

[5] 令出□:责令出到官府外的居赀赎债者为某事。出,特指出到官府之外为私人服务,下文有"出仆",亦即出到官府之外为仆。此处漫漶之字可能为类似工作,陈伟疑为"庸"或"仆"字。⑥ 里耶秦简8-1743+8-2015:"成吏、闲、起赘、平私令般宐、嘉出庸。"详"解读"。

[6] 除:任用。⑦

---

① 参见马怡:《里耶秦简选校(连载二)》,简帛网,www.bsm.org.cn/?qinjian/4322.html,首发时间2005年11月18日。
② 参见李学勤:《初读里耶秦简》,《文物》2003年第1期。
③ 参见沈刚:《新出秦简所见隶臣妾身份问题再探讨》,《中原文化研究》2022年第2期。
④ 参见华东政法大学出土法律文献研读班:《岳麓简秦律令释读(一)》,收入王沛主编:《出土文献与法律史研究》第八辑,法律出版社2020年版,第188页注释3。
⑤ 参见华东政法大学出土法律文献研读班:《岳麓简秦律令释读(一)》,收入王沛主编:《出土文献与法律史研究》第八辑,法律出版社2020年版,第188页注释4。
⑥ 参见陈伟:《秦简牍校读及所见制度考察》,武汉大学出版社2017年版,第192页。
⑦ 参见华东政法大学出土法律文献研读班:《岳麓简秦律令释读(三)》,收入王沛主编,黄海执行主编:《出土文献与法律史研究》第十辑,法律出版社2021年版,第157页注释5。

　　[7] 令出仆入：让他们出到官府之外为仆以偿还赀赎债。读书会也有观点认为,此处"出""入"为相对的概念,指赀赎债者完成出外为仆的工作之后,重新回到官府居作。整理者此句后用句号,表结构完整,陈伟认为此处后可接简 268,相关一句读作"除居赀赎责(债)以为仆、养,令出仆入,勿令居隐除",可作参考。①

语译

　　如有赀罪、赎罪以及对官府负有债务之人,要先对其财产进行估算,能予缴纳的要让其缴纳;因家贫而无法缴纳的,要让其在官府中居作以抵偿。如果徒隶不足以供应吏仆、吏养的数量,可以让在官府中居作以偿赀、债之人补足其缺额,命令他们在出到官府之外从事服务时每日收取的报酬不得超过八钱,如果他们的酬劳超过每日八钱,则命令他们出外服务的官吏要处赀二甲,并予以免职。如果有赀罪、赎罪以及对官府负有债务之人有能力缴纳罚金或清偿债务,官吏却不令其缴纳或清偿,同样要处赀二甲,并予以免职。任用在官府中居作以偿赀赎债之人为仆、养,要命令出到官府之外从事吏仆类工作之人(将其酬劳上缴以)偿还赀赎债。

解读

一、对"令出□受钱毋过日八钱"的理解

(一)"受钱"

　　"受钱"根据不同的主体可以分为官府受钱与平民受钱两种,二者在秦简之内均可见到。如岳麓秦简肆 111－112"吏归休、有县官事乘乘马及县官乘马过县,欲貣(贷)刍稾、禾、粟、米及买叔(菽)者,县以朔日平贾(价)受钱",又如肆 121"官府为作务、市,受钱",均为官府受钱的记录,指官府接收钱财之意,尤其后一记录,陈伟认为其中

---

① 参见陈伟:《秦简牍校读及所见制度考察》,武汉大学出版社 2017 年版,第 192 页。

的"为作务"可能即包括隶臣妾出仆、庸等在内，故而该处的受钱便包括收取隶臣妾出仆、庸等的工资报酬。① 所言当确。

　　而有关平民之间的受钱，则有岳麓秦简叁 010－011"利癸等约死辠（罪）购，听请，券付死辠（罪）购，先受钱二千"，此处即为平民之间的受钱。故而欲判断受钱的主体，仍需依据"受钱"之前的主体而言。本简中"受钱"主体为"出□"，据文意可能□应为"仆、养、庸"等一类杂役事务，故而由从事仆、养等类事务之居赀赎债者受钱较妥。且由简牍辞例来看，为仆等事务，其报酬是由从事仆之人先行收取的，最明显如肆 068－069 所载"隶臣妾及诸当作县道官者，仆、庸、为它作务，其钱财当入县道官，而逋未入去亡者，有（又）坐逋钱财臧（赃），与盗同法"，即为隶臣妾在官府劳动力充足的情况下，可能出于官府自身创收等原因，部分隶臣妾会被官府派出从事私人的仆、庸等杂役工作，其收取的报酬要缴纳给县官府，如果不予缴纳甚至携钱逃亡的，要受到相应处罚。可知官府徒隶在出外从事相关杂役之时，其报酬应是由自身先行收取的。当然，这是基于官府内部徒隶劳动力充足而产生的情况，而一旦如本条规定中所言隶臣妾的数量尚不足以供吏仆、吏养时，便意味着官府劳动力缺乏，自然更不会让居赀赎债者去从事私人的仆、养，故而从此角度来讲，本条中所讲的居赀赎债者所为之仆、养，可能指吏仆、吏养。

（二）"毋过日八钱"

　　如将受钱的主体理解为从事仆等类杂役的居赀赎债者，其报酬"受钱毋过日八钱"又似有让人难以理解之处：为何要对居赀赎债者的劳动报酬做上限规定？从目前所见秦汉简材料来看，秦代劳动价格极低，如北大藏秦简 W－015 载"可取朝为庸（傭），贾

---

① 　参见陈伟：《秦简牍校读及所见制度考察》，武汉大学出版社 2017 年版，第 194 页。

（价）月百一十钱"，①折合为每日来算，只有 $3\frac{2}{3}$ 钱，远较日八钱为低，似乎也并没有设置报酬上限的必要。而从后文来看，"过日八钱者，赀二甲、免"，这里受处罚的主体毫无疑问应是官吏，据文意来看，可能是命令居赀赎债出外为吏仆、吏养等的官吏，其在下达相关指令的同时也要设置居赀赎债者为仆、养的工资报酬，一旦设置的报酬过高，便要受到相应的处罚。因此问题即在于，为何负责安排居赀赎债者为仆的官吏要特意对其为仆的劳动报酬做严格限制？我们认为，这可能是基于吏仆、吏养等的报酬本身是由官府支付的，睡虎地秦简《秦律十八种》72－75 载：

> 都官有秩吏及离官啬夫，养各一人，其佐、史与共养；十人，车牛一两（辆），见牛者一人。都官之佐、史冗者，十人，养一人；十五人，车牛一两（辆），见牛者一人；不盈十人者，各与其官长共养、车牛，都官佐、史不盈十五人者，七人以上鼠（予）车牛、仆，不盈七人者，三人以上鼠（予）养一人；小官毋（无）啬夫者，以此鼠（予）仆、车牛。

根据官署机构的大小、官吏的级别来具体分配仆、养、车牛等，甚至一般多人共配一位仆、养。而这类的吏仆、吏养，往往由隶臣妾来担任，其身份本身具公有性，官府仅需向其提供一定的衣食即可，无须支付任何报酬。换言之，国家对仆、养的控制，是通过禀衣食等制度来实现的。② 故而，一般情况下，"居赀赎债者"不得从事吏仆、吏养的工作，只在有隶臣妾人数不足时方可被指派参加，其根本原因即

---

① 陈侃理：《北京大学藏秦代佣作文书初释》，收入中国文化遗产研究院编：《出土文献研究》第十四辑，中西书局 2015 年版，第 11 页。他在文中认为，佣作的价格如此低廉可能与工种、时间和地区有所关联，抑或出卖奴隶僮仆的劳动价格比自由劳动或官方的规定要低。
② 参见沈刚：《秦简中的"吏仆"与"吏养"》，《人文杂志》2016 年第 1 期。

在于其劳动本身是有偿的，这种情况在汉初时同样有见，胡家草场西汉简《岁纪》"高皇后元年　十月辛卯，以庸（佣）平贾（价）予吏仆养"①即为其例，在隶臣妾不足的情况下，官府甚至会出钱以市场价来雇佣劳动力作为官吏的仆、养，此时的"佣"便与岳麓秦简本条中的"居赀赎债者"情形类似，均为官府支付报酬。

其次，睡虎地秦简与岳麓秦简中均对居赀赎债者每日劳作抵偿的金钱数额有所规定：

> 有辠（罪）以赀赎及有责（债）于公，以其令日问之，其弗能入及赏（偿），以令日居之，日居八钱；公食者，日居六钱。（睡虎地秦简《秦律十八种》133）

> 司空律曰：有辠（罪）以赀赎及有责（债）于县官，以其令日问之，其弗能入及偿，以令日居之，日居八【钱】，食县官者日居六钱……（岳麓秦简肆257－258）

两条规定基本完全一致，均是规定在官府居作以抵偿赀赎债者的标准为每日八钱。而这也正应是本条中规定居赀赎债者为仆、养等工作时其酬劳"毋过日八钱"的渊源所在，如果不加以限定每日酬劳上限，会造成其他居作者的不公平。

最后要讨论的是，前文已述"受钱"的主体为做仆、养等工作的居赀赎债者，而给他们发放报酬的主体则为官府，将他们的报酬收回以作抵偿罚金或债务之用的同样为官府。秦时根据所亏欠官府钱财内容的不同，可能会有不同的接收机构，如里耶秦简 9－91＋9－

---

① 荆州博物馆、武汉大学简帛研究中心编著，李志芳、李天虹主编：《荆州胡家草场西汉简牍选粹》，文物出版社2021年版，第191页。郑威认为，胡家草场西汉本处的记载可能代表了汉初徒隶数量锐减、人员数量方面已无法满足服务官府的需求。甚确。参见郑威：《〈荆州胡家草场西汉简牍选粹〉岁纪简初读》，收入武汉大学简帛研究中心编：《简帛》第23辑，上海古籍出版社2021年版，第31页。

2033 载：

> 入尉史黔赀钱七百七十六。　　元年八月【庚】午朔丁亥,少
> 内守□、佐䜣受。令佐赣监。①

尉史黔被处罚金刑,其中负责接收罚金的机构正是少内,并由少内守和少内佐负责接收,令佐予以监督,从而最终形成相应的文书记录。相较于赀罚,所欠官府之债便可能由于实物之债而导致有不同的接收机构,如睡虎地秦简《秦律十八种》77“百姓叚(假)公器”、岳麓秦简肆269“貣(贷)衣食县官”、肆386“刍稾积五岁以上者以贷,黔首欲貣者,到收刍稾时而责(债)之”等,便可能涉及仓、库、少内等不同的机构。

据里耶秦简 8‑199+8‑688“受司空居赀一人”、8‑284“卅一年司空十二月以来居赀、赎、责(债)薄(簿)”等记载,居赀赎债的管理部门应为司空,在必要时候,如本条所规定的隶臣妾数量不足时,居赀赎债者会被外派至其他官署从事劳役。而参照隶臣妾的管理,尽管在里耶秦简中常见隶臣妾被派往其他机构如仓、库、乡等处从事劳役行为,甚至要形成“日作簿”“月作簿”等记录,②但其性质为“劳务派遣”,管辖权始终在仓手中,如里耶秦简 10‑1170“卅四年十二月仓徒簿最”,③仓会针对所管理的隶臣妾劳务情况形成一份汇总记录。目前尚未见有完整的司空徒的汇总记录,但可推测应与仓的管理模式并无二致。

据此,我们认为,出外为吏仆、吏养的居赀赎债者,其劳动报酬可能同样是由司空负责具体发放,在居赀赎债者收到相关报酬之后,再将钱款交付给相应的官署。如此,则“赀二甲、免”的对象便很明确,

① 陈伟主编：《里耶秦简牍校释》(第二卷),武汉大学出版社 2018 年版,第 66 页。

② 参见齐继伟：《秦代官徒调配问题初探》,《古代文明》2021 年第 1 期。

③ 里耶秦简博物馆、出土文献与中国古代文明研究协同创新中心中国人民大学中心编著：《里耶秦简博物馆藏秦简》,中西书局 2016 年版,第 197 页。

可能即县司空之吏。至于未曾出外担任吏仆、吏养的居赀赎债者,对于其报酬的接收以及缴纳行为,尚不清楚是否需要经过如此繁琐的收支程序,虽然目前并未见到相关材料,但从本条特别规定"除居赀赎责(债)以为仆、养,令出仆入"的记录来看,普通的居赀赎债者可能并不需要如此,否则此款应无必要再重复规定。

收支程序之所以如此复杂,原因在于秦时要求交易行为均要具有明确的程序和文书要求,如:

【元】年八月庚午朔戊戌,少内壬入阳里寡妇变赀钱☐(里耶秦简 9‑720)①

卅年九月庚申,少内守增出钱六千七百廿,环(还)令佐朝、义、佐盍赀各一甲,史犴二甲。九月丙辰朔庚申,少内守增敢言之:上出券一。敢言之。/欣手。九月庚申日中时,佐欣行。(里耶秦简 8‑890+8‑1583)②

相关出券和入券的记录,体现了秦代对于收支程序有着很明显的区分,甚至要在每年最终的上计中有所体现,里耶秦简 8‑493:

金布计录:库兵计,车计;工用计,工用器计;少内器计,【金】钱计。凡六计。③

也便能解释本条此处为何官府既要收钱、又要负责发放报酬的律条主旨所在,其本质仍是为了使行政事务中的收支事项明晰化,从而避免官吏贪腐之事的发生。

(三)"居赀赎债为仆、养"的另一种理解

前面我们基于条文的逻辑提出"令出□受钱毋过日八钱"的"出

① 陈伟主编:《里耶秦简牍校释》(第二卷),武汉大学出版社 2018 年版,第 191 页。
② 陈伟主编:《里耶秦简牍校释》(第一卷),武汉大学出版社 2012 年版,第 243 页。
③ 陈伟主编:《里耶秦简牍校释》(第一卷),武汉大学出版社 2012 年版,第 170 页。

□"应为"仆、养"一类工作,且可能是吏仆、吏养。但也应予指出,从目前的秦汉律来看,居赀赎债者从事"仆、养"工作时,也可能存在为私人的仆、养。最明显的如岳麓秦简肆272-273有:

> 居赀赎责(债)而敢为人仆、养、守官府……坐日六钱为盗。

此条规定居赀赎债者不得私自为私人的仆、养等工作,结合本条来看,"徒隶不足以给仆、养,以居赀赎责(债)者给之",在徒隶不足的情况下,允许派遣居赀赎债者为仆、养的。如作此理解,则"出□"也可能指出外为私人从事相关劳务工作。

二、法条分析

本条可分为以下三款来理解:

第一款是对居赀赎债者的财产评估工作,可与睡虎地秦简《秦律十八种》133"有辠(罪)以赀赎及有责(债)于公,以其令日问之,其弗能入及赏(偿),以令日居之"及岳麓秦简肆257"有罪以赀赎及有责(债)于县官,以其令日问之,其弗能入及偿,以令日居之"对读,即在令其以居作偿还赀、赎、债之前要对被处罚人家里的财产状况进行评估。如果有能力进行缴纳要让其按照规定予以缴纳,本身有能力缴纳而相应官吏却不命其缴纳,要对该官吏处以赀二甲并免职的处罚;如果家庭较为贫困无力缴纳相应钱款,则令其以居作代偿。

第二款是对官府内隶臣妾数量不足以供应仆、养的情况下,允许将部分的居赀赎债者派出从事仆、养的工作,在支付这些为仆、养的居赀赎债者的报酬时,每日不得超过8钱,一旦超过,则派遣其为仆、养的官吏要受到赀二甲并免职的处罚。

第三款是对缴纳主体的规定,出外为仆、养之人要向相关官署缴纳钱款。除了缴纳主体的规定外,在徒隶不足的情况下,居赀赎债者也可以被派遣为仆、养。(乔志鑫)

肆 264－267

释文

【凡】[1]不能自衣[2]者,县官衣之,令居其衣如律然。其日未备被[3]入钱者,许之。以日当刑[4]而不能自衣食J30/肆264者,亦衣食而令居之。官作居赀赎责(债)└而远其计所[5]官者,尽八月各以其作日及衣数告其计所官。毋过1240/肆265【九月】而齎(毕)到其官;官相近者,尽九月而告其计所官,计之其作年[6]。黔首为隶臣、城旦、城旦司寇、鬼新(薪)妻而内〈冗〉作[7]1362/肆266者,皆勿稟食。黔首有赀赎责(债)而有一奴若一婢,有一马若一牛,而欲居者,许之。J28/肆267

注释

[1]【凡】:图版残渺不清,整理者根据睡虎地秦简《秦律十八种》所见司空律相关内容补充。① 以下岳麓秦简肆265简首补释文"九月"与此同。另本简图版字迹多模糊,可据睡虎地秦简《秦律十八种》137－141加以确认。

[2] 自衣:即自备衣服。衣,作动词,《汉书·季布传》"衣褐",颜师古注"衣,着之也"。下文"县官衣之"与此同,即官方提供衣服,在此种情况下获得方则要以居作劳役的方式抵偿衣服的价格。②

[3] 被:部分。③ 睡虎地秦简《秦律十八种》137－138:"凡不能自衣者,县官衣之,令居其衣如律然。其日未备被入钱者,许之。"译

---

① 陈松长主编:《岳麓书院藏秦简》(肆),上海辞书出版社2015年版,第175页注释247。
② 具体法律所规定的衣服价格可参见睡虎地秦简《秦律十八种》90－93、94－96,简文记载的《金布》规定了不同类型衣服的不同价格,同时不同身份徒隶领取官方衣服时不同季节时应缴纳的金钱数额。参 A. F. P. Hulsewé, *Remnants of Ch'in Law*, Brill, 1985, pp.55－56。
③ 陈松长主编:《岳麓书院藏秦简》(肆),上海辞书出版社2015年版,第175页注释248。

文为"部分"。① 单育辰认为"柀"当读为"颇"，其在出土文献中用法较为灵活，既可表示"略、微、少"的意思，也可表示"多、甚"的意思，翻译时可理解为"或多或少"。②

［4］以日当刑：以居作服役的方式抵偿肉刑。③ 如作此理解，则此处或是在刑罚执行阶段将肉刑转化为赎刑，方可以居作方式抵偿。相同条文见睡虎地秦简《秦律十八种》137－139："凡不能自衣者，公衣之，令居其衣如律然。其日未备而柀入钱者，许之。以日当刑而不能自衣食者，亦衣食而令居之。"刑，秦汉律中特指"肉刑"。④ 读书会或以为当刑，即肉刑执行，以日当刑，可理解为被关押的罪犯在等待刑罚执行之前的日子。

［5］计所：官府中负责计账的机构官署。有学者理解为居赀赎债者最初登记的政府机构，很可能是"司空"。⑤ 岳麓秦简肆354："上其校狱属所执法，执法各以案临计，乃相与校之，其计所同执法者，各别上之其曹。"计，会计，即统计居赀赎债者具体工作量。里耶秦简8－480记载"司空曹计录"，具体统计包括有"船计，器计，赎计，赀责计，徒计"等五计。

［6］计之其作年：将之记录在其劳作年度统计中，具体可理解为将其日数与衣数归在当年的年度会计账簿之中。因为居作之人并不在其最初登记的政府机构服役，故而可能涉及不同单位之间账目

① 睡虎地秦简整理小组此处对柀的译文当源来对《秦律十八种》26中"被（柀）出者"注释十八的引申："柀，分，散也，详见段玉裁《说文解字注》。"睡虎地秦墓竹简整理小组：《睡虎地秦墓竹简》，文物出版社1990年版，第26页。
② 单育辰：《秦简"柀"字释义》，《江汉考古》2007年第4期。
③ 京都大学读简班有相同看法，参见［日］"秦代出土文字史料の研究"班：《岳麓书院藏简〈秦律令（壹）〉译注稿その（四）》，《东方学报》第96册，2021年。
④ ［日］冨谷至著，柴生芳、朱恒晔等译：《秦汉刑罚制度研究》，广西师范大学出版社2006年版，第20－21页。
⑤ 陈伟主编：《秦简牍合集》（壹），武汉大学出版社2014年版，第126页。

交割的年度界限。① 里耶秦简牍所见追责文书中多见"署计年为报"
"年为报"，我们认为适用的场景与此同，如 9－2："卅三年三月辛未
朔戊戌，司空腾敢言之：阳陵仁阳士五（伍）不狄有赀钱八百卅六。
不狄戍洞庭郡，不智（知）何县署。·今为钱校券一上，谒言洞庭尉，
令不狄署所县责，以受阳陵司空——司空不名计。问何县官计付，署
计年为报。"②

　　［7］内〈冘〉作："内"当为"冘"之讹字。③ 冘作，即在官府长时间
服役劳作。④ 张家山汉简《二年律令》418："诸冘作县官及徒隶，大男，
冬稟布袍表里七丈、络絮四斤，绔（袴）二丈、絮二斤。"原来整理者释为
"内作"，后《二年律令与奏谳书》改释为"冘作"。⑤《汉书·食货志》：
"其不能出布者，冘作，县官衣食之。"齐继伟认为此处非讹字，而是冘
与内两字字形在隶变过程中曾存在"同形不别"的现象，即两字字形
相同。⑥ 然"内"从"人"，"冘"从"人"，秦简牍中可见两者在字形上
一直有差别，翁明鹏指出两字未有所谓"同形不别"的阶段。⑦

---

① 睡虎地秦简整理小组将"计之其作年"译为："计算在劳作的当年以内。"见睡虎地秦墓
竹简整理小组：《睡虎地秦墓竹简》，文物出版社 1990 年版，第 52 页。在此基础之上，
结合里耶秦简牍第 9 层追责文书以及相关研究进一步解读，参见陈伟主编：《里耶秦
简牍校释》（第二卷），武汉大学出版社 2018 年版，第 11 页。

② 陈伟主编：《里耶秦简牍校释》（第二卷），武汉大学出版社 2018 年版，第 9－10 页。

③ 陈松长主编：《岳麓书院藏秦简》（肆），上海辞书出版社 2015 年版，第 175 页注
释 250。

④ 参见华东政法大学出土法律文献研读班：《岳麓简秦律令释读（三）》，收入王沛主编、黄
海执行主编：《出土文献与法律史研究》第十辑，法律出版社 2021 年版，第 158 页注释 9。

⑤ 陈伟、彭浩、［日］工藤元男主编：《二年律令与奏谳书——张家山二四七号汉墓出土
法律文献释读》，上海古籍出版社 2007 年版，第 250 页。

⑥ 齐继伟：《秦简"冘""内""穴"辨误——兼论秦至汉初隶书的规范化问题》，《古汉语
研究》2018 年第 3 期。

⑦ 翁明鹏：《秦简牍"冘""内"再辨》，收入臧克和主编：《中国文字研究》第 33 辑，华东
师范大学出版社 2021 年版，第 84 页。细查图版，该字从入，字形上隶定为"内"
无疑问，结合相关用例可知此处释为"冘作"无疑义，故从整理小组意见。"内"当是
"冘"的讹字，很可能是书手因两字字形接近导致错抄。

语译

凡不能自备衣服的,官府为其提供衣服,按照法律规定的标准以劳作的方式抵偿衣服的价格。劳作日数未满而以部分现金缴纳的,可以允许。以劳作日数抵偿肉刑但不能自备衣食的,也可以提供衣食而令其劳作抵偿。在另外官府居赀赎债而距离其原始登记的官署路途较远的,应在八月底分别将其劳作天数和领衣数通知原来校计的官署机构,在九月底前都要送达;服役劳作的官府路途较近的,则在九月底前告知其原来校计的官署机构,将其归属于当年的会计账簿之中。百姓是隶臣、城旦、城旦司寇、鬼薪的妻子而在官府长期服役工作的,均不予发放食物。百姓有赀赎债而拥有一个男奴或女奴,有一匹马或一头牛,而想用其劳役进行抵偿的,可以允许。

解读

律文分析

本条内容亦见于睡虎地秦简《秦律十八种》"司空律"当中,关于本条与睡虎地秦简相同条款的比较可详见下文岳麓秦简肆271-275解读部分。此处将本条秦律分解为三项条款:

第一款涉及无法自备衣食者的原则性规定以及例外情况的特别规定。值得注意的是,我们认为此处所谓"不能自衣"者并不是指代所有徒隶,而是某些特定群体,即居赀赎债之人,那些没有能力缴纳现金而不得不在官府机构居作服役抵偿之人。

不同于隶臣妾、城旦舂等国家控制的劳动力,这些徒隶基本没有余财,特别是城旦舂身份者,家庭解体,配偶子女以及私有财产均予以没官,此种情形下,自然由国家免费提供衣食。而居作之人,很多属于一般黔首百姓,自当保有一定的私财,更关键的是其身份上也不同于徒隶的平民,考虑到这种情况,秦律规定不免费提供衣物自然有一定合理性。故而在其贫苦或其他原因无法自备衣物时,官方予以提供，但相应地需要其劳作抵偿。

此外，例外规定中的"以日当刑"需要简单说明，秦律所见"刑"一般指狭义上的"肉刑"，结合睡虎地秦简《司空律》条文记载"公士以下居赎刑罪、死罪者，居于城旦舂，毋赤其衣，勿枸椟欙杕"，我们认为此处很可能是基于某些特殊原因导致所判处的肉刑可用赎刑代替，此种情况下以劳作抵偿就显得更为合理。

本条的第二款规定了居作者不在其原始校计官署劳作时的管理办法。根据距离远近不同上报时间期限不同，距离较远时在八月底之前以文书形式告知，距离较近则在九月底前告知。其中值得讨论的是所谓的"计所官"，睡虎地秦简整理小组译作"原记账官府"，[①]也有理解为"服役者原来的统计、管理机构"，[②]《秦简牍合集》进一步指出这一官署可能是司空，结合里耶秦简牍所见文书看，其说可从。首先，如9-2、9-3、9-4等大量追责文书中发起者均为县司空，文书基本类型十分相似，即士伍某人受赀刑仍有大量余钱没有缴纳完毕，其人因服戍役而外出无法追讨，请求相应上级机关协助查明其确切下落，并由当地机关负责追讨剩余部分。

本条律文第三款则是例外规定，与上述不同的是，其中第一部分"黔首为隶臣、城旦、城旦司寇、鬼薪（薪）妻而内〈冗〉作者，皆勿禀食"未见于睡虎地秦简《司空律》，则有两种可能，一是睡虎地秦简抄手未抄这一部分，还有一种可能是这一部分是后来进行修订补充的产物。对比两者内容，我们认为第二种可能性高于第一种可能性。
（陈迪）

---

① 睡虎地秦墓竹简整理小组：《睡虎地秦墓竹简》，文物出版社1990年版，第52页。
② 中国政法大学中国法制史基础史料研读会：《睡虎地秦简法律文书集释（四）：〈秦律十八种〉（〈金布律〉——〈置吏律〉）》，收入《中国古代法律文献研究》第9辑，社会科学文献出版社2015年版，第88页。

肆 268－270

释文

（缺简）勿令居隐除[1]。一室二人以上居赀赎责（债）莫视[2]室者，出其一人，令更[3]居之。隶臣妾、城旦舂之司寇、居赀赎责（债）0118/肆268 毄（系）城旦舂者[4]勿责衣食。其与城旦舂作者，衣食之如城旦舂。人奴婢毄（系）城旦舂貣衣食县官，日未【备】[5]0173/肆269 而死者，出其衣食[6]；毄（系）城旦舂食县官当责者，石卅钱。泰匠[7]有赀赎责（债）弗能入，辄移宫司空[8]、斡都舍[9]0060/肆270（缺简）

注释

［1］隐除：即"隐官、除官"之合称。参见上文岳麓秦简肆257－261 注释［5］。

［2］视：照管。① 睡虎地秦简作"见"，睡虎地秦简《秦律十八种》136－137："一室二人以上居赀赎责（债）而莫见其室者。"

［3］更：更番、轮流。②

［4］隶臣妾、城旦舂之司寇、居赀赎责（债）毄（系）城旦舂者：即隶臣妾系城旦舂者、城旦舂之司寇系城旦舂者、居赀赎责债系城旦舂者。③ 城旦舂之司寇，是以监管城旦舂为职责的司寇，即岳麓秦简肆050"城旦舂司寇"，是"城旦司寇""舂司寇"的合称。④ 也有观点认为，此句当断读为"隶臣妾、城旦舂之司寇居赀赎责（债）、毄（系）城

---

① 陈松长主编：《岳麓书院藏秦简》（肆），上海辞书出版社 2015 年版，第 175 页注释 251。
② 参见华东政法大学出土法律文献研读班：《岳麓简秦律令释读（二）》，收入王捷主编：《出土文献与法律史研究》第九辑，法律出版社 2020 年版，第 233 页注释 19。
③ 于洪涛：《睡虎地秦简中的"禀衣"范围再考析》，《鲁东大学学报（哲学社会科学版）》2012 年第 4 期。
④ 参见华东政法大学出土法律文献研读班：《岳麓简秦律令释读（一）》，收入王沛主编：《出土文献与法律史研究》第八辑，法律出版社 2020 年版，第 211 页注释 1。

旦舂者"。① 详"解读"。

[5]【备】：简末残缺，整理者据肆264"其日未备而柀入钱者"所补。②

[6] 出其衣食：注销其衣食不必偿还。③

[7] 泰匠：官署名，掌管土木营造。④

[8] 宫司空：官署名，掌管宫中从事工程劳作的刑徒。⑤

[9] 斡 都 膚：官署名，掌管谷货仓储之事，隶属于"斡官"。斡，或作斡、斡，⑥《汉书·百官公卿表》"治粟内史，秦官，掌谷货……属官有太仓、均输、平准、都内、籍田五令丞，斡官、铁市两长丞"，如淳注曰"斡音筦，或作斡。斡，主也，主均输之事，所谓斡盐铁而榷酒酤也"。里耶秦简 8-1831："一斡官居宜阳、新城（成），名曰'右斡官'。为其丞劾（刻）印章曰'右斡官丞'，次'斡都膚丞'。"秦封泥中亦见有"斡都膚丞"印。⑦ 前两字笔迹漫漶，首字整理者释为"除"，今改释为"斡"；第二字整理者释为"都"，今从。详"解读"。

语译

不得令其在隐官、除官之内居作。一户中有两人以上须在官府

---

① 陈伟主编：《秦简牍合集：释文注释修订本》（壹），武汉大学出版社 2016 年版，第117 页。

② 陈松长主编：《岳麓书院藏秦简》（肆），上海辞书出版社 2015 年版，第 175 页注释253。

③ 睡虎地秦墓竹简整理小组：《睡虎地秦墓竹简》，文物出版社 1990 年版，第 53 页。

④ 参见华东政法大学出土法律文献研读班：《岳麓简秦律令释读（一）》，收入王沛主编：《出土文献与法律史研究》第八辑，法律出版社 2020 年版，第 189 页注释7。

⑤ 参见华东政法大学出土法律文献研读班：《岳麓简秦律令释读（一）》，收入王沛主编：《出土文献与法律史研究》第八辑，法律出版社 2020 年版，第 188 页注释6。

⑥ 傅嘉仪：《秦封泥汇考》，上海书店出版社 2007 年版，第 71 页。

⑦ 傅嘉仪：《秦封泥汇考》，上海书店出版社 2007 年版，第 71 页。书中释作"斡膚都丞"，何有祖等据里耶秦简改释，参见陈伟主编：《里耶秦简牍校释》（第一卷），武汉大学出版社 2012 年版，第 397 页。

中居作以抵偿赀赎债而无法处理家事的，将其中一人放免归家，让他们轮流在官府中居作以抵偿。隶臣妾中系城旦春者、城旦春之司寇中系城旦春者、居赀赎债者中的系城旦春者，无需向他们追讨衣食费用。对于上述三类主体和城旦春一起居作之时，要按照城旦春的标准给予衣食。如果私人奴婢被处以系城旦春，向官府借贷了衣食之后未服满刑期就已经死亡的，注销其衣食不必偿还。被处以系城旦春而由官府提供其饭食的人，要按照每石 30 钱的价格追讨相关费用。如果泰匠中有不能缴纳赀、赎刑的罚金或无法偿还债务的，要将其移交给宫司空、榦都廥……

解读

一、"隶臣妾、城旦春之司寇、居赀赎责（债）殹（系）城旦春者"的理解

本句与睡虎地秦简《秦律十八种》141"隶臣妾、城旦春之司寇、居赀赎责（债）殹（系）城旦春者"内容完全一致，如何理解一直以来颇具争议，目前主要有三种理解：

第一种是以睡虎地秦简整理小组为代表，认为当读为"隶臣妾、城旦春之司寇、居赀赎责（债）殹（系）城旦春者"，语译作"隶臣妾、城旦春之司寇，或以劳役抵偿赀赎债务而被拘系服城旦春劳役的人"，①从理解上来说，似是将本句主体视为三类：隶臣妾，城旦春之司寇，以劳役抵偿赀赎债务而被拘系服城旦春劳役的人。岳麓秦简整理者从此断读。

第二种是以于洪涛为代表，断读方式与睡虎地秦简整理小组一致，但理解稍有分歧，他认为本句主体当有三类，但并非上述三类，而是将"系城旦春"作为前面三类主体的修饰语，即：隶臣妾中系城旦

---

① 睡虎地秦墓竹简整理小组：《睡虎地秦墓竹简》，文物出版社 1990 年版，第 52－53 页。

舂者、城旦舂之司寇中系城旦舂者、居赀赎债者中的系城旦舂者。① 中法大研读会亦持此意见。②

　　第三种是秦简牍合集的理解，断读为"隶臣妾、城旦舂之司寇居赀赎责（债）、毄（系）城旦舂者"，将之理解为四类主体：隶臣妾居赀赎债者、城旦舂之司寇居赀赎债者、隶臣妾系城旦舂者、城旦舂之司寇系城旦舂者。

　　我们赞同第二种意见。理由如下：

　　睡虎地秦简《秦律十八种》49 有"隶臣妾其从事公，隶臣月禾二石，隶妾一石半；其不从事，勿稟"，又 141－142 有"隶臣有妻妻更及有外妻者，责衣"等，可知并非全部隶臣妾均由国家负责其衣食，在隶臣妾出到官府之外为私人仆、养以及隶臣有家室时，其衣食是需要自备的。因此，如睡虎地秦简整理小组将"隶臣妾"作为单独的一类"勿责衣食"主体，显然并不能完全包含所有的隶臣妾在内。

　　睡虎地秦简《秦律十八种》133"有辠（罪）以赀赎及有责（债）于公，以其令日问之，其弗能入及赏（偿），以令日居之，日居八钱；公食者，日居六钱"，又有岳麓秦简肆 259"黔首及司寇、隐官、除官人居赀赎责（债），或病及雨不作，不能自食者，贷食"，同样可知，官府并不负责全部居赀赎债者的衣食。基于此，我们认为，秦简牍合集中将"隶臣妾居赀赎债者"作为"勿责衣食"的主体似有不妥，"隶臣妾"与"居赀赎债者"中均有"责衣食"的情况，二者的组合结构也并不能确保一定会是"勿责衣食"的情形。

　　至于系城旦舂，在一般情况下应是由官府提供衣食的。本条后

---

① 于洪涛：《睡虎地秦简中的"稟衣"范围再考析》，《鲁东大学学报（哲学社会科学版）》2012 年第 4 期。
② 中国政法大学中国法制史基础史料研读会：《睡虎地秦简法律文书集释（四）：〈秦律十八种〉（〈金布律〉——〈置吏律〉）》，收入《中国古代法律文献研究》第 9 辑，社会科学文献出版社 2015 年版，第 91 页。

文及睡虎地秦简《秦律十八种》141"其与城旦舂作者,衣食之如城旦
舂"应即指这三类主体在从事城旦舂工作之时,要由官府提供城旦舂
标准的衣食之意。应予指出的是,系城旦舂者也有官府不予提供衣
食者,即后文的"人奴婢系城旦舂",这应是基于其身份本为私人奴婢
所致。于洪涛即指出,"系城旦舂,公食当责者,石卅钱"中应主要是
针对"人奴妾系城旦舂"而言的。① 所言甚确。因此在"系城旦舂"之
前需要有"隶臣妾、城旦舂之司寇、居赀赎债者"这类身份的限定,才
能实现"勿责衣食"的条文与秦律的规定相吻合。

二、"斡"字的释读

简 270 末三字,整理者释为"除都廥",并认为其后有缺简。颇难
解。我们认为,其中"除"字当改释为"斡"字,字形比对如下:

本简"除"			
"除"	（肆 268）	（肆 263）	（肆 222）
"斡"	（肆 330）	（《为吏之道》41 壹）	（里耶 8－529）

　　从字形来看,本简字形的左半边与"除"字结构并不相同,而从左
右半边的字形比例来看,也相差较远。反而与"斡"字形更为相似。

---

① 于洪涛:《睡虎地秦简中的"稟衣"范围再考析》,《鲁东大学学报(哲学社会科学版)》
2012 年第 4 期。

而从辞例角度来讲,"斡"字也比较合理,"斡都廥"可见于简牍及封泥辞例,里耶秦简 8－1831:"一斡官居宜阳、新城(成),名曰'右斡官'。为其丞劾(刻)印章曰'右斡官丞',次'斡都廥丞'。"秦封泥中亦见有"斡都廥丞"印。① 而"斡都廥"也与"宫司空"可相对应,二者均属于中央辖下的官署,也恰可与前文"泰匠有赀赎责(债)弗能入"相对应。因此,我们认为,简 270 中整理者所释"除都廥"应改释为"斡都廥"。

三、法条分析

从内容来看,本条首尾可能均有缺简。现有内容主要可分为以下四款来理解:

第一款为"勿令居隐除",主要是规定某些主体不得前往隐官、除官内居作。"隐除",陈伟认为可能与简 259 中所言"黔首及司寇、隐官、除官人居赀赎责(债)"之"隐官、除官"相关,②所言甚确。岳麓秦简 271－273 中便有"徒隶系城旦舂、居赀赎责(债)而敢为人仆、养、守官府及视臣史事若居隐除者,坐日六钱为盗",其中徒隶系城旦舂者、居赀赎债者便明确禁止不得在隐官、除官内居作。本条中被禁令的主体应当与其类似。

第二款是对居作者家庭的照顾,即一户之内有两人以上要在官府之内居作的情况,此时允许放出其中一人回家处理家务或耕作等,但这种放出并不意味着对该人的处罚予以免除,而是让他们采取轮流居作的方式来抵偿。

第三款是对系城旦舂待遇的规定,可分为三部分:第一部分是

----

① 傅嘉仪:《秦封泥汇考》,上海书店出版社 2007 年版,第 71 页。书中释作"斡廥都丞",何有祖等据里耶秦简改释,参见陈伟主编:《里耶秦简牍校释》(第一卷),武汉大学出版社 2012 年版,第 397 页。
② 参见陈伟:《岳麓秦简肆校商(三)》,简帛网,http://www.bsm.org.cn/?qinjian/6664.html,首发时间 2016 年 3 月 29 日。

对国家免费提供衣食的系城旦舂主体的规定,即隶臣妾系城旦舂者、城旦舂之司寇系城旦舂者、居赀赎债者系城旦舂这些主体是由国家免费提供衣食的;第二部分是对上述三类主体在与城旦舂一起居作时衣食标准的规定,要参照城旦舂来执行,睡虎地秦简《秦律十八种》94-95"稟衣者,隶臣、府隶之毋(无)妻者及城旦,冬人百一十钱,夏五十五钱;其小者冬七十七钱,夏卅四钱。舂冬人五十五钱,夏卅四钱",而有关城旦"食"的标准,可参见《秦律十八种》55-56"城旦之垣及它事而劳与垣等者,旦半夕参;其守署及为它事者,参食之。其病者,称议食之,令吏主。城旦舂、舂司寇、白粲操土攻(功),参食之;不操土攻(功),以律食之"等。第三部分则是对于私人奴婢系城旦舂处罚之时,由于其人的财产属性,官府并不免费为其提供衣食,而应由其主人负责,或者私人奴婢可向官府先行借贷,其中的饮食费用以每石米 30 钱来计算。一旦在服刑期间私人奴婢死亡,官府就不再对其所负的衣食之债进行追缴。

最后一款是对中央官署内的居赀赎债者的管理作一规定,如泰匠内有不能缴纳赀、赎刑的罚金或相关债务而需要居作以抵偿的,要将其移交至宫司空、斡都廥来统一管理。(乔志鑫)

肆 271-275

释文

☐☐☐☐☐☐城旦┗。司寇勿以为仆养、守[1]官府及除有为殹(也),有上令除之,必复请之┗。徒隶_{C5+1434/肆271}毄(系)城旦舂、居赀赎责(债)而敢为人仆养、守官府及视臣史事[2],若居隐除者,坐日六钱为_{1430/肆272}盗[3];吏令者,耐。城旦舂当将司者,廿人,城旦司寇[4]一人将。毋(无)令居赀赎责(债)将城旦舂,城旦司寇_{1421/肆273}不足以将,令隶臣妾将。居赀赎责(债)拾(给)日[5]、坐皋(罪)人[6]以作官府,及当戍故徼,有故而作居1423/肆274县^[7]者,归田农,稬时、治苗时、穫(获)时^[8]各二旬。1306/肆275

注释

[1] 守:此字彩色图版不见,红外图版存其左部,但由于"守官府及除"五字皆拼接错位,使"守"错入上一字"养"的左下部。

[2] 视臣史事:整理者注:"视事,秦汉简文中常见语词,即主管某项事情。'臣史事'即臣史所当作的事情。'臣史'当是一种类似'书佐'的佐史,岳麓秦简0806上有'臣史佐史书'的记载,又'臣'当是'隶臣'的'臣',岳麓秦简1919上的'书佐隶臣'可资参证。"①今案整理者注近是,岳麓秦简叁064－065有"主市曹臣史隶臣更",伍300/1919所记当为"书史隶臣";"臣史"或即"书史隶臣"之省称,亦即从事书史工作的隶臣,与睡虎地秦简《法律答问》中的"耐史隶"应非一事。

[3] 坐日六钱为[盗]:整理者注引岳麓秦简伍091:"它隐除犯令者,坐日六钱为盗,盗比隶臣不守其所葆职。"②今案,此规定应有其特殊涵义,详"解读"。

[4] 城旦司寇:从文意来看,其实应指"城旦舂司寇",下同。岳麓秦简肆050:"城旦舂司寇亡而得,黥为城旦舂。"

[5] 拾(给)日:补足不足的服役日数。参见肆092－缺简条"给逋事"注。"居赀赎责(债)给日"应即肆250的"有赀赎责(债)拾(给)日"。整理者读"拾"如字,周海锋将"拾(给)日"与上"居赀赎

责（债）"断开而成并列关系，①均可参看。

　　[6] 坐皋（罪）人：因他人犯罪而受连坐。睡虎地秦简《法律答问》："'室人'者，一室尽当坐罪人之谓殹（也）。"整理者释"人"为"入"，今从刘杰改释和理解。②

　　[7] 作居县：在户籍县劳作。整理者注引岳麓秦简肆377"女子作居县，以当戍日"，0451-1/2"皆令作居县，以当戍日"。③今案，肆292的"当戍故徼而老病居县"应为本条的"当戍故徼，有故而作居县"的情形之一。

　　[8] 種时、治苗时、穫（获）时：或即战国秦汉农业生产的春耕、夏耘（中耕除草）、秋获三个农业生产阶段，春耕大致在冬至后七十日到一百日这三十天中的二十五日，中耕大致在孟夏月的月末到夏至之间。④陈伟认为里耶秦简中的二月下旬到三月上旬的"田时"应即種时，"烧草"在二月中旬，也可能与耕种有关，"获"则可能在十二月下旬至正月上旬。⑤

语译

　　……城旦。不要让司寇承担仆、养、守官府的事役，以及任用他们从事事务，上级有任用他们的命令的，一定要再向上级请示。徒隶系城旦舂、居赏赎责（债）的，若担任他人的仆、养、守官府以及处理臣

① 参见周海锋：《从岳麓书院藏〈司空律〉看秦律文本的编纂与流变情况》，《出土文献》2017年第1期。
② 参见刘杰：《〈岳麓书院藏秦简（四）〉札记四则》，《中山大学学报（社会科学版）》2019年第6期。
③ 陈松长主编：《岳麓书院藏秦简》（肆），上海辞书出版社2015年版，第175页注释256。
④ 参见于琨奇：《战国秦汉小农经济研究》，商务印书馆2012年版，第52页。李强：《秦简"归田农"考》，《史学集刊》2014年第4期。
⑤ 参见陈伟：《岳麓秦简"毋夺田时令"文本复原和相关问题探讨》，《江汉考古》2021年第6期。

史的工作，或者居作于隐官、除官，则一日计六钱的赃值，按照盗来论处；作出任用命令的官吏处耐罪。城旦舂应当监管的，每二十人由一名城旦舂司寇监管，不要让居赀赎债者监管城旦舂，城旦舂司寇的数量不足以监管的，让隶臣妾监管。居赀赎债者在事后补足日数的条件下、因连坐他人犯罪而在官府劳作的，以及应戍守国境但因故在户籍县劳作以抵偿戍守日数者，返回自己的耕地上务农，在春耕、中耕除草、收获时，各给予二十天的时间。

解读

一、与同类条文的对读

本条现存首简的上端残断，不知其前是否有脱简，也不知是否有条首标目。但本条以及岳麓秦简肆 167 – 168、肆 257 – 261、肆 262 – 263、肆 268 – 270、肆 264 – 267 条都含有与睡虎地秦简《秦律十八种·司空律》互见的内容，周海锋将此现象解释为：虽然某一特定时间内秦律文本是独一无二的，但是节录者往往根据个人需要或喜好进行摘抄，故不同抄本所呈现出来的形态有很大差异；他同时指出，包括本条在内的这几条都属于《司空律》。① 其说应是正确的。朱红林指出，肆 257 – 261 条与睡虎地秦简《秦律十八种》77 – 79《金布律》具有相同的规范表述顺序，且这种顺序是合理的，而内容与肆 257 – 261 条相应的《秦律十八种》133 – 134《司空律》却在表述顺序上与之不合，这或许表明岳麓秦简律文遵从了律文原本的表述方式，而睡虎地秦简则是抄手根据己意抄上了其他关于居作的内容。② 具体而言，本条与睡虎地秦简相关条文可对照如下，并以下划线表示两者出入的部分：

---

① 参见周海锋：《从岳麓书院藏〈司空律〉看秦律文本的编纂与流变情况》，《出土文献》2017 年第 1 期。
② 参见朱红林：《岳麓书院藏秦简（肆）疏证》，上海古籍出版社 2021 年版，第 293 – 294 页。

本　　条	睡虎地秦简《秦律十八种·司空律》
司寇勿以为仆养、守官府及除有为殿（也），有上令除之，必复请之 ⌐。	司寇勿以为仆、养、守官府及除有为殿（也）。有上令除之，必复请之。
城旦舂当将司者，廿人，城旦司寇一人将。毋（无）令居赀赎责（债）将城旦舂，城旦司寇不足以将，令隶臣妾将。	毋令居赀赎责（债）将城旦舂。城旦司寇不足以将，令隶臣妾将。居赀赎责（债）当与城旦舂作者，及城旦傅坚，城旦舂当将司者，廿人，城旦司寇一人将。司寇不蹱（足），免城旦劳三岁以上者，以为城旦司寇。
居赀赎责（债）拾（给）日、坐皋人以作官府，及当戍故徼，有故而作居县者，归田农，種时、治苗时、檴（获）时各二旬。	居赀赎责（债）者归田农，种时、治苗时各二旬。

周海锋认为，本条与肆 268－270 的情况一样，也是摘录数则律条而成，但比较起来睡虎地秦简律文的排列顺序有些错乱，而本条的抄录顺序更为科学，如本条将"城旦舂当将司者"放在前面，因而可知其后的四个"将"都是"将司"的省略，这在睡虎地秦简中就无法得到体现；又认为，睡虎地秦简的"居赀赎责（债）者归田农"一条未表明居赀赎责（债）者服役的场所，若离家较远而路途耗时超过二十天，该规定便会失去意义，且唯独不为收获给予假期，这些都是节取不当的表现。[①] 我们认为他的这些意见都有一定道理，根据其思路，可以明确"作居县"其实是"居赀赎责（债）给日""坐皋（罪）人以作官府""当戍故徼"三类情形所应共同具备的条件。

此外，通过对比，我们还发现睡虎地秦简的"居赀赎责（债）当与城旦舂作者，及城旦傅坚"一句或许应作新的解释，即它应构成单独

---

① 参见周海锋：《从岳麓书院藏〈司空律〉看秦律文本的编纂与流变情况》，《出土文献》2017 年第 1 期。

的一款规定,而不与下"城旦舂当将司者,廿人,城旦司寇一人将"连读,这不仅是因为后者与本条的相应部分完全一致,而且其意义本来就完整无缺;相反,若连读起来,就还需要解释"城旦傅坚"与"城旦舂"重复的问题。我们认为,"傅坚"之"傅",由岳麓秦简伍093-094"县官即皆令衣傅城旦舂具,其勿令衣傅之",①以及伍221-222"及吏徒主将者擅弗令傅衣服,及智(知)其弗傅衣服而弗告劾论",②可知是专指附着械具的动词;"坚"则可读为"牵",其义与"将司"相近。王辉引马王堆帛书《周易·小畜》"九二,坚(牵)复,吉",认为《法律答问》"大夫甲坚鬼薪"的"坚"似也应读为"牵",③其说有理。因此,"居赀赎责(债)当与城旦舂作者,及城旦傅坚(牵)"的意思应为:居赀赎责(债)者应当与城旦舂一起劳作的,也应与城旦一起附着械具并受将司。案《秦律十八种》134-135:"鬼薪白粲,群下吏毋耐者,人奴妾居赎赀责(债)于城旦,皆赤其衣,枸椟欙杕,将司之。"可见鬼薪白粲、群下吏毋耐者、人奴妾这三类人居赎赀责(债)时的待遇正是如此。

二、法条分析

除残损严重的首句外,本条可分析为与"居赀赎责(债)"有密切关系的三部分规定,以下分别叙述。

1. 司寇勿以为仆养、守官府及除有为殹(也),有上令除之,必复请之。徒隶毄(系)城旦舂、居赀赎责(债)而敢为人仆养、守官府及视臣史事,若居隐除者,坐日六钱为盗;吏令者,耐。

这部分规定又可分为三个方面:

第一,司寇、徒隶系城旦舂、徒隶居赀赎责(债)这三类人不得担

---

① 陈松长主编:《岳麓书院藏秦简》(伍),上海辞书出版社2017年版,第70页。
② 陈松长主编:《岳麓书院藏秦简》(伍),上海辞书出版社2017年版,第141-142页。
③ 白于蓝主编:《简帛古书通假字大系》,福建人民出版社2017年版,第1314页。

任仆、养、守官府三类事役,此种规范我们已在肆165－166条的"解读"中结合各相关条文作过分析。这里可顺带说明的是,岳麓秦简肆165云"隶臣少,不足以给仆、养,以居赀责(债)给之",肆262－263云"徒隶不足以给仆养,以居赀责(债)者给之……除居赀赎责(债)以为仆养",里耶秦简8－130+8－190+8－193云"诸徒隶当为吏仆养者皆属仓",说明徒隶可以、居赀赎责(债)在一定条件下也可以成为仆、养,因此"徒隶繫(系)城旦舂、居赀赎责(债)"指的应是系城旦舂的和居赀赎债的这两类特殊的徒隶。

第二,司寇也不得被"除有为"。睡虎地秦简整理小组认为,这是因为司寇专职"备寇",故不得被任用从事其他事务。① 朱红林结合睡虎地秦简《日书》中的辞例,认为"有为"即从事某种活动之意。② 但推敲文意,律文中的"除有为"或有指特定类型事役的可能。

第三,徒隶系城旦舂和徒隶居赀赎责(债)若担任仆、养、守官府、"视臣史事"或"居隐除",则要"坐日六钱为盗"。如此规定的原因,应在于这些劳役显著轻于这两类人本应承担的劳动量,故要将其所逃避的劳动量计为赃值,坐赃为盗。整理者注引岳麓秦简伍091"它隐除犯令者,坐日六钱为盗,盗比隶臣不守其所葆职",③应也是同样的用意。我们知道,"日六钱"是居赀赎责(债)食县官者的每日折抵钱数(肆257－258),也是"当隶臣妾者""司寇冗作""司寇当践更者"逃亡时计日坐赃的钱数(肆017－018),综合这些情况可以推测,徒隶系城旦舂、徒隶居赀赎责(债)、隶臣妾(从事公)、司寇冗作、司寇践更应都与居赀赎责(债)食县官者一样,是由国家以日二钱的标

① 睡虎地秦墓竹简整理小组:《睡虎地秦墓竹简》,文物出版社1990年版,第54页。
② 参见朱红林:《岳麓书院藏秦简(肆)疏证》,上海古籍出版社2021年版,第306页。
③ 陈松长主编:《岳麓书院藏秦简》(肆),上海辞书出版社2015年版,第175页注释255。

准供食的,其劳动量则符合可折算为每日八钱的标准。

2. 城旦舂当将司者,廿人,城旦司寇一人将,毋(无)令居赀赎责(债)将城旦舂,城旦司寇不足以将,令隶臣妾将。

这部分与睡虎地秦简的相应内容全同,规定居赀赎责(债)者不得从事监管城旦舂的事役,其立法目的有待探明。"城旦舂当将司者",意味着某些城旦舂不需要将司,如肆 168 的"仗城旦"和肆 049 的"泰厩城旦不将司,从(纵)马"。

3. 居赀赎责(债)拾(给)日、坐皋(罪)人以作官府,及当成故徽,有故而作居县者,归田农,種时、治苗时、穫(获)时各二旬。

这部分规定,"居赀赎责(债)拾(给)日""坐皋(罪)人以作官府""当成故徽者"这三类人,因故而在户籍县劳作的,可以在春耕、中耕除草和收获时各得到二十天的"归田农"时间。如京都大学读简班所说,"给"是补充不足之意。确切来讲,秦律中的"给日"是服役者在获准暂时解脱其劳役以完成特定事务后,对其应役日数的补足。这些可获准暂时解脱劳役的事务,可见于肆 184 - 185 条的"父母、妻死,遣归葬"、肆 186 条的"其疾病有瘳、已葬、劾已"、肆 250 - 251 条的"徭戍",以及本条的"归田农"。这就是说,本条的主体"居赀赎责(债)给日",与睡虎地秦简的"居赀赎责(债)"的规范涵义并无二致,只是本条将"归田农"的条件"给日"也一并讲明了而已。

"坐皋(罪)人以作官府"是指因连坐他人的犯罪而在官府中劳作的人。在汉人的观念中,因连坐论罪的情形要轻于因本人的实行犯论罪,如应劭《风俗通·十反》:"司徒颍川韩演伯南为丹阳太守,坐从兄季朝为南阳太守刺探尚书,演法车征,以非身中赃疊,道路听其从容。"就是典型的一例。若秦代也是如此,就可解释这类人获得"归田农"假期的缘由了。

"当戍故徼,有故而作居县",即应戍边的,因故不去戍边而仅在户籍县劳作。这类情形的例子,有整理者注所举的肆 377"女子作居县,以当戍日",0451－1/2"皆令作居县,以当戍日",①以及肆 292 的"当戍故徼而老病居县"。前者意味着,在法律上女性可以是"罚戍""谪戍"等"戍"类处罚的对象,但显然不可能实际去执行戍役,因此便要"作居县,以当戍日"。(邬勖)

肆 276－277

释文

●索(索)律[1]曰:索(索)有脱[2]不得者,節(即)后得及自出,●[3]讯索(索)时所居,其死罪,吏徒[4]部[5]索(索)弗得者,赎耐;城旦舂到刑罪,赀$_{1354/肆276}$二甲;耐罪以下,赀一甲。$_{1314/肆277}$

注释

[1] 索(索)律:有关搜捕等事的法律规定,目前仅见于岳麓秦简。索,搜也,此处应特指对象或地点较为明确的搜捕行为。《史记·范雎蔡泽列传》"乡者疑车中有人,忘索之",司马贞索隐注曰:"索,犹搜也。"②里耶秦简 9－1112:"【廿】六年二月癸丑朔丙子,唐亭叚(假)校长壮敢言之:唐亭旁有盗可卅人。壮卒少,不足以追。亭不可空。谒遣【卒】索(索)。"③整理者认为,"索律"当是"捕律"的秦代称法。详"解读"。

[2] 脱:遗漏。《汉书·尹翁归传》:"无有遗脱。"岳麓秦简伍023－024"所求在其县道官畍中而脱,不得,后发觉,乡官啬夫、吏及丞、

---

① 陈松长主编:《岳麓书院藏秦简》(肆),上海辞书出版社 2015 年版,第 175 页注释 256。

② 陈松长主编:《岳麓书院藏秦简》(肆),上海辞书出版社 2015 年版,第 175 页注释 257。

③ 陈伟主编:《里耶秦简牍校释》(第二卷),武汉大学出版社 2018 年版,第 260 页。

令、令史主者,皆以论狱失皋(罪)人律论之",整理者注为"逃脱"。①

[3]整理者注:"这里的墨点当是提示符号,从文义和语法上看,前面的文句都不可单独成句,而后面的内容也不是起首句,故这个墨点肯定不是一般的章节起首或结尾的符号。"②

[4]吏徒:官吏和卒徒。张家山汉简《二年律令》141:"吏将徒追求盗贼,必伍之。"岳麓秦简叁004"州陵守绾令癸与令佐士五(伍)行将柳等追",其中的"柳"等人即为上造、士伍等身份。卒徒可能还包含徒隶群体,如睡虎地秦简《封诊式》50－51:"令史己爱书:与牢隶臣某执丙。"

[5]部:对一定范围或地域具有管理之责,此处特指在一定区域内进行搜捕行动的负责者。③

语译

索律规定:搜捕罪犯时有遗漏而没有抓获的,如果在之后抓获或者其人自首,要对该罪犯进行讯问来确定其在搜捕时所在之处,如果该罪犯应受死刑,则当时负责在他所藏身的区域内进行搜捕却没有抓获的吏徒,要处赎耐;如果应受城旦舂到肉刑的处罚,则对负责搜捕的吏徒处赀二甲;如果应受耐以下的处罚,则对负责搜捕的吏徒处赀一甲。

解读

一、对《索律》的理解

(一)《索律》是否为《捕律》

有关《索律》,目前仅见于本条。整理者认为当是《捕律》的秦代

---

① 陈松长主编:《岳麓书院藏秦简》(肆),上海辞书出版社2015年版,第175页注释258。

② 陈松长主编:《岳麓书院藏秦简》(肆),上海辞书出版社2015年版,第175页注释259。

③ 华东政法大学出土法律文献研读班:《岳麓简秦律令释读(二)》,收入王捷主编:《出土文献与法律史研究》第九辑,法律出版社2020年版,第193页注释5。

称法。然睡虎地秦简《秦律杂抄》38－39 有"捕盗律曰：捕人相移以受爵者，耐。求盗勿令送逆为它，令送逆为它事者，赀二甲"，其中便明确载有《捕盗律》。朱红林便据此认为，岳麓简《索律》时代介于睡虎地秦律《捕盗律》与张家山汉律《捕律》之间，名称却截然不同，能否将《索律》视为如整理者所说是《捕律》的秦代称呼尚有待研究。① 其说甚是。

　　除《捕盗律》的记录之外，根据目前所见的秦汉简牍记载，"索"表示"搜捕"义时，辞例并不多见，远不及"捕"字辞例数量之多。以目前所公布的岳麓秦简为例，"索"表"抓捕、搜捕"之义仅见本条一例，而"捕"的使用则比比皆是，足以证明"索"的使用在当时的律令用语中并不常见，为何在律名的命名上却要以《索律》取代《捕律》？似乎很难理解。我们认为，律文中的"索"，可能仅仅属于"捕"情形之一。换言之，《索律》与《捕律》并不是完全对等的关系。

（二）对"索捕"的理解

　　有关"索捕"，可见于张家山汉简《二年律令》154－155：

　　　　数人共捕罪人而独自书者，勿购赏。**吏主若备盗贼、亡人而捕罪人，及索（索）捕罪人**，若有告劾非亡也，或捕之而非群盗也，皆勿购赏。

　　在本条中，"索捕罪人"是与"备盗贼、亡人而捕罪人"相并列的情况之一，显然"索捕"与单纯的"捕"含义应有所不同。从文意来看，负责的官吏在防备盗贼或亡人时动用相关力量抓捕了其他罪人，此时是不得领取购赏的，其原因可能在于防备盗贼之时所动用的力量较多、规模较大，用以抓捕其他罪人存有浪费人力之嫌。结合前面

① 参见朱红林：《〈岳麓书院藏秦简（肆）〉疏证》，上海古籍出版社 2021 年版，第 308－309 页。

的"数人共捕罪人而独自书者",两者可能针对的是类似情形。如此,则"索捕罪人"可能是指规模较大的搜捕行动。里耶秦简的相关记录或亦可为佐证:

> 【廿】六年二月癸丑朔丙子,唐亭叚(假)校长壮敢言之:唐亭Ⅰ旁有盗可卅人。壮卒少,不足以追。亭不可空。谒Ⅱ遣【卒】索(索)。敢言之。/二月辛巳,迁陵守丞敦狐敢告尉、告卿(乡)主,以律Ⅲ(正)
>
> 令从吏(事)。尉下亭鄣,署士吏谨备。贰卿(乡)上司马丞。/亭手。/即令Ⅰ走涂行。Ⅱ
>
> 二月辛巳,不更與里戌以来。/丞半。　壮手。Ⅲ(背)(里耶秦简9–1112)①

迁陵县的唐亭发现附近有一伙人数约有 30 人的盗贼,但是该亭可用人数不足,故而请求派兵支援前来搜捕。可见此次"索捕"行动涉及的规模不小。

其次,"索"可能也是有区域范围限制的,如岳麓秦简肆本条所言"吏徒部索",便强调"索"是在吏的管辖范围之内进行的。又如张家山汉简《二年律令》76 所载:

> 盗出黄金边关徼,吏、卒、徒部主者智(知)而出及弗索,与同罪;弗智(知),索弗得,戍边二岁。

此条中的"索捕"行为同样有其限定条件:"部主者"。再看上述里耶秦简9–1112 所载,亦是处于唐亭管辖范围内的搜捕行动。同样,居延汉简中同样可见到"索捕"应在管辖范围内进行:

> 匿界中,书到遣都吏与县令以下逐捕搜索部界中听亡人所

---

① 陈伟主编:《里耶秦简牍校释》(第二卷),武汉大学出版社 2018 年版,第 260 页。

隐匿处，以必得为故诏所名捕（居延汉简 179·9）

　　谨杂与候史廉、驿北亭长欧等八人，戍卒孟阳等十人搜索部界中□亡人所依匿处，爰书相牵（居延汉简 255·27）①

　　其中所记载的"索捕"均是在一定的管辖区域内进行的。因此，我们认为，"索捕"的执行，相较于普通的"捕"而言，其地域限制更大，张家山汉简《二年律令》140－141：

　　　群盗杀伤人、贼杀伤人、强盗，即发县道，县道亟为发吏徒足以追捕之，尉分将，令兼将，亟诣盗贼发及之所，以穷追捕之。毋敢□界而环（还）。

　　此条是有关抓捕盗贼时的一般规定，其中清晰地记录着对于抓捕盗贼的一般原则，即穷追不舍，不得因行政边界的原因而无故放弃。显然与前述"索捕"中所体现的区域内搜捕原则不同。也正是基于"索捕"的这一特点，故而岳麓秦简肆本条中才会特别规定：在罪犯事后被抓获之时，要详细问明其藏身之所，以对负责相关区域的官吏进行追罚。

　　行文至此，尚需指出的是，"索捕"与"捕索"词义并不相同，"索捕"是我们上述所探讨的特定抓捕行为，而"捕索"则是广义上抓捕的附带程序，实质上仍是"捕"的环节。睡虎地秦简《封诊式》19－20有一例"捕索"的记录，列于下：

　　　【爰】书：某里士五（伍）甲、乙缚诣男子丙、丁及新钱百一十钱、容（镕）二合，告曰："丙盗铸此钱，丁佐铸。甲、乙捕索（索）其室而得此钱、容（镕），来诣之。"

　　其中有两点需要注意：其一，本案是百姓自发抓捕罪犯的行为，主体为百姓；其二，"捕索"是甲、乙二人在抓捕过程中的附带环节，此

―――――――――

①　谢桂华、李均明、朱国炤：《居延汉简释文合校》，文物出版社 1987 年版，第 286、423 页。

处的"索"仅是"搜索"之意，指抓捕丙、丁之后在其居室内寻找到的相关证物。就这两点而言，"捕索"的重点仍然是"捕"，"索"是一种广义上的逮捕的附属程序。因此，此文书中的"捕索"与《索律》之"索""索捕"等含义截然不同。

由上，我们对"索"有了大概的了解，其应当是"捕"的特别情形，专指在特定区域内、由官府在短时间聚集较多人手进行搜捕的抓捕行为。而《索律》应当是对这类"索捕"情形进行规定的律文。从这一角度来说，我们对于整理者将《索律》称为"《捕律》的秦代称法"不予认同。

二、法条分析

本条主要是对官吏在执行搜捕行动时责任的规定，要求他们在执行搜捕时不得有所遗漏，一旦有罪犯因遗漏而脱逃，要在事后进行追责。追责程序在罪犯被抓捕或自首后启动，一旦明确罪犯在搜捕时的藏身之处确实在搜捕区域内，负责搜捕的官吏便要根据罪犯最终被判处刑罚的不同受到相应的处罚。（乔志鑫）

肆 278－279

释文

●□律[1]曰：冗募群戍卒及居赀赎责（债）戍者及冗佐史[2]均卜、史[3]皆二岁壹归[4]，取衣用，居家卅日；其 父母妻 [5]_{0914/肆278} 死 [6]，归宁[7]居室廿[8]日外往来[9]。初行[10]日八十里，之署[11]日行 七 十[12]里。当归取衣用，贫毋以归者，貣（贷），日令庸以补[13]。_{0349/肆279}

注释

［1］□律：两字残存半边，"律"字可据右半边字形予以确认，首字难以辨认。整理者提出或以为是"赍"字。①

---

① 陈松长主编：《岳麓书院藏秦简》（肆），上海辞书出版社2015年版，第175页注释261。

〔2〕冗佐史：即冗佐、冗史，即长期在官府从事佐、史等小吏工作之人，又可称为"佐、史冗者"，见于睡虎地秦简《秦律十八种》72："都官之佐、史冗者，十人，养一人。"冗，与"更"相对，指不更代、长期居于官府供役。①

〔3〕均卜、史：因受罚被判处去往边地或新地为卜、史。里耶秦简8－197有"均史佐"、8－1277有"均佐"。均，读为徇，古书或写作徇、狥，《尚书·泰誓中》传："徇，循也。"②岳麓秦简伍225－226载："……史各一甲，有（又）令狱佐史均故徽一岁，其故徽县狱佐史，均地远故徽，其新地县狱佐史有约日者，夺日一岁而勿均。"雷海龙指出，原释文"人"当释为"卜"。③当确，应指专门管理占卜事务的吏员，张家山汉简《二年律令》482："大史、大卜谨以吏员调官史、卜县道官，官受除事，勿环。"整理者认为，此处"均人史"指均人的佐史，"史"前当是承前省略了"佐"字。④读书会也有观点认为，"均"可能与均徭的"均"意思一致，表示平均调配之意。

〔4〕二岁壹归：每两年回家一次。秦汉之时对于离家较远者所给予的回家期间的规定是一致的，均为两年一次，张家山汉简《二年律令》217："吏官去家二千里以上者，二岁壹归，予告八十日。"

〔5〕父母妻：整理者未释，今据残画释为"父母妻"。详"解读"。

〔6〕死：本简的简首有残断，且字迹模糊，整理者原释为"以"，今据图版改释为"死"。详"解读"。

① 华东政法大学出土法律文献研读班：《岳麓简秦律令释读（三）》，收入王沛主编，黄海执行主编：《出土文献与法律史研究》第十辑，法律出版社2021年版，第229页注释9。
② 睡虎地秦墓竹简整理小组：《睡虎地秦墓竹简》，文物出版社1990年版，第138页。
③ 简帛论坛"《岳麓书院藏秦简》（肆）初读"43楼"落叶扫秋风"发言，简帛网，http://www.bsm.org.cn/forum/forum.php?mod=viewthread&tid=3331&extra=page%3D10&page=5，首发时间2016年3月27日。
④ 陈松长主编：《岳麓书院藏秦简》（肆），上海辞书出版社2015年版，第175页注释262。

[7]　归宁：此处特指丧假。① 张家山汉简《奏谳书》180－181："律曰：诸有县官事，而父母若妻死者，归宁卅日；大父母、同产十五日。"

[8]　廿：整理者释为"卅"，雷海龙改释为"廿"。② 据图版，从雷海龙改释。

[9]　往来：即来回。居延新简 E.P.T17－6："鄣卒苏寄　九月三日封符休，居家十日，往来二日，会月十五日。"③

[10]　初行：与"之署"相对，指从官署或服役地归家。④ 张家山汉简《算数书》132："甲行五十日，今今日壬申，问何日初行。"

[11]　之署：指返回官署或服役地。里耶秦简 8－140："日已，以酉十一月戊寅遣之署。"也被称为"之官"，岳麓秦简伍 134："令曰：吏岁归休卅日，险道日行八十里，易〈易〉道百里。诸吏毋乘车者，日行八十里，之官行五十里。"⑤

[12]　七十："七"字漫漶难识，整理者释为"七"。据岳麓秦简伍 134"诸吏毋乘车者，日行八十里，之官行五十里"，⑥此处亦可能为"五十"。

[13]　貣(贷)，日令庸以补：向其提供借贷，因借贷所欠的日数通过让其佣作来偿还。详"解读"。

语译

□律规定：冗募群戍卒、居赀赎债者前往边地服戍役以及冗佐、

①　程博丽：《秦汉时期吏卒归宁制度新探》，《湖南大学学报（社会科学版）》2017 年第 5 期。
②　简帛论坛"《岳麓书院藏秦简》(肆)初读"43 楼"落叶扫秋风"发言，简帛网，http://www.bsm.org.cn/forum/forum.php? mod = viewthread&tid = 3331&extra = page%3D10&page =5，首发时间 2016 年 3 月 27 日。
③　甘肃省文物考古研究所：《居延新简(上)·甲渠候官》，中华书局 1994 年版，第 27 页。
④　朱红林：《〈岳麓书院藏秦简(肆)〉疏证》，上海古籍出版社 2021 年版，第 313 页。
⑤　陈松长主编：《岳麓书院藏秦简》(伍)，上海辞书出版社 2017 年版，第 112 页。
⑥　陈松长主编：《岳麓书院藏秦简》(伍)，上海辞书出版社 2017 年版，第 112 页。

冗史被处罚前往边地或新地为史、卜,全都两年回一次家,拿取衣物用具,可以在家待三十天。其父母或妻子死亡,可以回家服丧假并在家里待二十天。之后再返回。回家时要保证每天走八十里路,返回服役地或官署时要保证每天走七十(或五十)里路。如果本应回家拿取衣物用具,却因贫困而无法回家的,可以向其提供借贷,并让其通过每日佣作的方式来偿还。

解读

一、"父母妻死"及简 279 末字的释读

简 278 末有三字整理者未予释出,简 279 首字整理者释为"以",简 279 末字整理者释为"遄"。今据图版,皆不确。根据笔迹残画以及文义,我们认为简 278 末与简 279 首四字应释为"父母妻死"。首先从字形来分析:

简 278 末三字的字形对比如下:

本简残字	肆 184"父母妻"

李莹波将此三字释为"父母在"。① 曹旅宁释为"父母死"。② 均

① 李莹波:《〈岳麓书院院藏秦简(肆)〉简 0914"父母在"补释》,简帛网,www.bsm.org.cn/?qinjian/8031.html,首发时间 2019 年 1 月 26 日。
② 曹旅宁:《说岳麓秦简(肆)0349 简中的"归宁"》,简帛网,www.bsm.org.cn/?qinjian/8034.html,首发时间 2019 年 1 月 28 日。

有不当之处。我们认为应释为"父母妻"三字。肆184中恰有"父母妻"三字的右半部,从本简的残笔痕迹来看与184简对应部分的笔迹基本一致,将此三字释为"父母妻"应当是可行的。

简279首的字形对比如下:

该字		
"以"	 (肆277)	 (肆268)
"死"	 (肆220)	 (肆140)

此字字形与"以"字有明显差异,"以"字右半部的捺笔明显较为笔直平缓,左半部书写结构颇为简练,且左半部的底部似有缺口,均与本简此字明显不同。我们认为,此字当释为"死"字,由上表可以看出,本简中的字形与这两个"死"字字形无论是笔迹走向还是结构都颇为相像,考虑到本简的简首有略微残缺,更不可能与"以"字字形相合。因此,我们认为,此字释为"死"字是更合理的。

以上是对字形部分的分析,从语义方面来看,同样通顺无比,"其父母妻死,居室廿日外往来",可以理解为是对前文"每两年休假一次,每次三十天"这一固定假期的例外规定。考虑到这一群体是到边地为冗吏或服戍役,情形与前述"官去家五百里以上"者极其类似,该处亦针对此作出了特殊规定。这也正可与张家山汉简《二年律令》180-181中的"归宁"辞例中体现的事由吻合:"律曰:诸有县官事,而父母若妻死者,归宁卅日。"

　　基于上文,我们认为,作为例外规定的"归宁",其原因正在于"其父母妻死",由于边地的特殊性,其临时假期要缩短至二十天。因此"归宁"前补释"父母妻死"是合理的。

　　简 279 末字整理者释为"逋",认为"或当是'补'字之讹"。今据字形,应径释为"补"。字形比对如下表:

本简"逋"		
"逋"	 （肆 240）	 （肆 092）
"补"	 （肆 175）	 （肆 356）

　　从本简字形来看,左半部下拖的一笔为斜竖笔,与"逋"字的"辶"明显不同,而与"补"字的"衤"部更近。故此字无需作为"补"之讹字,径释作"补"可能更为合适。

　　二、对"貣(贷),日令庸以补"的理解

　　简 279 最后的"貣(贷)日令庸以补"颇难解。整理者断读为"贷日,令庸以逋",将"贷日"注为"给予居作的日子",而"令庸以逋"的"逋"其认为应是"补"的讹字,即令"毋以归者"以作庸的方式去补偿。① 整理者并未详述,从注释的内容来看,似是令其以作庸的方式

_____

① 陈松长主编:《岳麓书院藏秦简》(肆),上海辞书出版社 2015 年版,第 175 页注释263、264。

来补偿"所贷之日"，究竟如何操作未曾明言。张韶光则提出"贷日，令庸以补"是指贫困服役者可以靠在"贷日"期间的雇佣所得来购买衣用。①

朱红林对整理者所注提出异议，认为"令庸以补"是解释"贷日"用途的，此处"补"的含义并非"补偿"，而是"补贴"之意，"令庸以补"指因归家者很穷，往返没有足够的路费，官府就在法定的假期之外多给他几天时间，这几天时间他可以通过庸作的方式来挣够路费，此处庸作的对象既可以是官府，也可以是私人。② 此说与张韶光所言颇有相似之处。然据"补"字目前在简牍中多表现为以下两义：其一为修也，如岳麓秦简肆175"黔首室、侍（寺）舍有与廥、仓、库实官补属者，绝之"；其二为补缺、补足之意，如睡虎地秦简《秦律十八种》157－158"其有死亡及故有夬（缺）者，为补之，毋须时"、187"都官岁上出器求补者数，上会九月内史"等，其中仅第二义"补足"与朱说所言"补贴"近似，明确表示"补贴"义的辞例目前未见。如将"补"理解为钱款或衣食用具上的"补足"，则本质上与朱说并无大差。

除上说外，我们认为"贷日令庸以逋"可能还存在另一种解读方式，即"贷，日令庸以补"，表示向其提供借贷，因借贷产生的日数则让其通过佣作来偿还。"日"，作名词解，表"日数、时间"之意，在秦汉简牍中常见，如岳麓秦简柒038－039"年十七岁以上及有它罪而当成故徼，高不盈六尺七寸者，皆作县[以]当成日"，③其中的"成日"便是指"成役的日数"，又如岳麓秦简肆022"臧（赃）不盈廿二钱，赀一甲，耐罪以下，令备前系日"，其中"系日"亦指"被拘系之日数"。此时的

① 张韶光：《〈岳麓书院秦简（肆）〉中有关"雇佣"的法律规定研究》，收入《中国古代法律文献研究》第10辑，社会科学文献出版社2016年版，第131页。
② 参见朱红林：《〈岳麓书院藏秦简（肆）〉疏证》，商务印书馆2021年版，第313页。
③ 陈松长主编：《岳麓书院藏秦简》（柒），上海辞书出版社2022年版，第73－74页。

"补",据《广雅·释诂》"完也",可引申为偿还义。"日令庸以补"则指因借贷而产生所欠的日数以雇佣的方式来偿还,此处理见于岳麓秦简柒021:

> 有赀赎责(债)貣当戍者,皆以其钱数雇戍日,为书约。①

对服戍役者借贷而产生相应的赀赎债者,都要根据钱数来确定其雇佣的戍役天数,甚至要进行文书上的记录。此条中"以其钱数雇戍日"当即指本条中所贷之"日令庸以补",二者大致可相对读。此处的"雇戍日"显然仍属于官府行为,其中并不存在私人雇佣的可能性。

这种以延长戍役天数来偿还欠款的方式在秦文书简中屡见,如里耶秦简8-1563:"廿八年七月戊戌朔癸卯,尉守窃敢之:洞庭尉遣巫居贷公卒安成徐署迁陵。今徐以壬寅事,谒令仓貣食,移尉以展约日。敢言之。"此处"居贷公卒安成徐署迁陵"即为居债者徐在迁陵为戍卒之记录,而"展约日"即为其在接收了相关借贷之后要相应延长自己的戍役时间来偿还。

当然,考虑到本简书写空间已满,我们也不能排除其后有缺简的可能。

三、法条分析

本条共分为三款:

第一款是对特定对象休假归家的规定,即在边地的冗募群戍卒、居赀赎债者前往边地服戍役、冗佐冗史被处罚前往边地为史或卜等群体,每两年才能回一次家,休假的时间为三十天,以供他们探亲、休息和准备日常使用的衣物用具等。除此之外,还有例外规定:如果在边地期间,父母或妻子死亡,可以允许其人返回家中服丧假。这与

---

① 陈松长主编:《岳麓书院藏秦简》(柒),上海辞书出版社2022年版,第68页。

张家山汉简《奏谳书》180－181"律曰：诸有县官事，而父母若妻死者，归宁卅日；大父母、同产十五日"的规定颇为类似，秦令中也有类似规定，如岳麓秦简伍295：

> 吏父母死，已葬，一月；子、同产，旬五日；泰父母及父母同产死，已葬五日之官。官去家五百里以上，父母妻死……①

官吏父母死和子女、兄弟姊妹、祖父母、父母的兄弟姊妹等人去世时的假期日数并不相同，后文可以看到，对于离家较远的官吏，还有着特殊规定，只是遗憾因缺简无法一览全貌。但这种遗憾某种程度上可以据岳麓秦简伍296－297有所弥补：

> 郡及中县官吏千石下繇(徭)使(使)，有事它县官而行，闻其父母死，过咸阳者，自言☐已，复之有事所，其归而已葬者，令居家五日，亦之有事所。②

在官吏本身有公务时，即便是父母死，其归家的丧假较前述一个月而言也要短得多。因此，我们完全可以想象，当工作的官署离家五百里以上时，由于公务的原因，其假期必是相较一月而言为短的。这种情况正可与岳麓秦简肆本条相对应，在边地或新地服役时，服父母妻的丧假时仅有二十日。

第二款是对冗募群戍卒等几类主体赶路时的标准规定，从服役地或官署回家时，要保证每日八十里的行路标准，而在返回服役地或官署时，则可以将标准适当降低至每日七十里(或五十里)。此处返程的行路标准有所降低，可能是因返回时携带衣用导致负重较大，故而降低要求，典型如岳麓秦简肆248载："委输传送，重车负日行六十里，空车八十里，徒行百里。"

---

① 陈松长主编：《岳麓书院藏秦简》(伍)，上海辞书出版社2017年版，第196页。
② 陈松长主编：《岳麓书院藏秦简》(伍)，上海辞书出版社2017年版，第196－197页。

里耶秦简8-140记载了有戍卒未曾回归服役的文书记录:

　　☐朔甲午,尉守偪敢言之:迁陵丞昌曰:屯戍士五(伍)桑唐赵归Ⅰ

　　☐日已,以延十一月戊寅遣之署。迁陵曰:赵不到,具为报,问:审以卅Ⅱ

　　☐【署】,不智(知)赵不到故,调告迁陵以从事。敢言之。/六月甲午,Ⅲ临沮丞秃敢告迁陵丞主、令史,可以律令从事。敢告主。/肎手。Ⅳ

　　九月庚戌朔丁卯,迁陵丞昌告尉主,以律令从事。/气手。/九月戊辰旦,守府快行。Ⅴ(正)(里耶秦简8-140正)

　　☐信手。(背)(里耶秦简8-140背)①

在赵的休假已结束之后,就被派继续前往迁陵服戍役,然而却迟迟未到。迁陵便对此事做了相关的询问与调查。而迁陵县对赵至今未到迁陵的时间计算,应当是按照岳麓秦简肆本条的标准来具体衡量的。

第三款是对因贫困而无法归家拿取衣物用具的情况,官府可以提供适当的借贷,但是这种因借贷所产生的欠款往往要通过相应的雇佣天数来偿还。一方面体现了官府主动展现对戍役者的关怀,另一方面则可借此借贷的机会尽量多地去剥削利用戍役者的劳动力。(乔志鑫)

肆280

释文

●田律曰:黔首居田舍者,毋敢酤〈酤(酤)〉酒[1],有不从令者,

① 陈伟主编:《里耶秦简牍校释》(第一卷),武汉大学出版社2012年版,第80页。

酤(迁)之;田啬夫、士吏、吏部弗得,赀二甲。●第乙[2]₀₉₉₄/肆280

注释

[1] 醯〈盬(酤)〉酒:醯,似为盬的讹字,盬当读为酤。酤酒可理解为买酒,或卖酒。① 《史记·高祖本纪》:"高祖每酤留饮,酒雠数倍。"②

[2] 第乙:以干支编号多见于秦汉令中,如岳麓秦简肆328"内史郡二千石官共令 第乙",在秦律中稀见,有待进一步讨论。

语译

田律规定:居住在乡野房舍的百姓不准买(或卖)酒,违反法令者,处迁刑,田啬夫、士吏、吏部未能察觉的,各自处赀二甲。

解读

"第乙"的出现

传世文献记载汉令有所谓"令甲、令乙、令丙",除了干支编号外,汉令还另有干支加数字的编序方式,如松柏1号汉墓出土简牍所见"令丙第九",而张家山汉简《二年律令》所见津关令则单纯以数字作为编序方式,随着岳麓秦简的公布,我们发现秦令亦多见以干支或数字或两者组合的方式进行编序,排列方式大致分以下几种:

(1)以干支编序,如岳麓秦简肆300"内史户曹令 第甲"、岳麓秦简肆307"内史郡二千石官共令　第甲",可以发现在抄写令名之后加干支。

(2)单纯以数字编序,如岳麓秦简伍058"禁树木尽如禁苑树木,而令苍梧谨明为骆翠山以南所封刊,臣敢请。制曰:'可。'·廿七"。③

---

① 参见刘兴林:《先秦田庐(舍)辨析》,《北京师范大学学报》2009年第6期;陈松长、周海锋:《读〈睡虎地秦墓竹简〉札记》,《湖南大学学报(社会科学版)》2013年第3期。
② 参见华东政法大学出土法律文献研读班:《岳麓简秦律令释读(二)》,收入王捷主编:《出土文献与法律史研究》第九辑,法律出版社2020年版,第193页注释2。
③ 陈松长主编:《岳麓书院藏秦简》(伍),上海辞书出版社2017年版,第58页。

(3)用干支数字共同编序,如岳麓秦简伍260"●令曰:遣吏市者必遣真官啬夫吏、令史,不从令,赀各二甲。·内史旁金布令乙四"。①

关于秦令编纂排序的讨论随着岳麓秦简公布逐步增多,②而秦律中首见类似秦汉令的编号,周海锋认为这一信号揭示出"秦代对律文进行过统一的整理","至少就某一类律,在某个时期是进行了统一编纂的,不然就无法解释律文编序号的问题"。③

但值得注意的是,与睡虎地秦简《秦律十八种》12 和岳麓秦简肆115 记载的内容极其近似的《田律》条文尾部未见干支或数字。因此,我们认为此处干支编号的方式未必属于秦律颁布或整理时官方行为,朱红林就指出此处可能是"律文抄录部门或使用者或书手个人的行为"。④

此类编序的主体是谁?在秦律颁布生效的哪个阶段出现?是否适用所有秦律,抑或是特定范围与类型的秦律?是否秦律与秦令在编纂整理上具有某种关联性?以上等等问题的厘清均有待更多材料的出现。(陈迪)

肆 281－282

释文

兴律曰:诸书求报[1]者,皆告,令署某 曹 发[2]。弗告曹[3],报者署报书中某手[4]。告而弗署,署而环(还)[5]及弗告,及0798/肆281 不署

---

① 陈松长主编:《岳麓书院藏秦简》(伍),上海辞书出版社 2017 年版,第 184 页。
② 如凡国栋:《秦汉出土法律文献所见"令"的编序问题——由松柏 1 号墓〈令〉丙第九木牍引发的思考》,收入中国文化遗产研究院编:《出土文献研究》第十辑,中华书局 2011 年版,第 160 页;徐世虹等著:《秦律研究》,武汉大学出版社 2017 年版,第 74－92 页。
③ 周海锋:《岳麓书院藏秦简〈田律〉研究》,收入武汉大学简帛研究中心编:《简帛》第 11 辑,上海古籍出版社 2015 年版,第 103 页。
④ 朱红林:《〈岳麓书院藏秦简(肆)〉疏证》,上海古籍出版社 2021 年版,第 315 页。

手,赀各一甲。○0794/肆282

注释

[1] 求报:要求接收文书方以文书形式进行回覆。里耶秦简
8-731:"☑以邮行,不求报,敢言之。"报,此处当指"回覆文书",即
下文所谓"报书"。① 岳麓秦简肆223:"□□律曰:传书受及行之,必
书其起及到日月夙莫(暮),以相报。"

[2] 署某曹发:(在回覆文书中)署明某曹打开文书。曹,图版
较为模糊,据残存字形与相关用例从整理者释读。发,启封打开文
书。② 里耶秦简8-61+8-293+8-2012:"……六月丙午,洞庭守礼
谓迁陵啬夫:□署迁陵亟论言夬(决),署中曹发,它如律令。/和手"
另外里耶秦简牍多见某曹发的实例,如8-263:"廷户曹发。"8-
1859:"廷令曹发。"③

[3] 弗告曹:没有在发文中说明具体某曹打开此文书。告曹,
或为前言"告令署某曹发"的省。陈剑认为此处"弗"字为衍字,应
删去。④ 另京都大学读简班提出一种看法:"弗告曹"前后存在勾识
符号"└",是否此两处勾识符号的作用是提示其间的内容为衍文。
如作衍文处理,则本条规定理解起来较为顺畅。⑤ 详解读。

---

① 另可参见华东政法大学出土法律文献研读班:《岳麓秦简律令校释(五)》,收入王沛
主编,陈迪执行主编:《出土文献与法律史研究》第十二辑,法律出版社2022年版,第
190页注释3。
② 李学勤:《初读里耶秦简》,《文物》2003年第1期解释"发"为"开看"。马怡:《里耶
秦简选校》,收入《中国社会科学院历史研究所学刊》第4辑,商务印书馆2007年版,
第155页注释(3)解释"发"为"启,开视"。
③ 可参见朱红林:《〈岳麓书院藏秦简(肆)〉疏证》,上海古籍出版社2021年版,第
316页。
④ 参见陈剑:《〈岳麓简(肆)〉校字拾遗》,收入中国文化遗产研究院编:《出土文献研
究》第十九辑,中西书局2020年版,第204页。
⑤ [日]"秦代出土文字史料の研究"班:《岳麓书院藏简〈秦律令(壹)〉译注稿その
(四)》,《东方学报》第96册,2021年。

[4]某手：秦公文书中十分常见的行文格式。"某"代表具体人名，如8-4"感手"，感即为人名。至于"手"的具体含义与性质，讨论甚多。① 可理解为较为宽泛的公文"书手"，如里耶秦简8-756云："有书，书壬手。"②同时就"某手"在公文中的不同书写方式与位置，结合文书原本、副本与抄本不同形态的情况，文书传递所适用的场景等多个角度作具体分析，在不同场合下"某手"代表了不同的涵义。③

[5]环(还)：拒绝，退回之义。参见岳麓秦简肆261注释13"环(还)"。

语译

兴律规定：文书要求回覆的，都要告知(回覆方)，并在回覆文书

---

① 早期因里耶秦简少量公布，引发对"某手"的讨论，大致有"签署人""经办人""书手"等不同理解。如李学勤认为"某手"即某人签署，文书中签为"某手"的人是具体负责抄写、收发文书的官史(见李学勤：《初读里耶秦简》，《文物》2003年第1期)；胡平生认为"手"指文书由某人经手(见胡平生：《读里耶秦简札记》，收入《简牍学研究》第4辑，甘肃人民出版社2004年版，第7页)；马怡认为"手"，即手迹，经手(见马怡：《里耶秦简选校》，收入《中国社会科学院历史研究所学刊》第4辑，商务印书馆2007年版，第137页)；另外邢义田从字迹角度分析了里耶秦简文书内容与"某手"的对应关系，指出有部分内容可能就是简背左下角"某手"抄写的文书副本，将原始记录中其他的"某手"亦原文誊抄(见邢义田：《湖南龙山里耶J1(8)157和J1(9)1-12号秦牍的文书构成、笔迹和原档存放形式》，收入武汉大学简帛研究中心编：《简帛》第1辑，上海古籍出版社2006年版，第290-293页)。后《里耶秦简牍校释》(第一卷)公布，披露大量里耶公文书清晰图版与释文，引发进一步讨论，除《里耶秦简牍校释》(第一卷)将"某手"理解为"书手"，邢义田在赞同前者观点基础上，将"手"进一步解读为"书写者"，"书写者意义较宽，可将抄手以外的书写者都包括在内"(见邢义田：《"手"、"半"、"曰啎曰荆"与"迁陵公"——里耶秦简初读之一》，简帛网，http://www.bsm.org.cn/?qinjian/5871.html，首发时间2012年5月7日)。黎明钊、马增荣认为"某手"可能是"某"亲自写上(或签署)，也可能是其他经手人进行的记录(见黎明钊、马增荣：《试论里耶秦牍与秦代文书学的几个问题》，收入武汉大学简帛研究中心编：《简帛》第5辑，上海古籍出版社2012年版，第70-71页)。
② 参见陈伟主编：《里耶秦简牍校释》(第一卷)，武汉大学出版社2012年版，第5页注释12。
③ 参见[日]藤田胜久：《秦代地方官府的信息处理——以里耶秦简"某手"的用法为中心》，收入《通过简牍材料看古代东亚史研究国际论坛会议资料集》，韩国庆北，2018年。

中署明"某曹发"。未告知署明("某曹发"),回覆者则在回覆文书中署明"某手"。告知而未署明,署明而被驳回,以及不告知(署明"某曹发"),以及不署明"某手"的,各处赀一甲。

解读

法条分析

本条规定了文书接收回覆情形下的具体实施细则,以及不当行为的具体情节以及处理办法。本条可结合岳麓秦简 223–224 简内容参照理解:

> □□律曰:传书受及行之,必书其起及到日月夙莫(暮),以相报。报宜到不来者,追之。书有亡者,亟告其县官。不从令者,丞、令、令史主者赀各一甲。

所谓"相报",即本条所见"求报",此时回覆文书按照本条要求署明"某曹发",即明确记录发出的文书具体启封机构,里耶秦简有诸多类似"某曹发"的平板简,如"廷仓曹发"(9–181)、"廷吏曹发"(9–51)、"狱东曹发"(9–1613)等。

需要重点讨论"弗告曹报者署报书中某手",这是理解本条内容的难点所在。

整理者仅在"弗告曹"注释"'弗告曹'前后的勾识符号当为强调符号",未见进一步说明。此处"告曹"简单理解可以是告知接收文书方的列曹机构,更进一步可理解为"告令署某曹发"的省略说法,即告知应接收公文方在回覆中署名"某曹发"。则"弗告曹"似乎是未告知公文接收方此操作,而下文"报者署报书中某手",可理解为在回覆文书中署名"某手",即具体书手或抄手。"弗告曹"与前文要求相违背,而后者"报者署报书中某手"又是一种符合程序的行为,前后到底是一种什么关系,似乎较难疏通与解释。

不同于整理者将"弗告曹"与"报者署报书中某手"以逗号断读，朱红林将此处连读，认为"报者署报书中某手"为"弗告曹"的具体内容。① 并翻译如下：

　　　如果不告知该曹报者要在回文中署明书手姓名。

如按照其理解，则"弗告曹报者署报书中某手"亦是一种不当的违法行为，应受到"赀一甲"的处罚。然而，似乎就与下款罚则中的具体情形之一"不署手"相重复，我们认为"不署手"即"弗告曹报者署报书中某手"的简略写法，其内容是一致的。朱红林对此的一个解决办法似乎是将"不署手"适用于再次回文的场合，可从本条《兴律》译文推测出：

　　　……如果不告知该曹报者要在回文中署明书手姓名，或者已告知而没有署明，署名之后再次回文，回文中没有告知某曹发，没有署明书手姓名，赀罚一甲。

朱红林用"再次回文"理解原文中的"环"，继而将"不署手"限定于再次回文的情况中。我们认为此理解有待进一步商榷。

环，在秦汉简中多见退却、拒绝之义。如睡虎地秦简《法律答问》147："甲徙居，徙数谒吏，吏环，弗为更籍，今甲有耐、赀罪，问吏可（何）论？耐以上，当赀二甲。"此处整理小组注释：环，《周礼·夏官》注曰："犹却也。"另外还有十分典型的秦汉律中出现的"三环"，亦可作拒绝不受理理解。② 更为重要的是，秦及汉初公文似乎未见以"环"表示再次回文，反而以拒绝来理解更为恰当，如里耶秦简9－3：

---

① 朱红林：《〈岳麓书院藏秦简（肆）〉疏证》，上海古籍出版社 2021 年版，第 316 页。
② 对于"三环"有诸多理解，或将"环"读为"原"，或将"环"作"复"理解，或以为"环"作"还"理解等，我们认为"环"亦可理解为却，即多次不受理年老者的告诉。

卅三年三月辛未朔戊戌,司空腾敢言之:阳陵下里士五(伍)不识有赀余钱千Ⅰ七百廿八。不识戍洞庭郡,不智(知)何县署。今为钱校券一上,谒言洞庭尉,令署Ⅱ所县责,以受阳陵司空——司空不名计。问何县官计付,署计年名为报。已訾Ⅲ责其家,家贫弗能入。有物故,弗服。<u>毋听流辞以环书,道远。</u>报署Ⅳ主责发。敢言之。/四月壬寅,阳陵守丞恬敢言之:写上,谒报,署金Ⅴ(9-3正)布发。敢言之。/堪手。Ⅰ

卅四年七月甲子朔辛卯,阳陵遬敢言之:未得报,谒追。敢言之。/堪手。Ⅱ

卅五年四月己未朔乙丑,洞庭叚(假)尉觿谓迁陵丞:阳Ⅲ陵卒署迁陵,以律令从事,报之。/嘉手。以洞Ⅳ庭司马印行事。敬手。Ⅴ(9-3背)①

这份见于里耶秦简的追讨士伍不识有赀余钱的文书中记录"有物故,弗服。毋听流辞以环书,道远",可理解为要求接收到追讨文书的机构不要听信所谓"流辞"而拒绝接收追讨文书,后面的"道远"是说明毋环书的理由。②

因此,回到朱红林的理解,"环"作再次回文理解不太合理。

另有一种衍文的观点,以陈剑为代表,其认为"弗"字很可能是衍字,陈剑释读如下:

兴律曰:诸书求报者,皆告令署"某曹"发;{弗}告曹,报者署报书中"某手"。告而弗署,署而环(还)及弗告,及不署手,赀各一甲。①

在此基础上,陈剑进一步解读此律文:

> 那些要求回覆的文书,均要(写明)告诉对方使其署明(该回覆)由"(发书方的)某官曹"开启;发书方告诉对方回覆应该注明的开启官曹了,回覆者就(自然不但要署该官曹名,而且还)要在回覆文书中署上"某人(即回覆者名)书写"。发书方告诉了而回覆方不署明开启官曹的,署了开启官曹但被退还的,以及发书方不告诉对方回覆时应署由哪个官曹开启的,以及回覆方在回覆文书中不署回覆人之名的,都要赀罚各自一甲。②

如将"弗"理解为衍字,本条律文理解起来较为畅通。"告曹,报者署报书中某手"与"告令署某曹发"均为回覆文书的要求,即回覆文书应署名"某曹发"与"某手",很自然地联系到这是为了方便出现意外时进行追责,确认具体的责任机构与责任人。而后文违法行为包括"告而弗署""署而环""弗告""不署手"四种情形。另外,京都大学读简班在对本简注释时,也提出了类似的观点,其据"弗告曹"前后出现了勾识符,提出,在仅三个字之间出现两个勾识符,有可能是表明另外的作用,即表示"弗告曹"为衍文。如此理解,则从"诸书求报者"至"某手"是对文书传递的具体办事细则的规定,而自"告而弗署"以下则是具体违反上述规定的罚则,那么规定、罚则层次比较清晰了然。③

---

① 陈剑:《〈岳麓简(肆)〉校字拾遗》,收入中国文化遗产研究院编:《出土文献研究》第十九辑,中西书局 2020 年版,第 204 页。

② 陈剑:《〈岳麓简(肆)〉校字拾遗》,收入中国文化遗产研究院编:《出土文献研究》第十九辑,中西书局 2020 年版,第 204 页。

③ [日]"秦代出土文字史料的研究"班:《岳麓书院藏简〈秦律令(壹)〉译注稿その(四)》,《东方学报》第 96 册,2021 年。

我们读书会则将"弗告曹，报者署报书中某手"理解为另外针对回覆者在特定情形的补充规定，即发文方未在文书中"署某曹发"时的处理办法。在此种情形下，发文方已经违反了本条兴律的第一款规定，回覆方仍需要署"某手"。而对违反规定的发文方，在下面的罚则中则予以了明确的处罚办法，即"弗告"者"赀一甲"。如果回覆方因为"弗告曹"而未署某手，则也要承担"赀一甲"的不利后果。（陈迪）

肆 283

释文

☐□下（？）[1]县道官而弗治，毄（系）人而弗讯（？）[2]，盈五日，赀一盾；过五日到十日，赀一甲；过十日到廿日，赀二甲，后有 盈 十（？）日，辄驾（加）一甲。○0794/肆283

注释

［1］下（？）：残存字形与"下"近似，暂从整理者意见。此处或可理解为案件或罪犯交由县道官府进行治罪，如岳麓秦简伍157-158："其御史、丞相、执法所下都官，都官所治它官狱者治之。"①

［2］讯（？）：讯问。整理者释为"治"，细审图版，该字字形左边与"治"不类，该字右边残泐，根据图版残存字形与相关辞例，我们认为此字似为"讯"字。② 读书会或以为此字为"辟"，可备一说。详解读。

语译

……县道官府不调查处理，拘系人而不讯问，满五天，（相关官吏）处赀一盾；超过五天至十天的，处赀一甲；超过十天至二十天的，处赀二甲；以后每满十天，就加处赀一甲。

---

①　陈松长主编：《岳麓书院藏秦简》（伍），上海辞书出版社2017年版，第120页。

②　京都大学读简班有相同看法，亦疑此字为"讯"，参见"秦代出土文字史料の研究"班：《岳麓书院藏简〈秦律令（壹）〉译注稿その（四）》，《东方学报》第96册，2021年。

解读

一、释字问题

目标字	治	讯	辟
（图）	（岳麓肆283）	（岳麓肆276）	（岳麓肆228）
	（岳麓肆275）	（睡虎地·封诊式81）	（睡虎地·秦律十八种199）
	（岳麓肆233）	（岳麓伍20）	（岳麓叁003）

从红外图版残存的较为完整的左边字形看，该字明显与"治"字不类，故整理者的释字为我们所不取。目前，读书会认为可能为"讯"字。其左旁与"言"字部首十分近似，《奏谳书》中有相关用例，如：

（1）公梁亭校长丙以颂系，毋系牒，弗穷讯。《奏谳书》76

（2）讯者七人，其一系，六人不系。不存皆不讯。《奏谳书》160－161

《奏谳书》案例十六中的（1），淮阳守就是在录狱过程中发现新郪县对有重大嫌疑的涉案人员校长丙拘系时不进行彻底讯问，从而产生怀疑。《奏谳书》案例十八种亦见对拘系者讯问的表述，故我们认为此处当为"觳（系）人而弗讯"。

另外,读书会另有成员认为该字为"辟"字,左半边构件相似,"丿"可能因简册叠压导致缺失,然仍保留部分痕迹。张家山汉简《二年律令》93:

> 鞫(鞫)狱故纵、不直,及诊、报、辟故弗穷审者,死罪,斩左止为城旦,它各以其罪论之。

此处"辟"即理解为"审理"。① 所谓"系人弗辟",即拘系犯罪嫌疑人而不进行审理,类似上引《二年律令》中"辟故弗穷审",即审理时故意不进行彻底审问。

二、法条分析

此条律文因残缺,无法确知归属何种律。目前所见,本条律文规定逮捕拘系人之后需要及时进行调查讯问,如无故延误不处理,则按照拖延天数不同,对相关负责官吏予以赀刑的处罚。

秦汉时期,案件久拖不决的情况较多,《法律答问》当中的一个例子可侧面予以说明:

> 甲盗牛,盗牛时高六尺,系一岁,复丈,高六尺七寸,问甲可(何)论? 当完城旦。

以上问答主要讨论身高或年龄对最终量刑的影响,但值得注意的是罪犯甲被拘系了一年时间,可见这一案件审理时间之长。当然,我们不清楚这个答问中出现的是否是真实案例,但既然可作为答问设定的场景出现,多少表明了案件久拖不决的情况在真实的司法实践中应该不是个例。

更有说服力的证据见于岳麓秦简伍当中,如岳麓秦简伍059-061记载的诏令:

---

① 张家山汉墓竹简整理小组:《张家山汉墓竹简[二四七号墓]》(释文修订本),文物出版社2006年版,第22页。

制诏御史：闻狱多留或至数岁不决，令无皋者久毄（系）而有皋者久留，甚不善，其举留狱上之∟。御史请：至计，令执法上冣（最）者，各牒书上其余狱不决者，一牒署不决岁月日及毄（系）者人数，为冣（最），偕上御史，御史奏之，其执法不将计而郡守丞将计者，亦上之。制曰：可。　　·卅六

又如岳麓秦简伍078－081记载的秦令：

●皋人久毄（系）留不决，大费殹（也）。·诸执法、县官所治而当上奏者：·其皋当耐以下，皆令先决论之，而上其奏央（决）。·其都吏及诸它吏所自受诏治而当先决论者，各令其治所县官以法决论之，乃以其奏央（决）闻。·其已前上奏当而未报者，亦以其当决论之。·其奏决有物故，却而当论者，以后却当更论之。　　·十六

编号三十六的制诏要求每年上计时统计未决狱案，并进行考课，以提升地方官员断狱的积极性。而编号十六的秦令则提出了解决滞狱的程序办法，比如原本应上奏裁决的案件，现在根据案情轻重，耐罪以下可先由地方论决，而后再上报，可以推测某种程度上将特定案件的裁判权进行了变相的下放，以提高审判效率。我们可以发现，这些诏令颁布的背景具有共性，即亟待解决所谓"狱多留""罪人久系不治"的问题，因为已经造成了诸多不便，并带来许多不利影响。可见当时滞狱问题的普遍性。因此我们推测岳麓秦简肆283所记载的规定很有可能也是基于这个问题而出台。（陈迪）

陆260

释文

·具律曰：毋（无）敢留恒事[1]、请恒事及当律令者[2]于御史，

不从律者,赀二甲。1239/陆260

注释

[1] 恒事:常事,有既定章程可依之事。里耶秦简 8 - 152:"廷下御史书举事可为恒程者,洞庭上帬(裙)直(值),书到言。"①今案,睡虎地秦简《秦律十八种》122:"县为恒事及灒(谦)有为殹(也)。"②

[2] 及当律令者:以及符合律令规定之事。"当"义为符合,与"应律""应令"之"应"同义。里耶秦简 8 - 557"误不当律令",8 - 314"等何解?辤(辞)曰:□等鞫狱弗能审,误不当律"。岳麓秦简伍066:"吏上奏当者,具傅所以当者律令、比行事。"③"及""当"二字,整理者认为一字,今审图版,疑为紧贴着书写的"及""当"二字,④其所占空间近于一字。详"解读"。

语译

具律规定,不得搁留与御史往来的官府常规事务,不得向御史请示官府常规事务以及符合律令规定之事,不遵守本条律文规定的,应处赀二甲。

解读

一、"及当律令者"试解

整理者认为"律令"前残泐一字,今审图版,似为"及""当"二字的残画,只是其间距异常紧密。从书迹相近的陆 257 中摘取"及"

---

① 陈松长主编:《岳麓书院藏秦简》(陆),上海辞书出版社 2020 年版,第 185 页注释 43。

② 秦简多见"恒书",朱红林解为"日常文书"。今案"恒事"之"恒"应亦用此义,"恒事"当泛指所有常规性事务,而不限于《秦律十八种》122 整理小组所注释的"工程"。参见朱红林:《〈岳麓书院藏秦简(肆)〉补注八》,收入王沛主编:《出土文献与法律史研究》第八辑,法律出版社 2020 年版,第 124 页;睡虎地秦墓竹简整理小组:《睡虎地秦墓竹简》,文物出版社 1990 年版,第 48 页。

③ 陈松长主编:《岳麓书院藏秦简》(伍),上海辞书出版社 2017 年版,第 60 页。

④ 参见乔志鑫:《读岳麓秦简札记二则》,收入武汉大学简帛研究中心编:《简帛》第 24 辑,上海古籍出版社 2022 年版,第 76 页。

＂当＂

“当”二字，以相近间距排列，则其整体轮廓、笔画俱与本条残字相近，如下：

本条残字	陆257“及”“当”

上文“注释”中已举出里耶秦简和岳麓秦简中的“当律令”辞例。从文意来看，“误不当律令”应指审理过失所导致的判决不合法，“所以当者律令、比行事”则意为案件所应适用的律令和比行事，其“当”的使用场合与涵义都与睡虎地秦简《法律答问》39的“当赀一盾，赀一盾应律”的“应律”一致。司法程序中的“吏当”，也应是由此义引申而来。

此外，相关的辞例还有“当令”：

> 上攻（功），当守六百石以上，及五百石以下有当令者，亦免除。（岳麓秦简肆347）

整理者注：“当令：与法令要求相符合。”①是也。

综言之，结合残画和辞例，我们姑将残字试释为“及”“当”二字。“及”为连词，“当律令者”则意为符合律令规定之事，与上“恒事”构成并列关系。②

二、法条分析

本条行文简略，似不能排除为更加详尽细致的原始条文的抄撮

---

① 陈松长主编：《岳麓书院藏秦简》（肆），上海辞书出版社2015年版。第228页注释64。

② 本处写作完成后，得知乔志鑫已有文指出残字应为“及当”，惟其解“当律令”之义与我们不同。参见乔志鑫：《读岳麓秦简札记二则》，收入武汉大学简帛研究中心编：《简帛》第24辑，上海古籍出版社2022年版，第76页。

或概括。其禁止性规范应可归纳为"无敢留恒事于御史""无敢请恒事于御史""无敢请当律令者于御史"三项,其所涉及的三类事务均与御史有关。这样理解的理由是,首先,"无敢请恒事及当律令者于御史"无法视为"无敢请恒事于御史"和"当律令者于御史"两项,因为后者不词,故只能将"请"理解为囊括了"恒事"和"当律令者"两项;再者,若将"无敢留恒事"单独视为一种情形,则意为搁留所有官府常规事务的"留恒事"的规范涵义就过于宽泛,与其下成并列关系的"请恒事于御史""请当律令者于御史"相比,显得很不协调。

所谓"留恒事于御史",即搁留与御史往来的常规事务。睡虎地秦简《秦律十八种》199 的"岁雠辟律于御史",岳麓秦简肆 309－310 "令到县,县各尽以见钱不禁者亟予之,不足,各请其属所执法,执法调均,不足,乃请御史",又里耶秦简 8－224+8－412+8－1415"其旁郡县与梀(接)界者毋下二县,以□为审,即令卒史主者操图诣御史,御史案雠更并,定为舆地图",又 8－756、8－757"令曰:吏仆、养、走、工、组织、守府门、刖匠及它急事不可令田,六人予田徒四人。徒少及毋徒,薄(簿)移治虏御史,御史以均予"等等,都是有法规可循的地方机关与御史往来的事务。此外,"恒事"可能也包括虽无法规明文但素有"行事"惯例的事务。

与"恒事"相对的是特定事务,如《秦始皇本纪》所云"御史冠盖接于郡县,覆稽趋留",即对郡县淹滞搁留的特定事务的复核督察,岳麓秦简叁"癸琐相移谋购案"载南郡监郡御史康劾州陵守绾等论狱不当,里耶秦简 8－152、8－153、8－158、8－159"御史问直络帬(裙)程书"系列文书则要求洞庭郡推举可"为恒程"之人,这些都是地方与御史往来的特定事务。

所谓"无敢请恒事于御史",即不得向御史请示应如何办理某一常规事务。其言下之意是,"恒事"应直接按照法规或惯例处理。岳麓秦简伍053－055令文载定阴〈陶〉忠向皇帝请示应如何论处"令以故秩为新地吏四岁而勿废"的南郡司马庆,被制书批覆"已后此等勿言",由此可窥见"请恒事"所得有之回应。①

　　所谓"无敢请当律令者于御史","当律令者"盖指"恒事"之外已有法律明文规定的特定情形。例如在司法案件的审理中,某一待决情形虽已有法律明文规定,但司法官吏出于某种考虑而对适用该法律产生疑虑,即可能向上请示,这类情形在《奏谳书》载秦代案例和岳麓秦简叁案例中都可见到。《奏谳书》载南郡覆狱之吏语云"人臣当谨奏〈奉〉法以治",典型地反映了秦人对待这一问题的理念,有法则应依法处理,禁止向上请示是自然之理。至汉景帝诏云"虽文致于法而于人心不厌者,辄谳之",已与秦人的价值完全背反。

　　御史本是"国君身边记事和掌文书的人……在王左右的御史还掌管接受文书",②岳麓秦简秦令和张家山汉简《二年律令·津关令》多见御史(包括御史大夫在内)向皇帝言、请、奏、以闻,及转达其他机关的请、奏,及为皇帝下达制诏之事,可以说为皇帝代理文书事务是御史的重要职责。因此,御史与地方往来的事务就具有为皇帝所亲自过问的可能,这或许是"无敢留恒事于御史"的立法目的所在。

　　《周礼·春官宗伯》载御史"掌邦国都鄙及万民之治令,以赞冢宰,凡治者受法令焉",《商君书·定分》云"御史置一法官及吏",而"法官"的职责是"吏民欲知法令者,皆问法官"。睡虎地秦简《秦律十八种》199的"岁雠辟律于御史",整理小组即以"到御史处核对法律条文"为解,③可见秦御史的确保留了此类职责。目前虽未见到秦

①　简文内容参见陈松长主编:《岳麓书院藏秦简》(伍),上海辞书出版社2017年版,第56－57页。

②　安作璋、熊铁基:《秦汉官制史稿》,齐鲁书社2007年版,第48页。

③　睡虎地秦墓竹简整理小组:《睡虎地秦墓竹简》,文物出版社1990年版,第65页。

吏民向御史求问法律问题的直接材料，但其存在应是不难想见的。秦御史的这类保藏法律文本并解答法律问题的职责，或即本条的"无敢请恒事及当律令者于御史"的制度背景。而本条之所以归入《具律》，则可能是出于"请当律令者"主要是关乎司法案件中的法律适用问题的考虑。（邬勖）

陆 262

释文

【亡】书、符券及亡入司马门[1]朱久[2]，皆赀二甲。·亡已□[3]书，赀一甲。₁₆₉₃/陆262

注释

[1] 司马门：秦代宫门之一。汉代亦有司马门，盖袭用前代名称。《龙岗秦简》五："关合符，及以传书阅入之，及诸佩〈佩〉入司马门久（?）☒。"①今案，秦汉时司马门为"公车司马"所掌之宫门，具有阻绝车马进入宫禁之职责，《汉书》颜注引如淳曰："《宫卫令》云：诸出入殿门、公车司马门者，皆下，不如令者，罚金四两。"

[2] 朱久："朱"或为"木"字之讹，进出关卡的凭证。张家山汉简《二年律令·贼律》："亡书、筹〈符〉券、入门衞〈卫〉木久、搴〈塞〉门、城门之钥，罚金各二两。"②王三峡认为久应为木制，上面烙有火印。③

[3] □：疑为"发"字。④

语译

丢失文书、符券以及进入司马门的凭证的，都要处赀二甲。丢失已经启封的文书的,处赀一甲。

解读

法条分析

本条是对丢失文书、符券和进入宫城司马门的"久"的行为的处罚规定,如整理者所指出,张家山汉简《二年律令》52 与本条有显著的联系:

> 亡书,筹〈符〉券,入门衔〈卫〉木久,塞(塞)门、城门之蓊(钥),罚金各二两。

可见,这条汉初律文将本条所规定的失亡对象中的"入司马门木久"改为"入门卫木久",应是将范围扩大为所有的宫城门禁,又新增了塞门、城门之钥两项。其处罚为罚金二两,与本条的赀二甲在刑等上正相对应。

睡虎地秦简《法律答问》146 中的失亡对象则与本条有类似之处:

> 亡久书、符券、公玺、衡羸(纍),已坐以论,后自得所亡,论当除不当? 不当。

王三峡已指出,"久书"应断读为"久、书",其"久"与《二年律令》52"入门卫木久"同类。[①] 对比之下可知,这里的"书"也应与本条的"书"一样,是官文书的泛称,而不局限于通过门禁的传致类文书。(邬勖)

陆263

释文

盗书、弃书:丞、令印以上,耐;少(小)官印[1],赀二甲。○1773/陆263

---

① 参见王三峡:《秦简"久刻职物"相关文字的解读》,《江汉考古》2006 年第 1 期。

注释

[1] 少(小)官印：小官的官印，亦即级别低于县级令、丞的职官的官印，与汉武帝元狩时期复位印制以后的"小官印"应非同一概念。详"解读"。

语译

盗取文书、抛弃文书，其所抑印章为令、丞以上官印的，处耐罪；所抑印章为小官印的，处赀二甲。

解读

一、律篇归属

整理者注本条云："参见张家山汉简《二年律令·贼律》：'盗书、弃书官印以上，耐(?)'。"注陆262则引《二年律令》52"亡书、符券、入门衛〈卫〉木久、摹〈塞〉门、城门之钥，罚金各二两"为解，可见本条和陆262与被归入《贼律》的《二年律令》53、52有密切关联。同时，整理者在《前言》中说：岳麓秦简陆的第五组"是一个律令混编的小卷册，其内容包括'杂律''贼律'和'廷内史郡二千石官共令'等"。① 其所说的"贼律"似乎就是指本条和陆262而言。

但从岳麓秦简陆第五组本身的情况来看，并无直接的证据可表明本条属于秦代的《贼律》。第五组现存的背题有"律"和"令癸"两种，条文末尾的尾题则有"杂律甲"和"令癸"两种，似不能排除本条和陆262有属于《杂律》的可能。

二、小官印和小官

从本条可以看出，秦代的"小官印"是"丞、令印以上"的相对概念，即级别低于县级机关令、丞的低级职官的官印，此种意义应也可继续适用于汉初：

---

① 陈松长主编：《岳麓书院藏秦简》(陆)，上海辞书出版社2020年版，前言。

1. 伪写彻侯印，弃市；小官印，完为城旦舂☐（《二年律令》10）

睡虎地秦简《秦律十八种》21－22 云："县啬夫若丞及仓、乡相杂以印之，而遗仓啬夫及离邑仓佐主稟者各一户以气（饩），自封印。"张家山汉简《二年律令》331－332 云："以令若丞、官啬夫印封。"其所提及的仓、乡、官啬夫的印或即属于秦和汉初的"小官印"。

汉武帝元狩时期，对"小官印"作了形制上的规定，《汉官六种·汉官仪》卷下载：

2. 孝武皇帝元狩四年令通官印方寸大，小官印五分。

据此，元狩以后的"小官印"采用半通形制，从而与方寸大小的"通官印"相对，这在张家界古人堤东汉简律文中得到了反映：

3. 伪写汉使节、皇太子、诸侯、三列侯及通官印，弃市；小官印，完为城旦舂。

《汉官旧仪》卷下载："皇太子黄金印，龟纽，印文曰章，下至二百石皆为通官印。"认为通官印以二百石的秩级为最低界限；汪桂海则认为，吏员印为通官印，官署印为小官印，如简牍文书所记载的"居延"两字印文即为小官印，①又说："通官印即秩二百石以上长吏的官印……小官印是百石以下少吏使用的官署印。"②据此说，印属于吏员还是官署，也构成两种印的区别所在。

元狩以后"小官印"的记载可见：

4. ☐元年十一月壬辰朔甲午肩水关啬夫光以小官印兼行候事敢言之☐（居延汉简 199·1）③

①　汪桂海：《汉印制度杂考》，《历史研究》1997 年第 3 期。
②　汪桂海：《汉代官文书制度》，广西教育出版社 1999 年版，第 138 页。
③　谢桂华、李均明、朱国炤：《居延汉简释文合校》，文物出版社 1987 年版，第 311 页。

5. 初元五年四月壬子居延库啬夫贺以小官印行丞事敢言☐（居延汉简 312·16）①

6. 建平五年正月辛丑朔丁巳☐☐ 守☐ 宣 发 封 　库啬夫 风 以小官印（居延汉简 505·42）②

7. 肩仓小官印　啬夫当发　守啬夫宏。（肩水金关汉简 73EJT24：237B）③

8. 临沩乡小官印（五一广场 J1③：315/选释 28）④

9. 南乡小官印（五一广场 J1③：325－1－105/选释 50）⑤

10. 桑乡小官印（五一广场 J1③：201－23/贰 414）⑥

与汪桂海说相符的是，上引例 4－7 中，小官印"肩仓"即明载为两字印文，"肩水关""居延库""☐库"的小官印也可理解为两字或三字的半通印。上引例 8－10 则反映，东汉的乡同样有合于半通之制的两字"某乡"或三字"某某乡"的小官印，不过同宗简牍中亦可见四字的"广成乡印"（CWJ1③：325－1－45）。与此相印证的是，存世汉代封泥中，乡印既有名"某乡"的半通印，⑦也有名"某乡之印""某某

① 谢桂华、李均明、朱国炤：《居延汉简释文合校》，文物出版社 1987 年版，第 511 页。
② 谢桂华、李均明、朱国炤：《居延汉简释文合校》，文物出版社 1987 年版，第 607 页。亦可参见简牍整理小组：《居延汉简》（肆），台北"中研院"历史语言研究所 2017 年版，第 152 页。
③ 甘肃简牍博物馆、甘肃省文物考古研究所、甘肃省博物馆、中国文化遗产研究院古文献研究室、中国社会科学院简帛研究中心编：《肩水金关汉简》（贰）下册，中西书局 2012 年版，第 154 页。
④ 荆州博物馆、武汉大学简帛研究中心编：《长沙五一广场东汉简牍选释》，中西书局 2015 年版，第 10 页。
⑤ 荆州博物馆、武汉大学简帛研究中心编：《长沙五一广场东汉简牍选释》，中西书局 2015 年版，第 19 页。
⑥ 长沙市文物考古研究所、清华大学出土文献研究与保护中心、中国文化遗产研究院古文献研究室、湖南大学岳麓书院：《长沙五一广场东汉简牍》（贰），中西书局 2018 年版，第 89 页。
⑦ 任红雨：《中国封泥大系》，西泠印社出版社 2018 年版，第 955 页中 11437"右乡"，第 1014 页中 12137、12146"☐乡"。

乡印"的方寸印。① 根据《二年律令·秩律》的规定，大多数县的乡部秩二百石，而某些道的乡部秩百六十石，"毋乘车之乡部"则秩百廿石，东汉乡的秩级或也有类似的设置方式，因此可以认为乡印形制的差异正是由乡的秩级决定的。总的来看，汪桂海之说能得到现有材料的印证，即元狩以后秩二百石以上的职官用通官印，印文为四字以上、后缀"印"字的机构或职官名称；不满二百石的职官则用半通印，印文为只有二或三字、不后缀"印"字的机构名称。无论如何，元狩以后的"小官印"与本条所体现的秦代"小官印"的涵义是截然不同的。

秦代的"小官印"应即"小官"的官印之意，而"小官"之意在秦汉之际并未发生变化：

1. 都官佐、史不盈十五人者，七人以上鼠（予）车牛、仆，不盈七人者，三人以上鼠（予）养一人；小官毋（无）啬夫者，以此鼠（予）仆、车牛。（《秦律十八种》）

2. 或择（释）其官急事而移佐田，及以官威征令小官以自便其田者，皆非善吏殹（也）。（岳麓秦简陆241）②

3. ☐露三年九月壬午朔甲申都乡啬夫充国以私印行小官事敢言之：长秋里尚光自☐

☐☐☐市居延，谨案光年爵：公乘，年六十，毋官狱事，当得取传，谒移居延过所，毋苛留止。☐（肩水金关73EJT6：38）③

上引例3很清楚地是都乡面对县廷的自我谦称，例1则可理解

① 任红雨：《中国封泥大系》，西泠印社出版社2018年版，第933页中的11171、11166"宜春乡印"，第1015页中的12147、12153"☐乡之印"。
② 陈松长主编：《岳麓书院藏秦简》（陆），上海辞书出版社2020年版，第176页。
③ 甘肃简牍博物馆、甘肃省文物考古研究所、甘肃省博物馆、中国文化遗产研究院古文献研究室、中国社会科学院简帛研究中心编：《肩水金关汉简》（壹）下册，中西书局2011年版，第65页。

为都官机关下属机构的泛称,故可存在有啬夫和无啬夫两种情形,例2同样明显带有下属机构的意味,这与秦代"小官印"与"丞、令印以上"相对的情形是吻合的。据此可知,秦代"小官印"的"小官"与秦汉文献中的"小官"应是同一个概念,即县一级机关的下属机构。

　　另外值得提及的是,汉代文献中的"稗官"也被解释为"小官"。《汉书·艺文志》"小说家者流,盖出于稗官",颜师古注:"稗官,小官,《汉名臣奏》'唐林请省置吏,公卿大夫至都官稗官,各减什三'是也。"秦汉简牍中也多有"稗官",龙岗秦简10/185:"取传书乡部稗官。"睡虎地秦简《秦律十八种》:"官啬夫免,效其官而有不备者,令与其稗官分,如其事。"岳麓秦简伍253:"稗官去其廷过廿里到百里者,日薄(簿)之,而月壹上廷,恒会朔日;过百里者,上居所县廷,县廷案之。"①张家山汉简《二年律令》426"□□□□□吏□□□□告官及归任行县道官者,若稗官有印者",又470"都官之稗官及马苑有乘车者,秩各百六十石"。对于简牍律文中的"稗官",张家山汉简整理小组即引颜注为解。② 从这些辞例的语境来看,颜注对"稗官"的解释可以讲通,但似也不排除"稗官"专用于"都官"场合下概念的可能,或者与"离官"意义相近的可能。

　　三、法条分析

　　整理者已指出,本条与张家山汉简《二年律令》53有密切联系:

　　　盗书、弃书官印以上,耐(?)53

　　该简下部留白,显然是一条完整的律文。除缺少"小官印"一款外,该条文字与本条相同,可证整理小组释末字为"耐"之确。整理小组将"弃书官印以上"解释为"疑指弃去文书上的封泥,然后呈

---

① 陈松长主编:《岳麓书院藏秦简》(伍),上海辞书出版社2017年版,第181页。
② 张家山汉墓竹简整理小组:《张家山汉墓竹简[二四七号墓]》(释文修订本),文物出版社2006年版,第66页。

上"，①是将"以上"理解"将文书呈上"。

　　"盗书"亦见于张家山汉简《奏谳书》61"挑盗书毄（系）燧亡"，可惜语焉不详。亦见于睡虎地秦简《法律答问》138：

　　　　甲捕乙，告盗书丞印以亡，问亡二日，它如甲，已论耐乙，问甲当购不当？不当。

　　整理小组注解"盗书丞印"为私盖县丞的官印，②似难以从词义上讲顺，何况同宗简中已有专指偷盖印章的词，见《法律答问》55"盗封啬夫可（何）论？廷行事以伪写印"，整理小组注："盗封啬夫，疑指假冒啬夫封印。"③今将"盗书丞印"与本条"盗书、弃书令、丞印以上"对读，则足知本条"丞、令印以上"也涵盖了"盗书"在内，那么《二年律令》53 自然也就应理解为"盗书官印以上"和"弃书官印以上"了。而"盗书官印以上"很难解释为盗取文书的封泥再将文书呈上，因为封泥本身并无多少价值可言，盗封泥不大可能普遍发生，因此"以上"还是作通常理解为好。所谓"官印以上"，应指级别相当于或高于官印的印，可能包括军吏印、宦者印、彻侯印、诸侯王印、皇太子印，甚至皇帝玺，等等。

　　另一方面，"弃书"的理解可参考岳麓秦简陆 273－274：

　　　　诸受及治制书，事 未 毕而去亡者，皆以弃制书律论。④

　　这是说接受制书的指示以及处理制书所交代的事务，未处理完毕即逃亡的，应准用"弃制书律"论处。可以认为，"弃制书"本指在对制书进行接收、递送、保存等任务时将之抛弃的行为，故逃避处理

---

① 张家山汉墓竹简整理小组：《张家山汉墓竹简［二四七号墓］》（释文修订本），文物出版社 2006 年版，第 16 页。
② 睡虎地秦墓竹简整理小组：《睡虎地秦墓竹简》，文物出版社 1990 年版，第 125 页。
③ 睡虎地秦墓竹简整理小组：《睡虎地秦墓竹简》，文物出版社 1990 年版，第 106 页。
④ 陈松长主编：《岳麓书院藏秦简》（陆），上海辞书出版社 2020 年版，第 194 页。

制书所交代的事务可准用于此。"弃制书"既是"弃书"的一种特殊情形,则"弃书"自然也当理解为抛弃文书。

将"盗书"理解为盗取文书,则《法律答问》138也就容易解释了:乙盗取抑丞印的文书后逃亡,同时构成盗书、亡两项犯罪,所谓"已论耐乙",很可能是采用了"以重罪论"的吸收原则,因为按本条规定盗书丞印应论"耐",而"亡二日"属于"将阳",应论"系城旦舂"(岳麓秦简肆091),故取较重之前者。

综上,本条的涵义应为:盗取文书、抛弃文书,其所抑印章为令、丞以上官印的,处耐罪;所抑印章为小官印的,处赀二甲。

与本条相比,《二年律令》53实际上是将"小官印"与"丞、令印以上"合并为了"官印",而将盗取、抛弃抑官印文书的行为一概论处耐罪,这实际上是加重了处罚。(邬勖)

陆 264－266

释文

●操书、符莠(券)有所之及有所受,未到官而亡,亡者独坐之;_{1645/陆264}留弗行,律穷论之[1]。吏与徒偕,有所繇(徭)使、上事[2],令_{1701/陆265}徒操券书而亡之,吏与徒同论。　·杂律甲_{1657/陆266}律[4]_{1657背/陆266背}

注释

[1] 律穷论之:按照律文穷尽地论处,与岳麓秦简叁236的"谨穷以法论之"同意。"律穷"二字原简漫漶,整理者释为"征□",陈伟释读为"律赢(累)",①今据图版改释。

[2] 上事:去往上级机关办事。里耶秦简8－681"作徒簿":

---

① 参见陈伟:《〈岳麓书院藏秦简(陆)〉校读》(肆),简帛网,http://www.bsm.org.cn/?qinjian/8261.html,首发时间2020年5月14日。

"九人与吏上事守府。"8－1517："疏书吏徒上事尉府者牍北（背）。"
睡虎地秦简《秦律十八种》44"宦者、都官吏、都官人有事上为将"，其
"有事上"应即"有事于上"，与"上事"同意，与 45 的"有事军及下县"
相对。上事是官吏的常规工作，与作为徭役之一种的"徭使"相区别。
《史记·萧相国世家》载萧何为沛县主吏掾，而"给泗水卒史事"，或
即"上事"的情形。

[3] 杂律甲：杂律之第甲篇，是《杂律》律篇的下级分篇，与胡家
草场汉简"旁律甲"的情形不同。这种律篇内部分篇可能是抄写者个
人所为。周海锋认为，"杂律甲"和肆 280 条"田律"的尾题"田律第
乙"，是秦律经过国家统一编纂的证据。① 参见肆 280 条注［2］
"第乙"。

[4] 律：背题，应为岳麓秦简陆第五组的抄写者为该组所拟的
总题。

语译

持官文书、符券前往他处及凭之以受领物品，未抵达相关官署即
丢失的，丢失者单独承担责任；搁留不出发的，按照相关律文穷尽地
论处责任人。吏与徒隶一起去徭使或去上级机关办事，让徒隶持券、
文书而丢失的，吏应与徒隶同等论处。

解读

本条由两款构成，试分析如下。

第一款针对的情形为"操书、符券有所之及有所受"，其涵义应不
同于律令中多见的"行书""传书"等专门的官文书递送工作，而是指
前往其他官署办理公私事务时持有相关官文书、符券的情形，除下一
款所讲的"徭使、上事"外，这类情形还可找到不少例子，如：

---

① 周海锋：《秦律令研究——以〈岳麓书院藏秦简（肆）〉为重点》，湖南大学 2016 年博士
学位论文，第 18 页。

1. 令吏徒将传及恒书一封诣令史,可受代吏徒,以县次传诣成都,成都上恒书太守处,以律食。(睡虎地秦简《封诊式·迁子》)

2. ·令曰:诸乘传、乘马、傳(使)马傳(使)及覆狱行县官,留过十日者,皆勿食县官,以其传稟米。(岳麓秦简伍257)①

可见吏徒押解迁罪罪人前往迁所时,以及出使或行经他县前往覆狱时,须随身携带用于沿途稟食的"传",里耶秦简5-1等即其实物。另外,前者还须携带向迁所郡告知罪人相关情况的"恒书"。这些就是"操书有所之及有所受"的例子。

3. ·令曰:诸军人、漕卒及黔首、司寇、隶臣妾有县官事不幸死,死所令县将吏劼〈刻〉其郡名椠及署送书。(岳麓秦简伍131)②

可见转运椠时还附带了椠的"送书",这也是"操书有所之"。

4. 所官,【致】所官以书告为符官曰:某致某物符巳到,即令它人行之,毋(无)令行左符者行报书。报书到为符官,为符官乃果(课)当稟受者其右符,以往稟受之。(岳麓秦简陆048-049)③

这里讲到持符前往"致所官"受领物品,是为"操符有所受"。

在"操书、符券有所之及有所受"的情形下,有两类违法行为应受处罚。其一为"未到官而亡","未到官"即尚未抵达与当前事务相关的官署,"亡"即律令常见的"失亡",与下文的"令徒操券书而亡之"的"亡"同义,指丢失了所持的文书、符券,包括但不局限于行路者逃

① 陈松长主编:《岳麓书院藏秦简》(伍),上海辞书出版社2017年版,第183页。
② 陈松长主编:《岳麓书院藏秦简》(伍),上海辞书出版社2017年版,第111页。
③ 陈松长主编:《岳麓书院藏秦简》(陆),上海辞书出版社2020年版,第63页。

亡所导致的丢失。① 丢失的行为应由丢失者个人承担责任，不产生
连带责任。其二为"留弗行"，这在秦汉法律中一般指人员、文书在出
发前的搁留，如岳麓秦简陆256和《二年律令》269的"书已具，留弗
行"即是。此处则意为持官文书、符券前往其他官署办事的人员若未
立即出发而有所搁留，则应"律穷论之"，即各以其所办理事务的有关
律文，穷尽地论处责任人。例如，若吏徒将迁罪罪人诣迁所而"留弗
行"，则应按照岳麓秦简肆232－236条"迁者、迁者包，……即亟遣，
为质日，署行日，日行六十里。留弗亟遣过五日，及留弗传过二日到
十日，赀县令以下主者各二甲；其后弗遣复过五日，弗传过二日到十
日，辄驾（加）赀二甲；留过二月，夺爵一级；毋（无）爵者，以卒戍江
东、江南四岁"，来对导致搁留的"弗亟遣"的责任官吏定罪量刑。

　　简单地说，第一款的总体精神是：在"操书、符券有所之及有所
受"的情形下，若发生了官文书、符券丢失的事故，则应按照本条"亡
者独坐之"的原则论处；但若是所办理的事务本身发生了搁留不行的
情况，则应按照规制该事务的律文论处。

　　第二款所针对的情形是"吏与徒偕，有所徭使、上事"，此时券、书
理应由吏持有。但吏与徒隶构成上下级关系，若吏命令徒隶持券、官
文书而导致丢失，则除丢失者要作为直接责任人受处罚外，吏也要为
自己作出的命令承担责任，承受与丢失者相同的处罚。（邬勖）

---

① 如悬泉汉简Ⅱ0216②：866－869"失亡传信册"载："五月庚申，丞相少史李忠守御史
假一封传信，监当祀祠孝文庙事。己巳，以传信予御史属泽钦，钦受忠传信，置车笭
（軨）中，道随亡。"就是一件典型的因持有文书的行路者逃亡，造成文书丢失的例子。
见胡平生、张德芳：《敦煌悬泉汉简释粹》，上海古籍出版社2001年版，第29页。

张家山三三六号墓出土
律令校读札记

欧　扬*

【摘要】本文通过研读《张家山汉墓竹简［三三六号墓］》，提出若干校读意见。如《汉律十六章·囚律》的"刑人"是动宾结构，而"治者具为散"之"散"指文书，"弗诣狱盈一日"句当连读；《汉律十六章·捕律》的"大痍臂臑股胳或殊斩"当连读，"盗贼发士吏、求盗部者"句亦当连读；《汉律十六章·贼律》的"责所燔直（值）"当连读；本文认为《功令》第181简与第182简之间有缺简，并给出了对《功令》其他若干条文的校读意见。

【关键词】张家山汉简；汉律十六章；功令；校读

　　张家山三三六号汉墓简牍的整理报告于近期出版发行，①该墓出土若干篇文献，其中法律文献为《汉律十六章》与《功令》，其学术价值无须过多强调。

　　以整理报告出版为界，出土文献一般可分为整理与研究两个阶段。我们认为整理与研究关系密切不可分割。首先，编联、释读文字

＊　欧扬，湖南大学法学院副教授。
①　荆州博物馆编，彭浩主编：《张家山汉墓竹简［三三六号墓］》，文物出版社2022年版。

及断句、撰写注释等整理工作都不是与研究无关的纯技术工作，而是建立在学界相关领域研究基础上的；质量较高的整理报告能比较充分地体现学界研究深度，而整理小组成员根据正在整理的新材料进行研究，加深学界对若干问题的认识，这些研究也能提升整理工作的质量。其次，研究出土文献往往离不开对整理报告的反思与批评，优秀的研究成果往往不会全盘接受整理报告，而是将研究建立在对整理报告释文、标点、编联的合理修订之上，这种研究中的修订无疑也属于整理工作。因此报告出版并不是整理工作的终结，而是深入推进整理的起点。可以说，整理报告出版前是整理暨前研究阶段，出版后是研究暨后整理阶段。报告出版前后的整理工作都应该综合学界研究成果以形成一个合理的释文文本。针对整理工作中碰到的特定问题，要审慎地比勘相关文献的同类辞例，力求做出的释文与注释能用于同类辞例的解读，所谓"它有等比"，而不仅是说通一处简文而已。当然整理报告必然存在问题，报告质量再高也不可能避免这一点，否则就不会有后整理阶段了，而随着材料的逐渐丰富，学界对特定问题会有更合理的认识，这是正常的"后出转精"现象，因此特定文献的修订会一直延续下去。据此制下表。

表1　出土文献整理与研究的两阶段

	整 理 工 作	研 究 工 作
整理暨前研究阶段	整理小组编写报告	以整理小组成员为主
整理报告出版		
研究暨后整理阶段	修订报告释文、编联、注释	利用该简牍文献进行学术研究

　　《汉律十六章》与《功令》的整理与研究已经进入第二阶段。我

们在研读整理报告时发现若干条文的编联、释字与注释值得商榷,下文尝试分析并校读相关条文,以求教于方家。

一

表2　《囚律》第160、161简校读

整理小组释文	黥罪人其大半寸,劓羡半寸。牢工、刑人不中律六分寸一以上,笞二百;其詐(诈)弗刑,黥为城旦,而皆复刑之,令中律。官啬夫、吏弗阅,阅弗得,以鞫狱故纵论之,令丞、令史弗得,罚金各一斤。①
校读释文	黥罪人其大半寸,劓羡半寸。牢工刑人不中律六分寸一以上,笞二百;其詐(诈)弗刑,黥为城旦,而皆复刑之,令中律。官啬夫、吏弗阅,阅弗得,以鞫狱故纵论之,令、丞、令史弗得,罚金各一斤。
说明	(1)"牢工、刑人"改为"牢工刑人"。 (2)"令丞"改为"令、丞",即县令、县丞。

整理小组以顿号隔开"牢工"与"刑人",可知其认为两者职掌都是执行肉刑。其释文"牢工、刑人不中律",主语之后就是"不中律",而"不中律"是用于修饰动词的,本句缺乏动词,句子省略动词的情况还是很少见的,因此整理报告释文从语法上说不通。

本文认为"牢工刑人"是主谓宾结构,即牢工对人施加肉刑,动宾结构"刑人"对应后文结构相同的"复刑之"。

先秦秦汉传世文献所见大多数"刑人"辞例可归入两类,第一类"刑人"是动宾结构,第二类"刑人"是名词,又称"刑余之人""刑余罪人"或省称"刑余",指受过肉刑的人,见《汉书·司马迁传》:"刑余之人,无所比数,非一世也,所从来远矣。"②整理小组以"刑人"为负责

---

① 荆州博物馆编,彭浩主编:《张家山汉墓竹简[三三六号墓]》,文物出版社2022年版,第185页。

② (汉)班固撰,(清)王先谦补注:《汉书补注》,上海古籍出版社2009年版,第4356页。

执行肉刑的人，与前述两类辞例都不合，我们在文献中暂未找到契合的辞例。《周礼·秋官》记载了"司刑"职掌肉刑执行："司刑掌五刑之法，以丽万民之罪。墨罪五百，劓罪五百，宫罪五百，刖罪五百，杀罪五百。"①相关辞例如下表。

表 3　传世文献"刑人"辞例

类 别	《史记》《汉书》辞例	其他辞例	备 注
"刑人"为动宾结构	《史记·项羽本纪》："杀人如不能举，刑人如恐不胜，天下皆叛之。"②	《尚书·康诰》："无或刑人杀人"。③	并举"杀人""刑人"，则两者都是动宾结构。
"刑人"为已受肉刑之人	《汉书·外戚传上》："霍光以后父广汉刑人不宜君国，岁余乃封为昌成君。"④	《战国策·赵一》："乃变姓名为刑人，入宫涂厕，欲以刺襄子。"⑤	许皇后之父许广汉已受宫刑，故称"刑人"。

　　整理者注："阅，数。《左传》襄公九年'商人阅其祸败之衅'杜注：'阅，犹数也。'"⑥《左传》此处原文"阅"与杜注"数"的意思并不是检查身体、物品意义上的计数，而是对历史上"祸败之衅"的统计与梳理，即这不是一个没有疑问的辞例，而且其与律文两者语境的差别

---

① （清）孙诒让撰：《周礼正义》，中华书局 2015 年版，第 3417 页。
② （汉）司马迁：《史记》，中华书局 1982 年版，第 313 页。
③ 顾颉刚、刘起釪：《尚书校释译论》，中华书局 2005 年版，第 1325 页。
④ （汉）班固撰，（清）王先谦补注：《汉书补注》，上海古籍出版社 2009 年版，第 5955 页。
⑤ （西汉）刘向集录，范祥雍笺证，范邦瑾协校：《战国策笺证》，上海古籍出版社 2006 年版，第 955 页。
⑥ 荆州博物馆编，彭浩主编：《张家山汉墓竹简［三三六号墓］》，文物出版社 2022 年版，第 186 页。

明显。简帛网"圈圈"指出"阅"意为"考察、核验",①甚确。在秦汉律令中意为查验的"阅"常见。《二年律令》所见"阅"辞例集中于《津关令》,如《津关令》第 507 简:"津关谨以藉(籍)、久案阅,出。"②此处用作动词的"案阅"由两个字构成,"案""阅"都意为核验,但"阅"指对人、畜、物品的查验,而"案"的对象包括文书。

二

表 4　《囚律》第 167、168 简校读

整理小组释文	囚逮人若引证桉(案)盈三百里来而不审,毋出入其罪者,驾(加)罪一等。辞者所言及赎罪以下证桉(案)治者具为散,移人在所县道官、县道官狱讯以报之,勿征逮,征逮者以擅移狱论。③
校读释文	囚逮人若引证桉(案)盈三百里来而不审,毋出入其罪者,驾(加)罪一等。辞者所言及赎罪以下证桉(案),治者具为散,移人在所县道官,县道官狱讯以报之,勿征逮,征逮者以擅移狱论。
说明	"治者"前加逗号,两个"县道官"之间的顿号改为逗号。

校改后第二句律文的大意为:④辞者的言辞牵连及于有罪当处赎罪以下刑罚的证案人,治狱官署完备地记录此人情况于"散",移"散"到此人所在县道官署,由县道官署狱讯此人,并将讯问得到的口辞以文书回报治狱官署,不要征逮证案人来治狱官署,征逮的官吏以

---

① 简帛论坛"张家山汉墓竹简(336 号墓)《汉律十六章》初读"2 楼"圈圈"发言,简帛网,http://www.bsm.org.cn/forum/forum.php?mod=viewthread&tid=12793&extra=page%3D1,首发时间 2023 年 3 月 14 日。

② 彭浩、陈伟、[日]工藤元男主编:《二年律令与奏谳书——张家山二四七号汉墓出土法律文献释读》,上海古籍出版社 2007 年版,第 317 页。

③ 荆州博物馆编,彭浩主编:《张家山汉墓竹简[三三六号墓]》,文物出版社 2022 年版,第 186 页。

④ 按:条文大意都已经根据本文的理解加入了条文省略的内容。

擅移狱论罪。

"言及"意为言辞及于。及字在律令中最常见功能是表并列，但此处表并列则不通。"治者"，治狱官署。整理小组注："散，分散。居延汉简有类似律文，如简一五七・一三、一八五・一一：'律曰：赎以下，可檄，檄，勿征逮。'（《居延汉简释文合校》，第二五七页）"①"类似律文"很简略，可能是对律文的缩略式引用，其"檄"对应"散"。岳麓书院藏秦简"卒令"所见"檄""散"，如下引。

> ●令曰：上事，散书，取急用者上，勿谓刺。不从令，赀一甲。　　・卒令乙廿三（伍105・1876；陆220・1890）②
> ●令曰：御史、丞相、执法以下有发征及为它事，皆封其书，毋以檄。不从令，赀一甲。　　・卒令乙八（伍102・1877；陆217・1872）③

可知"散""檄"都指文书。"皆封其书，毋以檄"，则"檄"指不封缄的文书。"具为散"之"散"在居延汉简中作"檄"，"具为散"指将证案人的相关情况完备地（"具"）书写，制作（"为"）不封缄的文书（"散"）。

整理小组注释："报，判决。《二年律令》简九三'及诊、报、辟故

① 荆州博物馆编，彭浩主编：《张家山汉墓竹简[三三六号墓]》，文物出版社2022年版，第186页。
② 本令文两抄本见陈松长主编：《岳麓书院藏秦简》（伍），上海辞书出版社2017年版，第102页；陈松长主编：《岳麓书院藏秦简》（陆），上海辞书出版社2020年版，第169页。按：简文以第五卷抄本为准，"伍105・1876"指简号1876，第五卷卷内号105，下同。
③ 本令文两抄本见陈松长主编：《岳麓书院藏秦简》（伍），上海辞书出版社2017年版，第101页；陈松长主编：《岳麓书院藏秦简》（陆），上海辞书出版社2020年版，第168页。按：简文以第五卷抄本为准。

弗穷审者',整理者:报,《后汉书·安帝纪》注:'谓决断也。'"①此注有两误。一,本条"报"不是所谓"判决",而是以文书形式回复治狱官署移来的"散"文书,内容是讯问证案人的辞,功能是帮助治狱官署查案子。作为"判决"的报是上级官署对下级请示的回复文书,内容是对所请示案件的"判决",然而本律中两个官署合作办案,并没有下级请示上级"判决"的内容。律令中不用作"判决"之意的"报"字很多,因此见到"报"字就理解为"判决"是不妥当的。二,《二年律令》整理小组引《后汉书·安帝纪》注:"谓决断也。"②然而,查阅《安帝纪》"自今长吏被考竟未报",李贤注:"考谓考问其状也。报谓断决也。"《后汉书》两个常见标点版的注文都作"断决"。③ 如果整理小组据善本引为"决断",当加以说明,此处我们暂将其视为错引,而《二年律令与奏谳书》没有改正,④《汉律十六章》整理小组也没有改正。李贤注之"断决"是"断狱""决狱"的省称。

三

表5　《囚律》第177、178简校读

整理小组释文	囚罪当刑以上及盗贼、亡人之囚,数更言,谅(掠)讯以定之。不当谅(掠)谅(掠),及盗戒(械)之,捕罪人觳(系)留弗诣,狱盈一日、若谅(掠)之,皆成二岁。⑤

① 荆州博物馆编,彭浩主编:《张家山汉墓竹简[三三六号墓]》,文物出版社2022年版,第187页。
② 张家山二四七号汉墓竹简整理小组:《张家山汉墓竹简[二四七号墓]》(释文修订本),文物出版社2006年版,第22页注释四。
③ (南朝宋)范晔:《后汉书》,中华书局1965年版,第208页;(清)王先谦:《后汉书集解》,中华书局1984年版,第99页。
④ 彭浩、陈伟、工藤元男主编:《二年律令与奏谳书——张家山二四七号汉墓出土法律文献释读》,上海古籍出版社2007年版,第129页。注释四引整理小组此注而无指正按语。
⑤ 荆州博物馆编,彭浩主编:《张家山汉墓竹简[三三六号墓]》,文物出版社2022年版,第188页。

校读释文	囚罪当刑以上及盗贼、亡人之囚，数更言，谅（掠）讯以定之。不当谅（掠）谅（掠）及盗戒（械）之，捕罪人毄（系）留弗诣狱盈一日若谅（掠）之，皆戍二岁。
说明	对第二句，删"及"前逗号，删"诣"后的逗号，删"若"前的顿号。

整理小组将"狱盈一日"断为一句，这意味着律文规定所有刑事案件都必须在一日之内办完，违背常识。

律文第二句列举两类行为。一，"不当谅（掠）谅（掠）及盗戒（械）之"，"及"字之前意为不应当掠讯而掠讯的，"盗戒（械）之"的行文有省略，指不应当盗械而盗械的。二，"捕罪人毄（系）留弗诣狱盈一日若谅（掠）之"，即捕获了罪人而将其拘系，却滞留而不诣送到狱超过一日的，或将罪人诣送到狱之前就对其掠讯的。律文"狱"的所指包括县廷狱曹及郡府治狱机构，也包括某些都官内设置的治狱机构。律文规定捕获罪人之后要立即诣送狱，而掠讯只能由狱来实施。本律第一句规定了实施掠讯的条件，参见睡虎地秦简《封诊式·讯狱》："诘之极而数訑，更言不服，其律当治（笞）谅（掠）者，乃治（笞）谅（掠）。治（笞）谅（掠）之必书曰：爰书：以某数更言，毋（无）解辞，治（笞）讯某。"①由于狱外的讯问者很可能没有相关治狱经验，或没有以爰书记录掠讯事由的条件，也不一定能掌握律文对掠讯的限制规定，因此律文一概禁止狱外掠讯是解决问题的最简单方式。

"诣狱"又见《汉律十六章·甈（迁）律》第 324 简："诸不幸病疕者，乡部官令人将诣狱，狱谨诊……"②乡将病疕者诣送到狱并且由

① 陈伟主编，彭浩、刘乐贤等撰著：《秦简牍合集·释文注释修订本》（壹），武汉大学出版社 2016 年版，第 265 页。

② 荆州博物馆编，彭浩主编：《张家山汉墓竹简［三三六号墓］》，文物出版社 2022 年版，第 209 页。

狱来诊断的规定,证明狱必然有能专业地诊断伤情、病情、残疾状况的人员,病疠者诣狱规定就是利用了这一点。

四

表 6　《捕律》第 195 简校读

整理小组释文	死事者置后如律。大痍臂臑股胻,或诛斩,除。①
校读释文	死事者置后如律。大痍臂臑股胻或殊斩,除。

相同条文见《二年律令》、②胡家草场西汉简《捕律》,③《二年律令》《汉律十六章》整理小组释文都作"或诛斩",胡家草场西汉简《捕律》整理小组释文作"或殊斩",三者都将"或诛斩"(或"或殊斩")断为一句。简帛网"落叶扫秋风"指出:"简 195……'诛'在简文实作'殊',胡家草场《捕律》1105 亦作'殊'。《二年律令·捕律》142 作'诛'。对读可知作'殊'是。"④其确,当改释为"殊"。

校读律文:"大痍臂臑股胻或殊斩,除。"即捕盗贼的吏徒"大痍"至四肢有折断者,免除刑罚。"臂臑"指上肢,见张家山汉简《脉书》第 27 简:"肩以(似)脱,臑以(似)折。"⑤"股胻"指下肢,见张家山汉

---

① 荆州博物馆编,彭浩主编:《张家山汉墓竹简[三三六号墓]》,文物出版社 2022 年版,第 190 页。

② 彭浩、陈伟、工藤元男主编:《二年律令与奏谳书——张家山二四七号汉墓出土法律文献释读》,上海古籍出版社 2007 年版,第 148、149 页。

③ 荆州博物馆、武汉大学简帛研究中心编著,李志芳、李天虹主编:《荆州胡家草场西汉简牍选粹》,文物出版社 2021 年版,第 36、193 页。

④ 简帛论坛"张家山汉墓竹简(336 号墓)《汉律十六章》初读"30 楼"落叶扫秋风"发言,简帛网,http://www.bsm.org.cn/forum/forum.php?mod=viewthread&tid=12793&extra=&page=3,首发时间 2023 年 3 月 16 日。

⑤ 张家山二四七号汉墓竹简整理小组:《张家山汉墓竹简[二四七号墓]》(释文修订本),文物出版社 2006 年版,第 121 页。

简《引书》第8简："举胕交股……信（伸）胕诎（屈）指卅。"①"大痍""臂臑""股胕"都是名词，整理小组将"大痍臂臑股胕"断为一句，其语法结构不完整，不妥。"殊斩"是秦汉时代常见的同义复词，指四肢的折断。

"大痍"又见睡虎地秦简《法律答问》第208简："可（何）如为'大痍'？'大痍'者，支（肢）或未断，及将长令二人扶出之，为'大痍'。"整理小组译文："'大痍'就是肢体可能还没有断，但需要将长叫两个人扶回来。"②"或"即有，"未"即未有，整理者解"或未"为"可能还没有"，不通，且《答问》解释律文应该不会出现类似"可能还没有"的模糊表述。我们认为"未"当是"朱"字讹写，读"殊"，殊断即殊斩。"肢或殊断"即四肢有折断者，据此校读《答问》此句为："'大痍'者，支（肢）或未〈朱（殊）〉断及将长令二人扶出之，为'大痍'。""及"字功能存疑。如果"及"表并列，则"大痍"指两种情形，一种是四肢有折断的，另一种是伤情严重到将吏、长吏令两个人将其扶出受伤地的。如果"及"表程度则"大痍"就只有一种情形，即四肢有折断者的伤情严重到将吏、长吏令两个人将其扶出受伤地的程度。我们更倾向于"及"表程度，如此解读《答问》则契合《捕律》之"大痍臂臑股胕或殊斩"。

"战痍"而致"殊斩"见《岳麓书院藏秦简》（柒）第071/0447简："·当罚□战痍左□殊斩无赖故徼﹂，□痍右卻（脚）斩筋不可以行﹂，皆令居县。……"③大意是当罚戍故徼者如果有特定程度的战伤，则居其县劳作以替代戍守故徼。简文"殊斩"残泐，"斩"字释

---

①　张家山二四七号汉墓竹简整理小组：《张家山汉墓竹简［二四七号墓]》（释文修订本），文物出版社2006年版，第172页。

②　睡虎地秦墓竹简小组：《睡虎地秦墓竹简》，文物出版社1990年版，第143页。

③　陈松长主编：《岳麓书院藏秦简》（柒），上海辞书出版社2022年版，第84页。

读当是据下文"斩筋不可以行"确定。伤重至四肢有"殊斩"则无法成守,也考虑到其"战瘤"的劳苦,因此颁行此变通规定。①

第 194 简仅书写六个字,有大片留白,而抄写者另起第 195 简来书写,可见后者内容是一个独立的律文层次。第 195 简内容分两部分,即"死事者置后如律"与伤至一定程度者除罪的规定,两者同为对前文治罪规定的补充。在抓捕盗贼短兵相接不利的情况下,原则上要对吏徒治罪,而区别对待死伤者,即死事者依然享有置后优待,而伤至"大瘤"者除罪。《二年律令·置后律》:"皆为死事者,令子男袭其爵。毋爵者,其后为公士。"即死事者是有爵者则其儿子袭其爵,若是无爵者,其后赐爵一级为公士。死事者置后条与《置后律》"疾死置后者"条相比,可知前者享受了置后上的优待。② 即使抓捕盗贼失利,死事者置后的优待是不剥夺的。

五

表 7　《捕律》第 199、200 简校读

整理小组释文	盗贼发,士吏、求盗部者,及令、丞、尉弗觉智(知),士吏、求盗皆以卒戍边二岁,令、丞、尉罚金各四两。令、丞、尉能先觉智(知)、求捕其盗贼,及自劾论吏部主者,除令、丞、尉罚。……③

---

① 按:物品断裂称"殊折"的辞例不少,如《岳麓书院藏秦简》(陆)第 006/1433 简:"……挟弓、弩殊折,折伤不□。"(陈松长主编:《岳麓书院藏秦简》(陆),上海辞书出版社 2020 年版,第 48 页)《里耶秦简》(壹)8‒1028:"弩廿六,皆殊折。"(陈伟主编:《里耶秦简牍校释》,武汉大学出版社 2012 年版,第 264 页)《二年律令·钱律》第 197 简:"钱径十分寸八以上,虽缺铢,文章颇可智(知),而非殊折及铅钱也,皆为行钱。……"(彭浩、陈伟、工藤元男主编:《二年律令与奏谳书——张家山二四七号汉墓出土法律文献释读》,上海古籍出版社 2007 年版,第 168 页)

② 张家山二四七号汉墓竹简整理小组:《张家山汉墓竹简[二四七号墓]》(释文修订本),文物出版社 2006 年版,第 59 页。

③ 荆州博物馆编,彭浩主编:《张家山汉墓竹简[三三六号墓]》,文物出版社 2022 年版,第 191 页。

续表

校读释文	盗贼发士吏、求盗部者，及令、丞、尉弗觉智（知），士吏、求盗皆以卒戍边二岁，令、丞、尉罚金各四两。令、丞、尉能先觉智（知）、求捕其盗贼，及自劾论吏部主者，除令、丞、尉罚。……

整理小组沿袭了《二年律令》整理者对相同律文的断读，①即"盗贼发，士吏、求盗部者"，《二年律令与奏谳书》也如此断读。② 如此"部"只能理解为动词统领、指挥之意。如果按照字面解读为士吏、求盗统领盗贼残害民众，应该不会有人支持，而且如此恶劣的罪行只处"以卒戍边二岁"是不可能的，参见《法律答问》害盗、求盗在责任区外盗窃，赃一钱以上就要斩左趾又黥为城旦。③ 如要坚持"部"是动词，就只能认为律文省略了其所统领的人，即参与追捕盗贼之吏徒。然而，盗贼案才发，律文未言及追捕事务，追捕是否成功也不可预知，而指挥追捕的士吏、求盗就一概要被责罚，不符情理。其实，统领吏徒追捕盗贼一般用"将"字，如《汉律十六章·捕律》第 191、192 简："群盗盗杀伤人、贼杀伤人、强盗节（即）发县道，县道亟为发吏徒足以追捕之，尉分将，令兼将，亟诣盗贼发及之所，以穷追捕之，毋敢到界而环（还）。"④

我们将"部"理解为名词。校读后，简文第一句大意：盗贼案发生于士吏、求盗的责任区（"部"）的，以及当地县道的令、丞、尉没有发觉知晓的，士吏、求盗都以卒的身份戍边两年，令、丞、尉各自罚金

① 张家山二四七号汉墓竹简整理小组：《张家山汉墓竹简［二四七号墓］》（释文修订本），文物出版社 2006 年版，第 28 页。
② 彭浩、陈伟、工藤元男主编：《二年律令与奏谳书——张家山二四七号汉墓出土法律文献释读》，上海古籍出版社 2007 年版，第 150 页。
③ 陈伟主编：《秦简牍合集·释文注释修订本》（壹），武汉大学出版社 2016 年版，第 181 页。
④ 荆州博物馆编，彭浩主编：《张家山汉墓竹简［三三六号墓］》，文物出版社 2022 年版，第 190 页。

四两。"盗贼发士吏、求盗部者","发"字后省了介词"于",这是秦汉律令常见省略现象。简文第二句"吏部主者"意为作为部主者的吏。士吏、求盗等备盗贼吏都有其所主之"部"即责任区。可以参考秦简所见校长、求盗责任区称谓,如下表。

表8　秦简所见校长、求盗责任区的若干称谓

	辞例	备注
部	泊等群盗盗杀人校长果部。(岳麓秦简《为狱等状四种》)①	校长责任区称部。
署	贼死爰书:某亭求盗甲告曰:"署中某所有贼死、结发、不智(知)可(何)男子一人,来告。"(《封诊式》)②	亭卒求盗责任区称署,区内即"署中"。而戍边者岗位及徭徒筑城等劳役负责区段也称署。
徼	"害盗别徼而盗,驾(加)皋(罪)之。"·可(何)谓"驾(加)皋(罪)"?·五人盗,臧(赃)一钱以上,斩左止,有(又)黥以为城旦……求盗比此。(《法律答问》)③	《秦简牍合集》按:"别徼疑指本人巡逻区域以外的地方。"④害盗责任区称徼,"别徼"指别的害盗的徼。求盗比照此规定,则求盗责任区也称徼。

据上表,秦及汉初的亭长、求盗的责任区称"部"或"署"。秦简称求盗责任区为"署"或"徼",而《汉律十六章》称"部",当是不同时代的称谓习惯不同。责任区域是相对固定的,盗贼案发于哪个吏的责任区是确定的,因此辞例见"盗杀人校长果部""署中某所有贼死……男子

---

① 陈松长主编:《岳麓书院藏秦简(壹—叁)》(释文修订本),上海辞书出版社2018年版,第139页。
② 陈伟主编:《秦简牍合集·释文注释修订本》(壹),武汉大学出版社2016年版,第285页。
③ 陈伟主编:《秦简牍合集·释文注释修订本》(壹),武汉大学出版社2016年版,第181页。
④ 陈伟主编:《秦简牍合集·释文注释修订本》(壹),武汉大学出版社2016年版,第181页。

一人"。所以可以在盗贼案发后追究责任区吏主者的责任。

除了平时有固定责任区的吏，搜索罪人时也临时划分"部"作为责任区，见《岳麓书院藏秦简》（肆）第 276/1354、277/1314 简："●索（索）律曰：索（索）有脱不得者节（即）后得及自出，●讯索（索）时所居，其死罪，吏徒部索（索）弗得者，赎耐；城旦舂到刑罪，赀二甲；耐罪以下赀一甲。"①即被搜索者有从搜索范围内逃脱而没有被官吏捕得的，其后此人被捕得或自出，讯问其人在搜索时的居留情况，然后根据其脱逃路线确定其经过哪几个责任区，惩罚相应的"吏徒部索者"。被临时划分责任区的"吏徒部索者"对搜索对象逃脱承担责任，这类似固定责任区的"吏部主者"要对盗贼案发于辖区承担责任。

另外，"部"与"部署"作为动词都是统领、指挥的意思，而前文所述秦及汉初的责任区称谓有"部"与"署"。我们推测"部"与"部署"的动词统领义项是源于其名词责任区义项，例如搜索罪人的指挥事务中最重要事项之一是划分责任区"部"，于是"部"与"部署"就逐渐约定俗成用作动词，有了统领的意思。

六

表 9　《汉律十六章·贼律》第 46－49 简校读

整理小组释文	其【失】火延燔之，罚金四两，责（债）所【燔】。②	失火延燔宫周卫、中殿、屋及亶（擅）观林臺（台）者，皆赎死，责（债）所燔；直（值）其行在所宫也，耐之；官啬夫吏主者皆免，成各二岁。③

① 陈松长主编：《岳麓书院藏秦简》（肆），上海辞书出版社 2015 年版，第 159、160 页。

② 荆州博物馆编，彭浩主编：《张家山汉墓竹简［三三六号墓］》，文物出版社 2022 年版，第 170 页。

③ 荆州博物馆编，彭浩主编：《张家山汉墓竹简［三三六号墓］》，文物出版社 2022 年版，第 170 页。

续表

校读释文	其【失】火延燔之,罚金四两,责所【燔】。	失火延燔宫周卫、中殿、屋及亶(擅)观林臺(台)者,皆赎死,责所燔直(值);其行在所宫也,耐之。官啬夫、吏主者皆免,戍各二岁。
说明	删除"责"字的扩注,连读"责所燔直(值)"。	

　　"责所燔直(值)"意为责要所烧毁物价值。本条律文区分两种情况,一般情况是失火燔烧各种宫室观台建筑物,而特殊情况是失火燔烧皇帝行在宫。因此后者的处罚"耐"比前者"赎死"重。"其行在所宫也","其"字作为句首引出一种特定情形,这种用法多见。而整理小组释文"其"不位于句首则只能视为代词,难以解释。将"直(值)"置于句首导致全句不通,无论是将"直(值)"理解为动词估算还是名词数值,都不妥。如果将"直(值)"理解为吏员的当值,也不通,将"直"理解为建筑物之间的相对关系,则迂曲。整理小组在"燔"字后断读的方式似受第46、47简所见"责所燔"后无"直"字的影响,然而秦汉律令中同一提法既有全称又有省称是常见现象,"责所燔"与"责所燔直(直)"即如此,不足为怪。

　　关于整理小组扩注"责(债)",简帛网"崧高"指出:"'责'没必要读为'债',责,责求,责求被火烧之建筑的损失。"①甚确。《汉律十六章》的另一相关扩注辞例是《贼律》第46、47简:"其【失】火延燔之,罚金四两,责(债)所【燔】。"对应内容见《二年律令·贼律》第4、

---

① 简帛论坛"张家山汉墓竹简(336号墓)《汉律十六章》初读"34楼"崧高"发言,简帛网,http://www.bsm.org.cn/forum/forum.php?mod=viewthread&tid=12793&extra=&page=4,首发时间2023年3月17日。

5 简,整理小组释文作"责（债）所燔",①而《二年律令与奏谳书》释文作"责所燔",删去了扩注。② 除了"责所燔"这个例子,《二年律令》整理小组一概不扩注动词"责",如第 72 简:"而勿责其劫人所得臧（赃）。"③第 185 简:"擅赋敛者,罚金四两,责所赋敛偿主。"④第 229、230 简:"使非有事,及当释驾新成也,毋得以传食焉,而以平贾（价）责钱。"⑤综上,对用作动词之"责"字,释文以不扩注为宜,如下表。

表 10　"责""直"不同义项表

	作　动　词	作　名　词
责	"责",责要（按:不必扩注）	一般扩注为"责（债）"
	辞例:擅赋敛者,以不平端论,责所赋敛偿主。（《汉律十六章·襍律》第 300 简）⑥	辞例:城旦舂、鬼薪白【粲、隶臣】妾之毄（系）城旦舂居罚、赎、责（债）,皆将司之。（《汉律十六章·囚律》第 175 简）⑦

① 张家山二四七号汉墓竹简整理小组:《张家山汉墓竹简［二四七号墓］》（释文修订本）,文物出版社 2006 年版,第 8 页。

② 彭浩、陈伟、［日］工藤元男主编:《二年律令与奏谳书——张家山二四七号汉墓出土法律文献释读》,上海古籍出版社 2007 年版,第 91 页。

③ 张家山二四七号汉墓竹简整理小组:《张家山汉墓竹简［二四七号墓］》（释文修订本）,文物出版社 2006 年版,第 18、19 页。

④ 张家山二四七号汉墓竹简整理小组:《张家山汉墓竹简［二四七号墓］》（释文修订本）,文物出版社 2006 年版,第 33 页。

⑤ 张家山二四七号汉墓竹简整理小组:《张家山汉墓竹简［二四七号墓］》（释文修订本）,文物出版社 2006 年版,第 39、40 页。

⑥ 荆州博物馆编,彭浩主编:《张家山汉墓竹简［三三六号墓］》,文物出版社 2022 年版,第 205 页。

⑦ 荆州博物馆编,彭浩主编:《张家山汉墓竹简［三三六号墓］》,文物出版社 2022 年版,第 188 页。

续表

	作　动　词	作　名　词
直	"直(值)",估算 辞例:贼伐、燔、毁伤人树木、稼穑它物、冢树及县官擅伐取之,直(值)其贾(价)与盗同法。(《汉律十六章·贼律》第50简)①	"直(值)",数值 辞例:诸盗者皆以狱所平贾(价)直(值)论之。(《汉律十六章·盗律》第78简)②

七

表 11　《功令》第 181、182、23 简校读

整理小组释文	百一　制诏御史,宦为吏者尚给事,前异剧它官而不得上功,议令上功如令,令与外吏通课,其当迁 181 其官,御史请。宦者为吏者皆自占上功劳,各以官秩与外吏通课。功次当迁而宦吏有缺,迁如令。182③
校读释文	百一　制诏御史:宦为吏者尚给事前异剧它官而不得上功。议令上功如令,令与外吏通课,其当迁 181 【缺简】 　　其官。御史请:宦者为吏者皆自占上功劳,各以官秩与外吏通课。功次当迁而宦、吏有缺,迁如令。182 其所当迁未有缺,二千石官、御史各以其所当迁补官秩闻,令自迁其官如诏。23

---

① 荆州博物馆编,彭浩主编:《张家山汉墓竹简[三三六号墓]》,文物出版社 2022 年版,第 170 页。

② 荆州博物馆编,彭浩主编:《张家山汉墓竹简[三三六号墓]》,文物出版社 2022 年版,第 175 页。

③ 荆州博物馆编,彭浩主编:《张家山汉墓竹简[三三六号墓]》,文物出版社 2022 年版,第 125 页。

续表

相关简文	御史、丞相襐补属尉、佐以上，二千石官补有秩啬夫，其有秩、有秩乘车啬夫 22 其所当迁未有缺，二千石官、御史各以其所当迁补官秩闻，令自迁其官如诏。23 有缺，以久次徙补。24①
说明	（1）认定第 181 简与第 182 简之间有缺简； （2）认同并采纳简帛网"小丸子"观点，②即将第 23 简编联在第 182 简之后。

校改后的《功令》"百一"条大意：皇帝指示制诏御史：宦者出为官吏的这类人，之前作为宦者给事禁中，其职事的繁剧程度异于其他官署，因此其给事禁中的服役时间不能体现在上功文书中。议一个条文，让他们上功如令，让他们与外吏共通考课，其有当升迁……（缺简）其官。御史请：宦者出为官吏者都自己申报功劳，各自以其官秩与外吏共通考课。如果功次当升迁而相应宦者、官吏职位有缺，就升迁到此缺如令。如果当升迁而未有缺，那么其所在二千石官署、御史各自以其所当迁补的官秩上闻皇帝，让其自行升迁官秩如诏。

第 181、182 简分别是令文的首简与末简，但将两简连读就形成了"其当迁其官"一句，虽然语法上勉强可通，但从上下文看内容有缺失，两简之间必有缺简。令文分为皇帝旨意与御史请立的规则两部分，御史所请有"功次当迁而宦、吏有缺，迁如令"，那么皇帝旨意必有相关内容，应该在缺简中。

整理报告将第 23 简编在第 22 简与第 24 简的中间，然而第

---

① 荆州博物馆编，彭浩主编：《张家山汉墓竹简［三三六号墓］》，文物出版社 2022 年版，第 100 页。

② 简帛论坛"张家山汉墓竹简（336 号墓）《功令》初读"42 楼"小丸子"发言，简帛网，http：//www.bsm.org.cn/forum/forum.php?mod=viewthread&tid=12794&extra=&page=5，首发时间 2023 年 4 月 1 日。

22 简列举了"属尉佐""有秩"等官职,这些官吏的级别尚未到需要皇帝关注的程度,应当不能与第 23 简涉及的上闻皇帝规定关联。简帛网"小丸子"将第 23 简编在第 182 简之后,则前者"未有缺"就能对应后者"有缺"。第 23 简末"令自迁其官如诏",说明"御史请"前的皇帝旨意即"诏"含有"自迁其官"的表述,这能与第 182 简起首"其官"联系,那么第 182 简前缺简最末两字就是"自迁"。

暂时连读"宦为吏者尚给事前异剧它官而不得上功",在对其语法结构的认识尚不深入的情况下,不断读更为稳妥。

本条涉及的升迁分为一般情况与特殊情况,如下表。

表 12 "宦者为吏者"的升迁

	官秩	宦、吏缺	备　　　注
一般的升迁	提升官秩√	有缺√	功次当升迁官秩,官秩对应职位(包括宦者、官吏)有缺,迁至此缺。
"自迁其官"	提升官秩√	无缺×	功次当升迁官秩,但对应职位无缺,则"自迁其官",即在原职自行提升其人官秩。

"宦为吏者"在上次任命或升迁之后累积了一些功劳,然而还未再次升迁就被"出"为官吏,本令颁布以前此类人在官署申报功劳时不能申报"前"为宦者时功劳的,也就成了无用功,而这类人曾服务皇帝,因此"简在帝心",皇帝下诏制定本条让其申报。另外,"外吏"当指在其上次任命或升迁之后一直在官吏系统的人,其在"外"为吏而不在"中"即禁中,故称"外吏",其与"宦为吏者"是不同的群体。据此制下表。

表 13　令文所见"宦者为吏者"的职事与功劳

时段	职　事	功　劳　申　报
"前"	"尚给事" 即宦者给事于禁中，"尚"似是服务皇帝的意思，如"尚衣""尚冠"等。	为宦者时的功劳"异剧它官"，在其人"为吏"之后，将其功劳"自占上功劳""如令"，即如《功令》。
现职	"为吏"有"官秩"	将其前为宦者与现为官吏的两类功劳合并，"与外吏通课"，以定其"功次"。

《功令》有若干涉及宦者出为官吏的条文，见下表。

表 14　与第 181、182、23 简宦者出为官吏相关的条文

条　　文	备　　注
七十八　制曰：谒者出为吏，以视事久次。（《功令》第 133 简）①	似是规定为吏之后的功次以"视事久"来定。
七十九　制曰：宦者为吏毋以爵。（《功令》第 134 简，整理小组注："宦者，少府下属，阉人。"）②	简帛网"臙行"指出："（注）似不确。第七十九、百一条都是关于宦皇帝者出为吏的规定。"③ 阉人被视为"刑余"见前文对"刑人"的讨论，阉人是不能为吏的。

---

① 荆州博物馆编，彭浩主编：《张家山汉墓竹简［三三六号墓］》，文物出版社 2022 年版，第 119 页。
② 荆州博物馆编，彭浩主编：《张家山汉墓竹简［三三六号墓］》，文物出版社 2022 年版，第 119 页。
③ 简帛论坛"张家山汉墓竹简（336 号墓）《功令》初读" 26 楼"臙行"发言，简帛网，http://www.bsm.org.cn/forum/forum.php? mod = viewthread&tid = 12794&extra = &page = 3，首发时间 2023 年 3 月 23 日。

续表

条　　文	备　　注
五十九　外郎、执戟家在万年、长陵、安陵　以令罢而欲为吏者,其县有秩、斗食、令史节(即)缺,以功多能宜者补之。上造以下事比簪褭,勿令为典、求盗、船人、邮人。(《功令》第118、119 简)①	外郎、执戟按照令文被罢归家而欲为县吏者的规定。"上造以下事比簪褭",此"事"涉及徭役、戍边等义务,体现优待。"勿令为典、求盗、船人、邮人"也是一种优待。
九十　丞相、御史请,外郎出为吏者以补三百石。·制曰:可。·高皇后时八年八月丙申下。(《功令》第152 简)②	外郎出为吏者的规定。
吏及宦皇帝者病不能视事,及有论觳(系)盈三月者,免之。病有瘳、论事已,及罢官当复用者,皆复用如其故官。　戊　各以其秩与外吏课功劳,郎中比谒者。不欲为吏,署功牒。(《功令》第36、37 简)③	第36 简与第37 简不能连读。前者主语"吏及宦皇帝者",有官吏与宦者两类群体。而后者起首"各以其秩与外吏课功劳",仅涉及与"外吏"有别的宦者出为吏者,而不涉及官吏。第37 简的内容与第181、182、23 简相关。

八

表 15　《功令》第 66 简校读

整理小组释文	·制诏相国、御史:诸侯王若丞相、御史及汉将所置军吏候、尉、丞以上,从军罢,家在诸侯者,皆赞奏,王臧(藏)其籍,丞相、御史复,比六百石。丁④

① 荆州博物馆编,彭浩主编:《张家山汉墓竹简[三三六号墓]》,文物出版社 2022 年版,第117 页。
② 荆州博物馆编,彭浩主编:《张家山汉墓竹简[三三六号墓]》,文物出版社 2022 年版,第121 页。
③ 荆州博物馆编,彭浩主编:《张家山汉墓竹简[三三六号墓]》,文物出版社 2022 年版,第102 页。
④ 荆州博物馆编,彭浩主编:《张家山汉墓竹简[三三六号墓]》,文物出版社 2022 年版,第107 页。

续表

校读释文	·制诏相国、御史：诸侯王若丞相、御史及汉将所置军吏候、尉、丞以上，从军罢，家在诸侯者，皆赞奏王，臧（藏）其籍丞相、御史，复比六百石。丁
参考条文	十四　故军吏遂（燧）将以上，诸已赞奏名籍上相国、御史者，皆勿事，比六百石吏罢官。　丁（《功令》第65简)① 吏及宦皇帝者秩六百石以上及　谒者、御史以老免若罢官，及病而免者，皆勿事。　丁（《功令》第34简)② 如罢官，其郎中欲复宦者，许之。县中吏得上功劳与它县官吏通课，迁。（《功令》第35简)③

　　"赞奏王"即赞奏于诸侯王，承前省"诸侯"两字。"臧（藏）其籍丞相、御史"，藏其名籍于丞相、御史，对应第65简的"诸已赞奏名籍上相国、御史者"，两简相关人员名籍都藏于丞相、御史，两简条文颁布有先后，所以有"相国""丞相"之别。"复比六百石"就是第65简"皆勿事，比六百石吏罢官"的缩写，"勿事"即"复"其身。六百石以上吏罢官归家，有不履行徭役、戍边义务的特权，第65、66简涉及的人群都比照"六百石吏"享受该特权。

　　另外，第34简末也有"丁"，整理小组指出其是第65简"比六百石吏罢官"规定中所比照的对象。④ 然而，整理报告的编联方案使第34简远离第65、66简，令人疑惑。第34简能否与第35简相

①　荆州博物馆编，彭浩主编：《张家山汉墓竹简[三三六号墓]》，文物出版社2022年版，第107页。
②　荆州博物馆编，彭浩主编：《张家山汉墓竹简[三三六号墓]》，文物出版社2022年版，第101页。
③　荆州博物馆编，彭浩主编：《张家山汉墓竹简[三三六号墓]》，文物出版社2022年版，第101页。
④　荆州博物馆编，彭浩主编：《张家山汉墓竹简[三三六号墓]》，文物出版社2022年版，第107页。

连,也是存在疑问的。

九

表16　《功令》第28-30简校读

整理小组释文	丞、尉尝为军吏遂(燧)将以上、年五十以下至廿五;史有军功三、爵公大夫以上,上功劳中尉,中尉谨择其可以为吏者次功劳上御史、丞相,御史、丞相以补军吏。所择不胜任及有罪耐以上,择者罚金一斤,吏罢官。①
校读释文	丞、尉尝为军吏遂(燧)将以上、年五十以下至廿五、史、有军功三、爵公大夫以上,上功劳中尉,中尉谨择其可以为吏者,次功劳,上御史、丞相,御史、丞相以补军吏。所择不胜任及有罪耐以上,择者罚金一斤,吏罢官。
说明	最重要校改是在"史"之后加顿号。

　　身为"丞、尉",并同时满足五项条件才能"上功劳中尉":(1)军吏经历("尝为军吏遂(燧)将以上")、(2)年龄("年五十以下至廿五")、(3)书写能力("史")、(4)军功("有军功三")、(5)爵位("爵公大夫以上")。整理小组释文将"丞、尉"与"史"并列,两者都是中尉拣选的对象,未安。此处中尉拣选而由御史、丞相补的军吏当是高级军吏。而单独的"史"只能理解为佐史之史,其级别与"丞、尉"的差距明显,应该不是与"丞、尉"并列的候选者。因此此处"史"是《功令》多见的指读写能力的史字。

---

① 荆州博物馆编,彭浩主编:《张家山汉墓竹简[三三六号墓]》,文物出版社2022年版,第101页。

十

表 17　《功令》第 92－94 简、第 122、123 简校读

	《功令》第 92－94 简	《功令》第 122、123 简
整理小组释文	卅八　请：尝有罪耐以上吏，不廉、不平端、上功劳不以实而免，及鞫狱故纵、不直、盗、受赇，罪赎以下，已论有（又）免之。请坐此及其狱未决而效入赘婿，皆毋得宦为吏，犯令者夺爵为士五（伍），吏智（知）而除与同罪，弗智（知）罚金四两。其已以戊寅效前宦为吏者勿斥。①	六十一　上功劳不以实六月及半功以上，虽在效前而以丙申效后得，皆毋得宦为吏。犯令者夺爵为士五（伍），智（知）而除与同罪，弗智（知）罚金四两。②
校读释文	卅八　请：尝有罪耐以上吏，不廉、不平端、上功劳不以实而免，及鞫狱故纵、不直、盗、受赇，罪赎以下，已论有（又）免之。请坐此及其狱未决而赦、入赘婿，皆毋得宦、为吏。犯令者夺爵为士五（伍），吏智（知）而除与同罪，弗智（知），罚金四两。其已以戊寅赦前宦、为吏者勿斥。	六十一　上功劳不以实六月及半功以上，虽在赦前而以丙申赦后得，皆毋得宦、为吏。犯令者夺爵为士五（伍），智（知）而除与同罪，弗智（知）罚金四两。
说明	\(1\) 整理报告释文所谓"效"字，改释为"赦"。③ "赦"字也更符合上下文的语境。第 92－94 简涉及"戊寅赦"。"狱未决而赦"与"入赘婿"是两个事由，因此用顿号隔开两者。第 122、123 简涉及"丙申赦"。 \(2\) 将"宦为吏"断开为"宦、为吏"，宦者与官吏是两类。	

①　荆州博物馆编，彭浩主编：《张家山汉墓竹简［三三六号墓］》，文物出版社 2022 年版，第 112 页。

②　荆州博物馆编，彭浩主编：《张家山汉墓竹简［三三六号墓］》，文物出版社 2022 年版，第 117 页。

③　按：改释采纳了湖南大学岳麓书院谢计康博士、蔡宜臻博士意见。

十一

表18　《功令》第113、114简校读

整理小组释文	五十三　陇西、北地、上郡、云中郡、雁门、代郡军吏、军吏丞、城塞尉、边县令、尉，年长及能不宜其官者，辄言状丞相、御史。徙塞士吏，候长郡自调之。塞尉史、候史县调之。有缺当补者，年五十以上勿用，用其次。①
校读释文	五十三　陇西、北地、上郡、云中郡、雁门、代郡军吏、军吏丞、城塞尉、边县令、尉，年长及能不宜其官者，辄言状丞相、御史徙。塞士吏、候长，郡自调之。塞尉史、候史，县调之。有缺，当补者年五十以上勿用，用其次。
参考条文	其家居县缺者，皆调徙之。(《功令》第184简)
说明	将"徙塞士吏"之"徙"改属上读。"当补者年五十以上勿用"连读。

　　整理报告释文"徙塞士吏，候长郡自调之"一句有"徙""调"两个动词，重复了。而且"塞士吏"与"候长"当是两类并列的吏，都是由郡负责调徙的。

　　《功令》数见动词"调徙"，指调动官吏职位，本条"调""徙"都是"调徙"的省称。本条列举的三类吏，分别由"丞相、御史"、郡、县调徙。

十二

表19　《功令》第183、184简校读

整理小组释文	百二　丞相、御史请，陇西、北地、上郡、云中、雁门、代郡备塞军吏、令史视事盈十岁，移功劳居县，居县令史、有秩乘车以上功劳次当补。其家居县缺者，皆调徙之。②

---

① 荆州博物馆编，彭浩主编：《张家山汉墓竹简［三三六号墓］》，文物出版社2022年版，第116页。

② 荆州博物馆编，彭浩主编：《张家山汉墓竹简［三三六号墓］》，文物出版社2022年版，第125页。

续表

校读释文	百二　丞相、御史请：陇西、北地、上郡、云中、雁门、代郡备塞军吏、令史视事盈十岁，移功劳居县，居县令史、有秩乘车以上功劳次当补其家居县缺者，皆调徙之。
说明	"居县令史、有秩乘车以上功劳次当补其家居县缺者"连读。

　　整理报告释文将"居县令史、有秩乘车以上功劳次当补"断为一句，值得商榷。"居县令史、有秩乘车以上功劳次当补其家居县缺者"当连读。

　　令文源于丞相、御史的请，大意是陇西等西北边郡的备塞军吏、令史在职十年以上的，将功劳移送至其家居县，居县将其人功劳编入本县"令史、有秩乘车以上功劳"的簿籍，其人按照居县"功劳次"当补其家居县的相应吏缺，就都调徙其人到居县的吏缺。

　　条文特点在于预先排队的安排，即这类人留在陇西等边郡原职的时候，就移其功劳到其居县，居县预先编入簿籍，等到居县相关吏职出缺而其人正好是功次当补者，就立即将其人从边郡原职调徙到居县的新吏缺。

张家山汉简《功令》令十一小识

沈子渊*

【摘要】张家山336号汉简《功令》篇引人瞩目。一则编号为"十一"的令文记载了汉初实行"试二千石官",即符合法令要求(主要为有一定治狱经验)的吏员通过廷尉组织的考试后可以出任郡二千石官治狱卒史。该法令可能是为了保证高级司法吏员的专业性并激励基层吏员学习法律。同时,该法令要求"试以为常",说明该选拔考试不仅组织一次,而是成为制度。该令可与睡简《法律答问》及"廷行事"相关联,还可以更好地理解秦"以法为教"的主张。

【关键词】《功令》;廷尉;罪;以法为教

　　张家山336号汉墓竹简包含了丰富的律令条文。其中《功令》篇颇引人瞩目。"功令"见于传世文献中,但具体内容一直不为世人所知。《功令》篇及时填补了这一空白,为学界研究秦汉时期官吏升迁流转等制度提供了坚实的材料基础。在《功令》篇中,有一条标号为"十一"的令(以下简称令十一)涉及这一时期司法官吏的"遴选",可与多条秦汉律令对读。本文拟在疏通该令大意的基础上,结合相关

---

*　沈子渊,暨南大学法学院博士研究生。

律令条文，对该令做进一步的探讨，求教于方家。

一、令文大意疏通

为方便讨论，先将简文移录于此：

> 十一　议：属尉佐、有秩、斗食啬夫、狱史、令史尝①治狱三岁以上，年卅五以下至卅，欲诚〈试〉二千石官，县道（五九）官遣诣廷，廷以大狱、狱计、奏谳（谳）、律令有罪名者，诚〈试〉之，并以廷史、郡治狱卒史员衔（率）十人而取诚〈试〉高者（六〇）二人，上御史，以补郡二千石官治狱卒史。廷史缺，以治狱卒史上第（第）补。所上毕，已用，御史告廷，诚〈试〉以为（六一）常。廷为诚〈试〉者，会日以道里计遣，勿令豫（预）先到长安。吏瘾（应）令亦得会诚〈试〉。（六二）

"属尉佐有秩斗食啬夫狱史令史尝治狱三岁以上"整理者断为"属尉佐有秩、斗食啬夫、狱史、令史尝治狱三岁以上"，疑不确，或读为：属尉佐、有秩、斗食啬夫、狱史、令史尝治狱三岁以上。② 有秩应为有秩毋乘车的省称。按照整理者的断读，属尉佐有秩意为有秩的属尉佐。然在张家山336号汉简15－19中有"有秩通课补有秩乘车""属尉佐通课补卒史"，属尉佐与有秩的表述是分开的。另，岳麓书院藏秦简中可见"御史、令史、有秩吏及属尉佐"。有秩吏与属尉佐用"及"连接，也可说明属尉佐与有秩分指两事。

---

①　该字整理者释为当，查图版，此字应为尝。"尝……以上"的结构较为常见，故径改之。熊佳晖在《张家山M336汉简〈功令〉读札》一文注释中已对整理者的释读进行了校正。参见熊佳晖：《张家山M336汉简〈功令〉读札》，简帛网，http://www.bsm.org.cn/？hanjian/8941.html，首发时间2023年3月23日。

②　参见熊佳晖：《张家山M336汉简〈功令〉读札》，简帛网，http://www.bsm.org.cn/？hanjian/8941.html，首发时间2023年3月23日。其文亦持此断读意见。

又"属尉佐"亦有两种读法,分别为:属、尉佐与属尉佐。① 第一种读法将属与尉佐断开,认为属尉佐表示属和尉佐。第二种读法将属尉佐认定为属尉的佐。按,在令十一中宜读为属尉佐,即只是指属尉的佐。里耶秦简 9－2283 中有郡守移文给县啬夫、卒史、叚卒史、属尉的记载,似乎读为属尉佐更合适一些。②

"并以廷史、郡治狱卒史员衛(率)十人而取誠〈试〉高者二人,上御史,以补郡二千石官治狱卒史"这一句话的大意为:廷尉将参加考试的吏员(属尉佐、有秩、斗食啬夫、令史治狱三岁以上)按照廷尉史、郡治狱卒史的人数以十比二的比率选拔,并上报御史,补充(或许译作扩充更适合)郡二千石官治狱卒史。

该令以"议"起首。③ 议的内容主要为"试二千石官"。从后文"御史告廷,试以为常"来看,当时这一考试尚未形成制度。本令中所议的内容主要是"试二千石"应该如何安排。从令文最后一句"吏应令亦得会试"来看,在进行"议"时,有人提出扩大可以参与选拔考试的范围,吏只要符合令文的规定都可以参加"试二千石官"。而令文中对吏员范围明确提出要求的一般性规定为"尝治狱三岁以上"。由令文的开头与结尾适用官吏范围的扩大可知,该令文可能是多次"议"后才确定的结果。文中可能省略了组织"试二千石官"并将其制度化的原因。令文虽然没有直接说明,但是可以结合令文内容进

---

① 岳麓书院藏秦简的整理者将属尉佐理解为属、尉佐,并解释属为郡属吏之一,引《汉书·儒林传》"文学掌故补郡属"和《尹湾汉简》"(东海郡)太守一人,丞一人,卒史九人,属五人,书佐十人,啬夫一人,凡廿七人"。张家山 336 号汉简整理者读为第二种,认为属尉佐是二千石官官署的佐吏。引用了《汉书·儒林传》(如上)以及周海锋《秦官吏法研究》。

② 但属、尉佐此种断法亦有合理性,尚不能完全排除。

③ 按照秦汉时期律令生成的一般程序来说,该令应由御史、丞相(相国)等中央重臣集体讨论形成决议并起草。议的内容有的是由皇帝直接下令,有的是来自某些官吏的建议。

行揣测。这原因可能是：目前由二千石官治狱卒史、廷尉史组成的司法官吏队伍缺额较大，常规的以功和劳选拔司法官吏的方法无法选出能够胜任工作的司法吏员。所以朝廷决定以考试的方式选拔司法官吏，一方面保证专业性，另一方面突破常规的以功劳选拔也可以激励吏员积极学习法律。

"廷为试者，会日以道里计遣，勿令豫（预）先到长安"句表明制度形成之后，由廷尉组织进行"试二千石官"。本令中的"廷"整理者已指出为廷尉，甚确。因为由"到长安"的表述可知，廷只能是指代设在汉朝中央的部门。而前文"县道官遣诣廷"似乎表明县道越过郡二千石官这一级直接与廷尉对接，与奏谳的程序有一定的出入。但考虑到二者性质上本就有区别，所以在此似乎并无不妥之处。另外值得注意的是，廷尉虽组织考试（为试），但廷尉并不掌握郡二千石官治狱卒史、廷尉史的人事任命权。因为廷尉需要将选拔出的吏员上报御史，由御史组织下一步任命程序。① 不仅如此，令文中提及"所上毕，已用，御史告廷，试以为常"说明参与"议"的人员中可能不包括廷尉。

以上是对该令文意的基本疏通。通过分析可以大致看出该令奠定了西汉时期司法官吏选拔考试的制度，这一制度在后世得到了延续，北宋时期著名的王安石变法亦有"试刑法"的改革举措。该令还有助于进一步认识秦汉时期司法吏员的管理与选拔等制度，下文将结合具体史料予以说明。

二、"律令有罪名者"具体所指

上文未对"大狱、狱计、奏瀺（谳）、律令有罪名者"句进行解读。

---

① 同册的另一令中表明，只有丞相、御史可以对"郡治狱卒史"进行补充任命："卅七请：郡治狱卒史郡三人，在员中节（即）有缺，丞相、御史以功次、能治狱者补。"而且二千石官无权任命段（假）廷史、卒史等。这些令文都表明廷尉对司法属吏无任命权。

整理者对大狱、狱计、奏谳的解释均恰当，此不赘言。在此想重点讨论一下"律令有罪名者"。

罪名不论在传世文献还是出土文献中都较为常见，其意思也较为清楚。如：

> ……大鸿胪禹奏："元前以刃贼杀奴婢，子男杀谒者，为刺史所举奏，罪名明白。"（《汉书·景十三王传》）

> ●新律令下，皆以至其县、都官廷日决。故有禁，律令后为皋（罪）名及减益皋者，以奏日决。（《岳麓秦简（五）》简107）

罪同皋。罪的意项较多，既可以表示犯法，亦可以表示刑罚。① 但罪名一词有所专指。从上揭岳麓秦简可以看出，存在某些行为被法律所禁止，但禁令中不一定会给这种行为冠上某种罪名。这与目前所见秦汉律令的条文类型是相符的。如《睡虎地秦简》中有"百姓居田舍毋敢酤酒，田啬夫、部佐谨禁御之，有不从令者有皋（罪）"。该律文属于田律，内容是禁止民众在田舍中卖酒，律文规定违反禁令应认定为有罪。但睡虎地版本的田律并未明确表示有何处罚。岳麓秦简《田律》中则有更为详细的规定："田律曰：黔首居田舍者，毋敢酤酒，有不从令者迁之，田啬夫、吏、吏部弗得，赀各二甲，丞、令、令史各一甲。"

从岳麓秦简将"百姓"改为"黔首"来看，其律文当经过修订。修订后的律文将"有罪"细化为了"迁"刑，并且增加了对官吏的处罚条款。这里其实还未涉及罪名，但涉及了罪。从睡虎地秦简《田律》"有罪"的表述可以看出，有罪与有罪名不等同。有罪所要表达的可能是该行为不当且应予以处罚。罪与罚在秦汉法律中是紧密相关

---

① 《吕氏春秋》"行罪无疑"，高诱注："罪，罚也。"《说文解字》："皋，犯法也。"律令中可见有"耐罪""黥城旦罪""赀罪"等表示处罚的罪，亦有"某某罪"表示罪名。

的,事实上绝大多数的秦律令都与处罚紧密关联,毕竟秦素有"重刑主义"传统。但有罪与有明确处罚仍不同。如果条文中未明确规定处罚方式,则可能会适用"犯令"的相关律文。① 简文中屡见的"犯令律",结合岳麓秦简中瞀误失坐官案"瞀坐八劾:小犯令二,大误一、坐官、小误五"的表述可以看出,犯令行为存在叠加后合并处理的情况。而且犯令还会区分大犯令和小犯令。故也许适用犯令律相对于律令中直接规定处罚的情况要轻一些。由此可以将有罪的条文分为两种类型,一种是有罪无罚,一种是有罪有罚。但以上讨论的还不是有"罪名"的情况。下文将试着指出"有罪名"律令的具体形态。

　　按"罪名"在秦及汉初法律中,可能是较为基础且重要的"类"概念。② 上文已经指出,虽然违反法令均被定性为"有罪",但是罪名的出现频次却不算多。目前所见的律令条文中绝大多数的条文,尤其是令文都是直接提出要求吏民为或不为,对违法行为的主体及相关责任人予以处罚。但也有一些条文将违反法律的行为统摄于某某罪

---

① 《法律答问》中有:"可(何)如为'犯令''法(废)令'? 律所谓者,令曰勿为,而为之,是谓'犯令';令曰为之,弗为,是谓'法(废)令'也。廷行事皆以'犯令'论。"除此之外,简文中还屡见"犯令律"。《睡虎地秦简》仓律中有:"日食城旦,尽月而以其余益为后九月禀所。城旦为安事而益其食,以犯令律论吏主者。减舂城旦月不盈之禀。"又《岳麓秦简(五)》简212-213:"□县为候馆市旁,置给吏(事)具,令吏徒守治以舍吏殹(也)。·自今以来,诸吏及都大夫行往来者,皆得舍焉。它【不】得。·有不当舍而舍焉及舍者,皆以大犯令律论之⌐。令、丞弗得,赀各一甲。"

② 陈伟先生在《秦汉简牍所见的律典体系》一文中使用"罪律""事律"的概念来分指不同性质的律篇:"不过,西汉立国之初,最先重启或者新定的律篇,应该是国家需求紧迫、政治家最为关切的部分,而这些律篇包括全部罪律和一些重要的事律,可以说符合历史逻辑和基本的法理逻辑。"陈伟:《秦汉简牍所见的律典体系》,载《中国社会科学》2021年第1期。将"盗律""贼律"等律篇概括为罪律是合适的,这些律文关涉政权存亡、社会稳定以及基本的公义能否实现。在一定程度上,令十一中使用"律令有罪名者"这样的表述可以印证陈伟先生的判断。因为律中明确提炼出"罪名"的条文,可能亦是属于"罪律"范围的行为。而在约束官吏和民众的一般规章制度中,很少见到"罪名",虽然那些行为在立法者眼中亦是需要处罚的"罪"。

名之下。① 以某某律论在令中尤其常见。该类规定可以视为对律文规定的扩充,亦可视为将特定行为与律文中已经固定的概念进行比附。与以某某律论的表述有异的是以某某罪论。以某某罪论与以某某律论的差别并不大,但是一个是明确指称罪名,一个是指称律名。前者给特定行为"冠上"罪名,官吏在定罪量刑时,会将涉及的罪名与所审的不当行为予以直接联系。然以某某律论,尚需检视所引律文,找出律文中相关联的处罚,然后适用。这两类都只是间接涉及"罪名"。在《法律答问》中有更直接的罪名和罪名的解释。如"论狱不直""纵囚""群盗""贼杀""贼伤人""为伪书""告不审""亡"等。"罪名"具有抽象概括的特点,能够容纳许多具体行为,且相对于普通规章制度性的条文,对国家更加重要和根本。掌握有罪名的律令,能够辨别不同罪名之间的区别,对治狱卒史、廷史是十分重要的一项技能。因为按常理来说,上报至郡二千石官和廷尉处的案件应以大案、疑案为主。这要求治狱卒史、廷史能够将各种罪名熟练掌握,对不同罪名之间的差别能有效区分。

三、由"廷为试"联想到《法律答问》与廷行事

上文对"律令有罪名者"联系具体条文形态进行了讨论。对于考试的具体内容还可以结合《睡虎地秦简》中的《法律答问》和"廷行事"做进一步分析。

通过前文的论述可知,"试二千石官"指的应该是对郡二千石官治狱卒史、廷尉史任职人员进行选拔性考试。虽然廷史是廷尉这一机构的属吏,但是从出土的秦汉律令可知,这里选拔的廷史可能和郡

---

① 如《岳麓秦简(五)》简 220 - 223:·诸当衣……皆<u>以自爵律论</u>之,……皆<u>以纵自爵皇</u>论之,弗智(知),赀二甲。告劾,除。……　·廷戊十七

治狱卒史一样，主要是郡一级的司法属吏。① 相较于县级的司法属吏，郡司法需要处理的"业务"难度更高一些。② 虽然该令著于西汉《功令》篇中，但其所要实现的以考试选拔司法官吏的制度在秦代应该也是存在的。因为从秦"厉行法治"的治国理念和"以法为教"的文化专制政策推想，秦的统治者应该对司法从业人员的能力更加重视。

睡虎地秦简中法律性质的文献可能是墓主人喜生前常用的材料。

---

① 岳麓书院藏秦简中屡见廷史、卒史并列且承担地方司法职能的规定。如《岳麓秦简》（五）简 261－262"●令曰：叚（假）廷史、廷史、卒史覆狱乘传（使）马∟，及乘马有物故不备，若益骖驷者∟。议：令得与书史、仆、走乘，毋得骖乘∟。它执法官得乘传（使）马覆狱、行县官及它县官事者比。　·内史旁金布令第乙九"，简 263－264"●令曰：叚（假）廷史、诸传（使）有县官给殹（也），其出县畍（界）者，令乘传（使）马，它有等殹（也）。卒史、属、㕔伍☑乘比叚（假）廷史、卒史覆狱乘传（使）马者，它有等比。　·内史旁金布令第乙十八"，简 282－284"●令曰：有发繇（徭）事（使），为官狱史者，大县必遣其治狱冣（最）久者，县四人，小县及都官各二人，乃遣其余，令到已前发（？）者，令卒其事，遣诣其县官，以攻（功）劳次除以为叚（假）廷史、叚（假）卒史、叚（假）属者，不用此令。　·县盈万户以上为【大】，不盈万以下为小。　　·迁吏归吏群除令　丁廿八"。张家山 336 号汉简中亦见有卒史、廷史办理地方司法的规定。如《功令》篇中标号为十五的令文："十五　议：二千石官、县道毋得除叚（假）廷史、卒史、属尉佐、令史、官佐史，犯令及所除视事盈十日，虽毋除书，不手书，皆以（六七）椭（惰）倪避令论之。转输粟、刍稾若其真吏缺未补，縣（徭）给它官事出郡、县道官界盈三月，得置叚（假），置叚（假）令（六八）史以上以功劳次，不以次亦以令论之。将转输粟、刍稾、奠（真）吏不足及军屯不用此令。（六九）御史、丞相前令所置守、叚（假）吏皆上功劳，与其所守、叚（假）、真官通课。（七〇）"结合岳麓秦简中屡见廷内史郡二千石官共务还有廷律取代内史律，或许可以得出廷尉除了作为中央的司法机构，还派出属吏直接参与郡县之司法。

② 这可从律令对郡县的司法分工上看出。汉高祖七年诏书规定了县道官不能决断的疑狱上报到所属的二千石官，由二千石官处断。而在地方治狱卒史与廷史必然是案件的经办人。因此，廷史、治狱卒史需要熟悉奏谳程序并拥有疑难案件的处理能力，方能保证奏谳制的良好运行。狱计是郡级司法工作人员另外一项重要业务。岳麓秦简中多见执法负责狱计的规定。如《岳麓秦简》（五）简 059－061"●制诏御史：闻狱多留或至数岁不决，令无辠者久毄（系）而有辠者久留，甚不善，其举留狱上之∟。御史请：至计，令执法上冣（最）者，各牒书上其余狱不决者，一牒署不决岁月日及毄（系）者人数，为冣（最），偕上御史，御史奏之，其执法不将计而郡守丞将计者，亦上之。制曰：可。　·世六"，由此可见，郡不仅需要对县级上报的疑案进行处理，还有司法行政事务需要完成。因此郡级从事司法工作的吏员需要极高的素养。

喜生前曾出任过县级佐史,还担任过司法史。① 从睡虎地秦简中出土
的材料类型来看,喜确实贯彻执行了"以法为教"的理念。首先,《秦律
十八种》《秦律杂抄》和《效律》是律令文本的抄本。研读法律首先需要
的就是对文本的直接理解;《封诊式》涉及治狱程式及与之相关的司法
文书制作;《法律答问》有律疏的性质,是对律文的详细解释。从法律
条文到法律适用离不开法律解释,秦也不例外。在《法律答问》中多次
提到"廷行事"。"廷行事"之"廷",过去有过争议,有认为泛指官府(县
廷、郡廷、朝廷),有认为是廷尉。② 张家山 336 号汉简的公布为这一问
题提供了新的思路。"廷行事"之"廷"似乎更应指廷尉。因为廷尉在
国家司法中作用甚要。实际上,廷尉不光是中央的司法机关,同时也分
管地方司法。从令十一也可以大致看出,廷尉在法律解释上拥有很高
的权力。因为"试二千石官"的具体内容包括大狱、狱计、奏谳和律令
有罪名者。考试的内容包括对律令的掌握。虽然目前并未见到当时的
试题,但结合《法律答问》我们可以推测,"律令有罪名者"考查的不仅
仅是对条文的记忆,还包括理解能力。③ 既然是考试,就需要一套标

---

① 《睡虎地秦简·葉书》:"三年,卷军。八月,喜揄史。""七年,正月甲寅,鄢令史。""十
　二年,四月癸丑,喜治狱鄢。"
② 将廷理解为廷尉,可参见欧扬:《岳麓秦简所见秦比行事初探》,收入中国文化遗产研
　究院编:《出土文献研究》第十四辑,中西书局 2015 年版。而将廷理解为官府的观点,
　参见刘笃才、杨一凡:《秦简廷行事考辨》,载《法学研究》2007 年第 3 期。
③ 这一点可联想《法律答问》中的各种设问。如《法律答问》简 39:"告人盗百一十,问盗
　百,告者可(何)论? 当赀二甲。盗百,即端盗驾(加)十钱,问告者可(何)论? 当赀一
　盾。赀一盾应律,虽然,廷行事以不审论,赀二甲。"问题是"告人盗一百一十,问盗百"与
　"盗百,即端盗驾(加)十钱"两种情况下告的人应该怎么论罪。如果告人盗一百一十,而
　查明被告只一百,应该定告不审,赀二甲。而如果告人盗的时候故意将赃款数额加了
　十钱,从一百钱加到了一百一十钱,按律应该定告盗加赃,按律告盗加赃十钱赀一盾。
　这里出现了告不审的处罚比告盗加赃重,但是在情节上告盗加赃并不比所举告不审的
　行为轻,客观行为都是将百钱加到了百一十钱。因此本条虽然按律是应判定为告盗加
　赃十钱,但是廷行事要求处赀二甲。也即不再适用告盗加赃,而适用告不审的条文来定
　罪量刑。由此可见,不仅需要理解单个律文,还需要在具体情境中准确地适用法律。

准答案。这套标准答案应该是由廷尉制定,也许来源于廷尉代表官方发布的对法律适用进行解释的文件。①

　　由此可见,不论是律令抄本还是《法律答问》"廷行事",都能成为司法吏员掌握法律,获得晋升不可或缺的材料。基层吏员通过法律考试获得"遴选"成为高级别官府的属吏,有助于激发吏员学习法律的热情。令十一立法的出发点应主要是为了保证重要司法工作人员的专业性。如果通过考试选拔司法官吏确实如上文所述在秦代亦有过推行,那么这项考试除了保证国家司法工作人员的专业性,也许还包括贯彻"以法为教"的主张。

---

① 因为按照"以法为教,以吏为师"的政策主张,国家以法作为思想文化的正统,由官吏向民众具体推行。这里便涉及法律的解释权问题。在实行制定法的体制中,法律条文一旦制定就需要解释。《法律答问》很好地展示出了秦人对法律的解释。立法文本中会对部分法律进行解释,如同册简59"盗五人以上相与功(攻)盗,为群盗"是对群盗的定义,可以视为立法解释。但是立法解释很难涵盖司法中可能出现的问题,且立法具有一定的滞后性,很多司法实践中出现的问题需要快速应对,这便催生了司法机关制定适用法律的"司法解释"。《法律答问》中有"应律"但适用"廷行事"的表述。细绎《法律答问》中适用廷行事的情形便可知,廷行事是更接近于司法实践的规定。廷尉是最高司法机关,对法律适用应具有解释权(当然最终解释权在君王,但一定程度上廷尉代表君王"执行"司法权)。

肩水金关汉简所见"房谊案"考释

雷 倩[*]

【摘要】肩水金关汉简中的 73EJT21：59 简，记述了一起与房谊有关的乞鞫案。本文分析简文文意，通过对"诬"字的释读和"乏兴"一词的补释，推测原告讼人存有诬告的行为。结合与房谊相关的 5枚简牍，对"房谊案"做一全面考释，揭示出该案所关涉的诬人律、异地审理等诉讼相关问题，并提出诬告案的乞鞫，在移送异地审理前，可能要征得乞鞫人同意的观点。

【关键词】金关汉简；房谊；诬告；异地审理

肩水金关（A32）位于甘肃省金塔县北部，东经 99°55′47″，北纬40°35′18″，属汉代张掖郡辖肩水都尉府城，是出入居延的必经关卡，坐落在额济纳河东岸，南距肩水候官遗址（地湾）500 米，曾是肩水候官（A33）的驻地。1971－1973 年，甘肃居延考古工作队又对居延甲渠候官（A8）和肩水金关遗址进行了调查和发掘，出土简牍 11000 多枚。资料已在中西书局近年出版的《肩水金关汉简》（壹—伍）（下文简称《金关简》）5 卷中刊布，其中 73EJT21：59 简收录于 2012 年出

* 雷倩，西南政法大学博士研究生。本文在写作过程中得到侯旭东、张俊民、李迎春、王安宇、陈迪等诸位老师的指正，在此谨致谢忱。一切文责由笔者自行承担。

版的《金关简》中。彩色图版和红外线图版的公布，为进一步的释读、研究创造了有利条件。初世宾、肖亢达、刘欣宁、魏振龙、秦凤鹤等学者在此基础上，从诉讼程序、简牍释文等方面进行了深入研究，可谓成就斐然。①

由于简牍本身较完整、字迹清晰，目前学界对 73EJT21：59 简的大部分文字释读和文意理解已取得共识。但由于本简的个别字体不够规范，加上简牍字迹残渺，仍有个别文字的释读和文意存在争议。故笔者不揣鄙陋，在对 73EJT21：59 简个别关键词释读的基础上，就该简所记的"房谊案"②案件信息及汉代诉讼中的异地审理问题予以申论，以期方家指正。

一、73EJT21：59 简释文及句意解析

在前人研究基础上，笔者校订 73EJT21：59 简释文并标点如下：

> 狱至。大守府绝匿房谊辞，起居、万年、不识，皆故劾房谊失寇、乏兴。敢告之。谨先以不当得告诬人律辩告，乃更。
>
> 今将告者诣狱长，孟女已愿以律移旁近二千石官治，以律令

---

① 研究成果如：初世宾、肖亢达：《居延简中所见汉代〈囚律〉佚文考——〈居延新简"责寇恩事"的几个问题〉的订补》，原载《考古与文物》1984 年第 2 期，收入初世宾著，李勇锋编选：《陇上学人文存·初世宾卷》，甘肃人民出版社 2015 年版，第 213－222 页；刘欣宁：《秦汉诉讼中的言辞与书面证据》，收入李宗焜主编：《古文字与古代史》（第五辑），"中研院"历史语言研究所，2017 年；魏振龙：《肩水塞出土汉简整理与研究》，武汉大学 2021 年博士学位论文；秦凤鹤：《〈肩水金关汉简〉（壹）（贰）释文校订》，《汉字汉语研究》2018 年第 2 期；黄艳萍：《〈肩水金关汉简〉（壹—肆）异体字研究》，华东师范大学 2016 年博士学位论文；丁义娟：《肩水金关汉简法律资料辑录与研究》，燕山大学出版社 2022 年版等。
② 作为本文考察问题的核心，笔者拟以 73EJT21：59 简的涉案者房谊命名本案，称之为房谊案。

从事。敢言之。①

关于73EJT21∶59号简的释文,学界有争议的仅在于"诬"字。为避免重复,本文未对简文全文予以系统校释,只根据图版和文意,补释"乏□"为"乏兴",重做释文如上。下面拟对个别字的释读及文意理解略作说明。

(一)狱至。大守府绝匿房谊辞,起居、万年、不识,……

对该句的释读没有争议,需要说明的是:(1)"狱",指这起狱案,推测上简简尾或为"移"字,即"移狱至"。(2)"大守府",大古通"太"。大守,古官名,为一郡的最高行政长官,是秦朝至汉朝时期对郡守的尊称。据《汉书·百官公卿表》载,汉景帝中元二年,始规定统称为太守。简文意即,该狱案已由县廷移送至太守府衙。(3)"绝匿房谊辞",据《后汉书·独行列传》卷八十一载:"王莽以业为酒士,病之不官,遂隐藏山谷,绝匿名迹,终莽之世。"《金关简》(壹)73EJT1∶1简记:"脱籍,疑变更名字,匿走绝迹,更为人妻。"由此来看,此简中的"绝匿",应做"隐去、隐瞒真实信息"之意,"绝匿"的对象,是房谊的狱辞。至于"绝匿"的原因,根据《二年律令》关于受理乞鞫,要先派都吏"覆之"的规定,太守府派的都吏,在审理原告讼者时,拿着绝匿了房谊姓名的狱辞,对其进行再次讯问。(4)"起居、万年、不识",简文"起居"与"万年"较为常见,尤以书信简为最,后常接"毋恙""毋它"或"毋它善",是对收信人及相关人等表示惦念、关心的语言。陈松长认为"起居""万年""不识",都为人名,②笔者从其

---

① 因本简没有上下文,断句存有颇多疑惑。文中所引断句得清华大学侯旭东老师、甘肃文物考古所张俊民老师、中国政法大学王安宇老师指导,谨致谢忱。
② 陈松长:《官文书中的隶书范式——肩水金关的"两行"简》,《书法报》2020年7月22号。

说。从文意看,他们应是本案的原告。

(二) 皆故劾房谊失寇、乏兴。敢告之。

关于本句的释读,补释一字"兴",即简文"乏□",补释为"乏兴"。从红外线图版来看,该字上端的构件模糊不清,剩余部分笔迹略有残渺,但字形轮廓约略可见。 如果删去残断的痕迹剩下 ,彩色图版是两点之外,还有一横笔。73EJT21:59 简出土于肩水金关遗址探方 21(T21),与其相邻的探方 22(T22)出土了含有"乏兴"词组的简文。如:☑书不主廪不乏兴☑(73EJT22:87)。

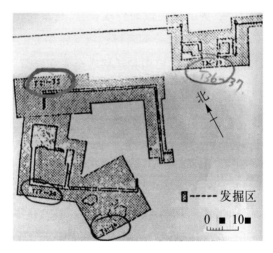

肩水金关 1973 年发掘状况①

据上图肩水金关关卡内部机构探方分布图可知,T21－35 这 14 个探方都紧密相邻,T21、T22 属于同一区。探方本是现代人人为划分的单位,不能因探方命名不同而割裂其联系。因此,两个探方内出

① 图引甘肃居延考古队:《居延汉代遗址的发掘和新出土的简册文物》,《文物》1978 年第 1 期。

现同一词"乏兴"的可能性极高。加之,"乏兴"作为古籍中一个常见词组,在汉简中出现的频率很高,如居延汉简:☐颍川郡长祝自建里李广元凤四年六月乙亥亡乏兴故属[殿]候黄头(148・38＋148・16)。因此,笔者初步推测 73EJT21:59 简中的"乏☐"应该释作"乏兴"。

　　除了字形可能之外,还需文意通顺。简文"乏☐"前两字为"失寇","失寇"在古籍中常见,多用以指代军事行动失利。与军事有关且为"乏☐"者,唯有"乏兴",即乏军兴。《周礼・地官・旅师》载:"平颁其兴积。"郑玄注:"县官征聚物曰兴,今云军兴是也。"这里的"今云",就是郑玄以汉军兴之制相况。《汉书・隽不疑传》载:"(暴胜之)以军兴诛不从命者,威振州郡。"颜师古注:"有所追捕及行诛罚,皆依兴军之制。"《尚书・费誓》曰:"峙乃糗粮,无敢不逮,汝则有大刑。"孔安国注:"皆当储峙汝糗糒之粮,使足食,无敢不相逮及,汝则有乏军兴之死刑。"孔颖达疏:"兴军征伐而有乏少,谓之'乏军兴'。今律:'乏军兴者斩。'"此所称"今律",即唐律,可见军兴一称也为唐所循用。由此观之,乏军兴之形态较多,而不仅仅是耽误军用物资的征集调拨。综上所述,将"乏☐"释读为"乏兴",应该是可以成立的。①

　　另有两个问题需要说明:(1)秦汉律,已根据犯罪意图区分了故意和过失,此处的"故劾",为故意枉法举劾之意。《说文》:"劾,法有辜也。"主要用于纠举官吏犯罪,提请审判机关案验断决。"劾"所涉及的案件,皆属"罪"的范畴。由"故劾"可看出,原告对房谊的举劾行为应属诬陷。(2)"敢告之",属汉代章奏中的套语,一般用于平行文书。简文中"敢言之"的机构,应该是扣押房谊、乞鞫者、诬告者所在的县,即该案原审的县廷。

---

① 雷倩:《肩水金关汉简 73EJT21:59 简文蠡测》,简帛网,http://www.bsm.org.cn/? hanjian/8740.html,首发时间 2022 年 7 月 11 日。

（三）谨先以不当得告诬人律辩告，乃更。

该句的分歧之处，在于"诬"的释读。

（1）"诬"，从字形看，除秦凤鹤、魏振龙认为"诬"当释做"諲"外，其余诸家均认为"诬"字释读无误。由于"诬"字关乎该简文意理解以及"房谊案"的定性，故而有必要对"诬"字的释读进行申论。笔者首先检索了汉简数据库及其他汉简，未发现"諲"字字例，说明"諲"并不常见。另外，检索日本木简库木简番号1688，"巫"字作 ，①与73EJT21：59简中 的右半部分十分相似。那么，对于73EJT21：59简中 ，只据部分字形作出"諲"字的释读，似乎有失偏颇。同时，根据张家山竹简《二年律令·告律》126简②所记："诬告人以死罪，黥为城旦舂，它各反其罪。"简文"先以不当得告诬人律辩告"，当为秦汉律"诬告人律"之规定。可见，整理组释作"诬"，有着字形及律文规定之佐证，故当从整理者释。

（2）谨先以不当得告诬人律辩告，该句为司法文书惯常用语。"先以"之后"辩告"之前的义辞，乃验问时司法官吏先向当事人"辩告"之内容，意即把"不当得告诬人律"的详细内容告知原告（告讼者）。③裘锡圭认为："'先以……律辩告'，当是官吏在正式验问前先把有关法律给被验问的人讲清楚的意思。"④此处的"不当得告诬人律"，即为司法官吏向告讼者"辩告"之律。

①　日本木简库：https://mokkanko.nabunken.go.jp/ja/6AFITC11000260。

②　彭浩、陈伟、[日] 工藤元男主编：《二年律令与奏谳书——张家山二四七号汉墓出土法律文献释读》，上海古籍出版社2007年版，第144页。本文所引《二年律令》的材料皆出自该书，为避繁复，不一一出注，只注简号。

③　初世宾、肖亢达：《居延简中所见汉代〈囚律〉佚文考——〈居延新简"责寇恩事"的几个问题〉的订补》，原载《考古与文物》1984年第2期，收入初世宾著、李勇锋编选：《陇上学人文存·初世宾卷》，甘肃人民出版社2015年版，第213－222页。

④　裘锡圭：《新发现的居延汉简的几个问题》，《中国史研究》1979年第4期。

（3）"乃更"，从字面理解，更，指更正、更改；从简文文意看，当指法司再次讯问时当事人（告讼者）更改之前的供辞，即所谓"更言"。由第二行简文推测，原告对其举劾房谊的言辞内容，做出了更改。结合前文的"故劾"，笔者推测这是一起诬告房谊失寇乏兴的狱案。

（四）今将告者诣狱长，孟女已愿以律移旁近二千石官治，……

学界对该句的讨论较多，有几个问题需要厘清：（1）"长"字究竟应上读，还是下读。这是理解该句的关键。秦凤鹤的释读为"诣狱孟女已"，①从字面理解，可能是：狱长其名为孟女已之意。陈松长对简文的文意做了大致阐述，就该句而言，他的理解是"今将告讼者移送至狱长，他已愿意按律法规定移送到附近的二千石官的治所"。② 他们皆将"长"字上读，但未对"孟女已"三字做说明。另有学者认为"长孟"是汉简常见人名，从下读。③ 笔者认为，该字从上读，或许更符合该案乞鞫的文意。但检索汉籍文献，笔者目力未见"狱长"连读之辞例。考证"狱长"之职的源流，发现狱官分曹治事，在里耶秦简中有记：简 8－728+8－1474 说"狱南曹"发出了两封信，用迁陵县印，一封送往洞庭泰守府，一封送往洞庭尉府。另外，在简 8－273+8－520 中，有"狱东曹"的文例。④ 只是，"县和郡一样设诸曹掾恐怕是西汉中叶以后的情况"。⑤ 不过，在《肩水金关汉简》（贰）

---

① 秦凤鹤：《〈肩水金关汉简〉（壹）（贰）释文校订》，《汉字汉语研究》2018 年第 2 期。其释文漏一"长"字。

② 陈松长：《官文书中的隶书范式——肩水金关的"两行"简》，《书法报》2020 年 7 月 22 号。

③ 经微信请教侯旭东先生及张俊民先生，他们一致认为，"长孟"为金关汉简常见人名，故将本简试断句为："今将告者诣狱，长孟、女已愿以律移旁近二千石官治，以律令从事。敢言之。"

④ 鲁西奇：《秦代的县廷》，《史学月刊》2021 年第 9 期。

⑤ 安作璋、熊铁基：《秦汉官制史稿》，齐鲁书社 2007 年版，第 669 页。

收录的 2334 枚汉简中,最早的一枚是 73EJT21：111 简,时间为汉昭帝始元二年(公元前 85 年),最晚的一枚是 73EJT23：189 简,为始建国五年八月(公元 13 年)。① 据此,可以确定 73EJT21：59 简的时间在汉朝县廷设诸曹掾之后了。此外,走马楼前汉简 1 中有"□狱亭长南爰书、先以证律辨告挢,乃讯"②的记载。所以,本简中"狱长"可能为"狱亭长"之省称。(2)"孟女已","孟女"在古籍中一般指长女,此处释读为,房谊长女其名为"已"。(3)"移旁近二千石官治"的理解并无争议,需要申论的是其原因。汉代案件"移旁近郡"的规定见于《二年律令·具律》。③ 由于"失寇乏兴"依律当腰斩,属死罪,在不能自乞鞫的范围。所以,我们大胆推测,房谊被诬告后,其长女房已代父乞鞫。(4)"二千石官",汉朝二千石为中央政府机构的太子太傅、太子少傅、将作大匠、詹事、水衡都尉、内史等列卿,及州牧郡守、诸侯王国相一级官员。如果前述"房谊长女已代父乞鞫"这一理解不误的话,此处二千石官应不单单指郡守,而是指长官为二千石秩级的行政机构。④

二、"房谊案"案情考释

笔者通过检索《金关简》,发现简文含有"房谊"二字者,除

---

① 罗见今、关守义:《〈肩水金关汉简(贰)〉历简年代考释》,《敦煌研究》2014 年第 2 期。

② 胡平生:《〈简牍名迹选 2〉所刊"走马楼前汉简"释文校订》,收入武汉大学简帛研究中心编:《简帛》第 7 辑,上海古籍出版社 2012 年版,第 213 页。

③ 《二年律令·具律》:"罪人狱已决,自以罪不当欲气(乞)鞫者,许之。气(乞)鞫不审,驾(加)罪一等;其欲复气(乞)鞫,当刑者,刑乃听之。死罪不得自气(乞)鞫,其父、母、兄、姊、弟、夫、妻、子欲为气(乞)鞫,许之。其不审,黥为城旦舂。年未盈十岁为气(乞)鞫,勿听。狱已决盈一岁,不得气(乞)鞫。气(乞)鞫者各辞在所县道,县道官令、长、丞谨听,书其气(乞)鞫,上狱属所二千石官,二千石官令都吏覆之。都吏所覆治,廷及郡各移旁近郡,御史、丞相所覆治移廷。"参见彭浩、陈伟、[日]工藤元男主编:《二年律令与奏谳书——张家山二四七号汉墓出土法律文献释读》,上海古籍出版社 2007 年版,第 139 页。

④ 杨振红、王安宇:《秦汉诉讼制度中的"覆"及相关问题》,《史学月刊》2017 年第 12 期。

73EJT21：59 简外,尚有 4 简。为免挂一漏万,笔者检索了居延汉简与金关汉简中的"谊"字简,以确认房谊其人以及"房谊案"相关涉之简文。

(一)"谊"字简

考诸居延汉简,"谊"字简有二十余枚,名为"谊"的人,任过书佐、隧长、候史、令史、守卒史、候长、甲渠候、肩水城尉、居延都尉丞、居延都尉等职;同名异姓者有简 203.3 徐谊,简 244.15 张谊,简 270.20 薛谊,简 EPT40：129 董谊等。由于异姓诸简的存在,对那些无年代无姓氏的"谊"字简很难确定其归属。不过,经过分析诸多"谊"字简,可推知:苏谊以酒泉太守书佐的身份,转入张掖郡太守府,并提职任命为屯戍系统中某部候史。意即,"候长谊"即书佐苏谊、甘露年间的候史谊,此人在甘露四年以后升任候长之职。

肩水金关汉简中的"谊"字简约为十六枚,名为谊者,任过候长、候史、隧长、令史、居延都尉、守令史、肩水塞尉等职。其余"谊"字简,由于都无纪年可考,推断起来颇为麻烦,也难得可靠,就略而不论了。同名异姓者见于表格。

据此,我们将房谊其人及狱案相涉的简文,锁定在含有"房谊"的五枚简牍中。

简　　号	姓名	身份(爵位/官职)	简　文
73EJT7：6	阎谊	公乘	公乘阎谊
73EJT9：204	掌谊	戍卒	戍卒长陵西仁里掌谊
73EJT10：413	张谊	候史	候史张谊
73EJT24：623	张谊	安竟隧长	安竟隧长张谊

简　号	姓名	身份(爵位/官职)	简　文
73EJT21∶100	王谊	禁奸隧长	禁奸隧长王谊
73EJT21∶113B	郑谊		
73EJT23∶650	陈谊		累山里陈谊
73EJT30∶30B	苏谊	居延殄北令史	居延殄北令史苏谊

(二)"房谊"相关简牍

通过粑梳《金关简》,可以确定与"房谊"有关的共 5 简。从图版信息(见后附图)来看,以上 5 枚简,字迹不同、形制有别,仅内容相关,应属于同一狱案的文书。但因简牍本身残缺过甚,且形制不同,暂时无法编连。为称引方便,每条之首标出序数,并注明所讨论释文的简号。现就剩余的 4 简做一解题:

简 1:狱。至大守府绝匿,房谊辞:起居、万年、不识,皆故劾房谊失寇、乏兴。敢告之。谨先以不当得告诬人律辩告,乃更。

今将告者诣狱长,孟女已愿以律移旁近二千石官治,以律令从事。敢言之。(73EJT21∶59)

简 2:后右足鼻各一所房谊连战至欢☐(73EJT24∶795)

按:"欢"字之后可补释二字"喜隧",所以,将简文补释为:后右足鼻各一所,房谊连战至欢喜隧。从简文"后右足、鼻各一所"看,该简记载了房谊在战斗过程中马匹受伤的信息。

简 3:☐狱讯问房谊☐(73EJT24∶813)

按：秦汉时期的"讯问"，相当于现代审判的法庭调查阶段。讯问的对象，主要是被告人，讯问中的供辞会被记录在案。因本简上下残断，简文不全，所以尚不能全面理解文意。不过，就图版来看，本简较其他几枚似乎更厚，故有檄的可能。

简4：失寇捕毄房谊东候▢（73EJT24：852）

简5：▢▢失寇捕毄房谊东（73EJT24：927）

按：两简简文大意相同，都是因失寇捕击房谊。

（三）案情考释

在考证"房谊案"案情之前，有必要对房谊其人做个交代：前文提及，关于房谊在西北汉简中的记载，可以确认的有5枚简。检索汉籍传世文献，未见"房谊"其人有关记载，却不乏"诬告乏军兴"相关案例，如《汉书·赵广汉传》载："尉史禹故劾贤为骑士屯霸上，不诣屯所，乏军兴。"大意是，名禹的尉史故意举劾苏贤作为骑士屯驻霸上，却不到屯所，违反了军律。不难看出，此条《汉书》所载与73EJT21：59简的内容，非常相似。考诸居延新简、悬泉置汉简等西北汉简，发现除本简之外，简Ⅰ90DXT0116②：118AB亦含有"乏兴"的辞例。① 笔者由此怀疑，如房谊、公孙全、石骏这类名不见经传的小人物，虽未见于传世文献记载，但在西北汉塞，"乏军兴"的行为，似乎较为常见。

至于"房谊案"，陈松长认为："内容大致是一个有关房谊这个人的狱案已移送至太守府，今将告讼者移送至狱长，他已愿意按律法规定移送到附近的二千石官的治所，依法处置。特此报告。"② 笔者承

---

① 甘肃简牍博物馆等编：《悬泉汉简》（壹），中西书局2019年版，第261页。

② 陈松长：《官文书中的隶书范式——肩水金关的"两行"简》，《书法报》2020年7月22号。

其说,结合上述其余简文文意的分析,笔者推测"房谊案"的案情大致为:房谊经过了一场激烈的战斗,败退至欢喜隧,马匹受伤(简2)。起居、万年与不识,诬告房谊失寇、乏兴,房谊蒙冤有极大可能逃亡。所以,受理机关接到举劾文书后,下令通缉房谊,在各县(道)传递捕击房谊的文书(简4、5)。房谊被捕后,负责审理的县廷曾下发讯问房谊的文书(简3),以求证事实。

县廷将狱案上报给所属郡守(二千石官),他派都吏覆狱,开始前,都吏拿着绝匿了房谊姓名的狱词讯问三位告讼人,并依律告知他们"诬人律",他们(畏惧反坐的后果)更改了言辞。据张家山汉简《二年律令·具律》之规定:"证不言请(情),以出入罪人者,死罪,黥为城旦舂;它各以其所出入罪反罪之。狱未鞫而更言请(情)者,除。吏谨先以辨告证。"此外,居延汉简记载:"辞已定,满三日而不更言请者,以辞所出入罪反罪之。"由此来看,起居、万年、不识更改言辞的行为被认定为诬告。房谊长女代父向狱长提出乞鞫申请,两造俱在,确定诬告实情后,都吏决定受理乞鞫,房谊的女儿同意将案件依律移送附近同级郡守进行异地审理(简1)。

三、"房谊案"所涉汉代诉讼制度

"汉代的诉讼程序应包括告劾、案件的受理、证不言情之辩告、讯、验、鞫、论、当、报等过程"。① 由于"《汉律》久亡,故事驳议,又多零失",特别是有关诉讼程序尚未见到有系统、完整的规定,只能从零星的史料和张家山汉墓出土的竹简中得以蠡测。

"房谊案"相关的5枚简中,与汉代诉讼程序联系最为紧密的是简1(73EJT21∶59),其内容涉及的"绝匿……辞""辩告""诬人律"

---

① 程政举:《汉代诉讼程序考》,《法学评论》2013年第2期。

及"移旁近二千石官治",仍值得讨论。

(一)绝匿……辞

依照汉律有关乞鞫的规定,受理乞鞫前,郡守(二千石官)要先派都吏"覆之",根据"覆"的结果,决定受理与移狱。

分析简文"绝匿房谊辞"可知,太守府派的都吏在覆狱之前,应该先隐去了房谊的言辞,然后讯问原告。这种绝匿被害人(或证人)的言辞后,再审问被告人的做法,与现代司法机关的讯问程序或讯问技巧,异曲同工。但从对现有狱案简册的研究成果来看,这一程序要求,似乎并未被学界所关注。

(二)辩告

《汉书·高帝纪下》载:"吏以文法教训辨告,勿笞辱。"颜师古注:"辨告者,分别义理以晓喻之。"在出土的秦汉简中,"辩告""辨告"虽字形有异,但含义相同,①为"详细说明并做出报告""依照法律说明情况之意"。② 只是较之"辩告","辨告"出现的频次更高些。

汉律规定,在审理开始时由主审官向当事人宣读相应律令,此所谓"辨告"。从许多简例中可以看出,辨告的内容由当事人在诉讼中的身份、义务而决定。一是证人。证人的义务是如实作证,因此讯问证人前要向其宣读"证不言请(情)律"。即《二年律令·具律》简110:"证不言请(情),以出入罪人者,死罪,黥为城旦舂;它各以其所出入罪反罪之。狱未鞫而更言请(情)者,除。"又如:"证财物故不以

---

① 关于辨告的含义,有以下诸说:王念孙《读书杂志·汉书一》:"辨读为班。班告,布告也。谓以文法教训,布告众民也。"高恒《汉简所见举、劾、案验文书辑释》认为是"宣告"。葛红丽《〈居延新简〉"辨告"考》认为即遍告。

② 彭浩、陈伟、[日]工藤元男主编:《二年律令与奏谳书——张家山二四七号汉墓出土法律文献释读》,上海古籍出版社2007年版,第137页。

实，臧（赃）五百以上；辞已定，满三日而不更言请（情）者，以辞所出入罪反罪之律，辩告。"①汉简中多见此条律文的残简，如悬泉汉简Ⅰ90DXT0116②：126简"□证不言请臧五百以律辩告乃讯□等皆辟曰驴马故死"，再如居延新简 EPT51：290 简"□故不以实，臧（赃）二百五十以上令辩告□"等。大量的汉代出土简牍表明，证不言情罪在汉代已广泛适用。

二是原告。原告必须告讼审慎真实、不得诬告人。以 73EJT21：59 简为例，"辩告"之前的简文是针对原告而言，初世宾、肖亢达认为具体包含了两项内容：其一是"不当得告"，亦即"告不得当"。在汉律中，有"不当得为"之律。因之，"不当得告"，其意当指"于法不当告"向原告辩告"不当得告"律，旨在警告原告，如所告是属于"于法不当告"的，则将按"不当得告"律规定的办法论处。其二是"诬人"律。汉代法律规定，凡是所告与事实不符，即属诬告。根据"诬告反坐"的原则，要将所告之罪反及告者之身，治以"诬人之罪"。因此，辩告此律，其意在告诫原告（告讼者），所告之事必须以事实为凭据，否则将治"诬人之罪"。②

诚如刘欣宁所言，秦汉诉讼中，"告之程序与证之程序相仿"都以言辞进行，③不论是原告（告讼者）或证人，都有"辩告"的程序要求。主审官所"辩告"（宣告）的律文因当事人诉讼中的身份、义务不同，有所区别。

① 高恒先生认为："这是审判官问案时首先向被告人宣读的一条法律，令其招供实情。"参见高恒：《秦汉简牍中法制文书辑考》，社会科学文献出版社 2008 年版，第 150 页。
② 初世宾、肖亢达：《居延简中所见汉代〈囚律〉佚文考——〈居延新简"责寇恩事"的几个问题〉的订补》，原载《考古与文物》1984 年第 2 期，收入初世宾著，李勇锋编选：《陇上学人文存·初世宾卷》，甘肃人民出版社 2015 年版，第 213－222 页。
③ 刘欣宁：《秦汉诉讼中的言辞与书面证据》，收入李宗焜主编：《古文字与古代史》（第五辑），"中研院"历史语言研究所，2017 年。

（三）诬人律

自秦汉始，历代对诬告罪均有严惩的律令。张家山 336 号汉墓《告律》简 83 记："诬告人以死罪，黥为城旦舂，它各反其罪。"①此条是汉代诬人律。另据简 84 记："教人告人而诬、不审，皆以诬人律论教者。"可见，汉代对诬告罪的认定，一方面在于告讼人有无主观故意，若为主观故意的"有心诬告"，即 73EJT21：59 简中的"故劾"行为，对诬告者，实行反坐；另一方面是对于教唆他人诬告者，也以诬人律论罪。

当然，行为人主观故意与否的依据，来自司法官吏侦办案件过程中获取的言词证据，主要是告讼人的供辞。站在后人的角度回看 73EJT21：59 简，房谊被认定为"诬告"的关键，其实在于原告的"更言"行为。根据大量出土简牍，汉律对供辞人（原告或证人）的"更言"有明确规定，如"辞已定，满三日而不更言请者，以辞所出入罪反罪之"，"□辞已定，满三日□"（EPT5：111），"□三日而不更言请（情）书律辨告。乃验问……"（EPT51：228）。其意是，供述完毕，言辞已定，三日后不更改所述情况者，以所作的供辞作为定罪量刑的依据。目的是，给予原告（告讼者）承认虚假供述的机会。由此可知，虽然汉代证据种类趋于完善，②但在谳狱定罪时，仍以言词证据为重。

秦汉律虽然重惩诬告行为，但诬告行为认定的关键，仍在于供辞人陈述以及有无"更言"之行。当然，原告与证人都是做出言词证据者且都有"更言"的可能，但诬人律的犯罪对象应仅限于原告（告讼

---

① 荆州博物馆编，彭浩主编：《张家山汉墓竹简［三三六号墓］》，文物出版社 2022 年版，第 176 页。

② 张琼军：《明谳庶狱：秦汉刑事证据文明的开启》，中国政法大学出版社 2021 年版，第 108 页。

者），若证人有"证不言情"或存在"更言"，则其构成伪证罪。

（四）异地审理

从现有史料看，需要移送异地审理的案件包括两类：一是启动司法追责或救济程序的案件；二是回避特殊关系的案件。①　结合前文的分析，该案异地审理的缘由，在于房谊长女已为父乞鞠，属于第一种情况。为了更好地理解 73EJT21：59 简"孟女已愿以律移旁近二千石官治"，笔者试将此简文与《具律》中"乞鞠"相关规定进行对读、讨论。

据张家山 336 号汉墓《具律》："罪人狱已决，自以罪不当，欲气（乞）鞠者，许之。气（乞）鞠不审，驾（加）罪一等；其欲复气（乞）鞠，当刑者，刑（简 121）乃听之。死罪不得自气（乞）鞠，其父、母、兄、姊、弟、夫、妻、子欲为气（乞）鞠，许之。其不审，黥为城（简 122）旦舂。年未盈十岁为气（乞）鞠，勿听。狱已决盈一岁，不得气（乞）鞠。气（乞）鞠者各辞在所县道官，县道官（简 123）令、长、丞谨听，书其气（乞）鞠，上狱属所二千石官，二千石官令都吏覆之。都吏所覆治，廷及郡各移旁（简 124）近郡，御史、丞相所覆治移廷。（简 125）"②这段律文的前部分容易理解，亦有案例实证，以往学界对此律多有讨论，可以确定的是，此律是关于"乞鞠"案件二审或再审的规定。但"都吏所覆治，廷及郡各移旁近郡，御史、丞相所覆治移廷"句较难理解，也是学界存有争议之处。

首先，"死罪不得自气（乞）鞠"，意即被判死罪的犯人不得自己上诉（乞鞠）。前文述及，汉律规定"失寇，刑当腰斩"，为死罪。所

---

① 王安宇：《秦汉时期的异地诉讼》，《中国史研究》2019 年第 3 期。
② 荆州博物馆编，彭浩主编：《张家山汉墓竹简［三三六号墓］》，文物出版社 2022 年版，第 181 页。

以,房谊依律"不得自乞鞠"。

其次,"其父、母、兄、姊、弟、夫、妻、子欲为气(乞)鞠,许之",对于不能自请乞鞠的死罪人犯,其父母、兄弟、姊妹、配偶、子女等直系亲属代为乞鞠的,依律允许。这便是房谊长女已,能替父乞鞠的法律支撑。

最后,"上狱属所二千石官,二千石官令都吏覆之。都吏所覆治,廷及郡各移旁近郡,御史、丞相所覆治移廷",学界对这条律文的争议,在于二千石官"覆""覆治"的司法权如何理解,以及所"移"为何。

关于二千石官的裁判权,张家山336号汉墓《具律》有明确规定:"县道官所治死罪及过失、戏而杀人,狱已具,勿庸论,上狱属所二千石官。二千石官令毋害都吏复(简119)桉(案)问,二千石官、二千石官丞谨掾,当论,乃告县道官以从事。徹侯邑上在所郡守。(简120)"①从律文可知,死罪案件县道仅可受理而无权裁决。那么律文"上狱属所二千石官,二千石官令都吏覆之。都吏所覆治,廷及郡各移旁近郡,御史、丞相所覆治移廷",按字面解释,(死罪案件)呈送给所属郡二千石官,后由二千石官派遣都吏"覆"。"都吏所覆治的案件要移交给相邻的旁近郡,而御史、丞相所覆治的案件要移交给廷尉。"②

第一,"覆"与"覆治"。对于"覆"的理解,学界有不同观点。依汉律规定,乞鞠应首先向县、道机关申请,县、道官令、长、丞听其陈述并记录,将乞鞠申请上报所属的二千石官,"二千石官令都吏覆之",

---

① 荆州博物馆编,彭浩主编:《张家山汉墓竹简[三三六号墓]》,文物出版社2022年版,第180页。

② 南玉泉:《秦汉的乞鞠与覆狱》,《上海师范大学学报(哲学社会科学版)》2017年第1期。

这里的"覆之"应是审核之意。① 审核之后的程序，便是都吏"覆治"。据律文"都吏所覆治，廷及郡各移旁近郡"，此处的"覆治"应是对乞鞫案件的审理。但"都吏所覆治并不能成为定案，而要上报廷尉府，郡级的覆案在这里只起了审核、转呈的作用"。② 据此推断，"孟女已愿以律移旁近二千石官治"中的"治"，或为"覆治"。

第二，"移旁近郡"的"移"。整理小组注释"移，移书"，释读为移送文书。若此释正确，则简文"孟女已愿"中的"愿"无解。汉帝国以文书治天下，如果是司法文书的依律移送，自然无需征得一个小小女子的同意。所以，笔者赞同杨振红、王安宇所言"移""即把乞鞫二审或再审案移交给相应审理机关"。③

四、余论

行文至此，对所论述的问题仍有疑问。一是"房谊案"简文未全，不能得知全貌，因此乞鞫案件经过"覆治"之后的程序为何，仍存争议。二是"愿"字何解？从 73EJT21：59 简的字面理解，这起乞鞫案"移旁近二千石官"之时，经过了乞鞫申请人（房谊长女）的同意。这一程序要求，并未见诸其他出土秦汉简牍资料，亦未在汉律中得到印证。笔者大胆猜测，有汉一代，对于诬告案的乞鞫，在上报郡守一级时，或需经乞鞫人同意。当然，孤例不为证，这个猜测仍需更多的材料加以证明，在此提出问题，求教诸位师友，以期越辩越明。

---

① 杨振红、王安宇两位老师认为：第一个"覆"指二审或再审。此律规定，乞鞫案不能由县道等基层行政机构进行审理，而必须移交给上一级机构"二千石官"，由二千石官派都吏进行二审或再审（"覆之"）。参见杨振红、王安宇：《秦汉诉讼制度中的"覆"及相关问题》，《史学月刊》2017 年第 12 期。

② 南玉泉：《秦汉的乞鞫与覆狱》，《上海师范大学学报（哲学社会科学版）》2017 年第 1 期。

③ 杨振红、王安宇：《秦汉诉讼制度中的"覆"及相关问题》，《史学月刊》2017 年第 12 期。

附：

73EJT21：59	73EJT24：795	73EJT24：813
	73EJT24：852	73EJT24：927

北凉法制初探

—— 基于吐鲁番出土北凉法制文书的考察

杨荣春 *

【摘要】北凉是五胡十六国之一,是由卢水胡建立的民族政权。管制管理上,北凉制定官吏考课法《朝堂制》,置国师助教,发展教育;选官上实行察举制、行征召、随才擢用,广纳贤俊。经济民事法制上,实行租税、徭役、雇佣、户籍、夏田、买卖、举贷、劝课农桑、水利灌溉等法制措施。刑事法制上,惩处偷盗、诬陷、受贿、谋反谋逆、故意伤害,实行保释、保辜制。军事刑罚上惩治不具军备、长逋。北凉的司法机构健全。北凉法制源于汉晋,是对汉晋法制的继承,同时也对北朝和隋唐法制产生重要影响。

【关键词】北凉;吐鲁番出土文书;经济民事法制;刑事法制;司法制度

北凉是五胡十六国之一。神玺元年(397),汉人段业初创北凉。永安元年(401)沮渠蒙逊起兵杀段业继立凉王,义和三年(433)沮渠牧犍即位凉王,建平六年(442)沮渠无讳西迁高昌称河西王,至承平

* 杨荣春,历史学博士,青海师范大学历史学院副教授。本文系 2019 年国家社会科学基金一般项目《北凉国史研究》(项目批准号:19BZS037)阶段性成果。

十八年(460)沮渠安周在高昌为柔然所灭,共历五主,计六十四年(397－460年),史称"北凉"。

关于五胡十六国少数民族政权的法制,近些年已有相关研究成果,如前贤陶广峰的《十六国法制抉微》,①何宁生②研究尤多,但并未涉及北凉法制。利用敦煌吐鲁番出土文献研究五凉法制的,有吴震的《吐鲁番出土法制文书概述》、③齐陈骏的《敦煌、吐鲁番文书中有关法律文化资料简介》④等两篇概述和简介,但并未展开深入研究。笔者在前人研究基础上,利用吐鲁番出土北凉文书对北凉法制进行探讨,以求教于方家。

一、北凉的法制原则和法典

北凉神玺元年(397),段业自称凉州牧、建康公,初创北凉。北凉天玺元年(399),段业称凉王。《晋书》记载他:

> 儒素长者,无他权略,咸禁不行,群下擅命,尤信卜筮、谶记、巫觋、征祥,故为奸佞所误。⑤

---

① 陶广峰:《十六国法制抉微》,《法学研究》2008年第1期。
② 何宁生:《后秦法制初探》,《西北大学学报(哲学社会科学版)》1995年第4期;《前秦法制初探》,《西北大学学报(哲学社会科学版)》2002年第3期;《论后燕的法制》,《西北大学学报(哲学社会科学版)》2003年第3期;《论前燕的法制》,《西北大学学报(哲学社会科学版)》2004年第5期;《十六国时期少数民族政权法制的历史影响》,《民族研究》2006年第2期;《十六国时期前赵的法制》,《西北大学学报(哲学社会科学版)》2006年第3期;《十六国时期少数民族政权的司法制度及建树》,《西北大学学报(哲学社会科学版)》2007年第6期;《十六国时期少数民族政权的司法制度》,《西北民族论丛》第六辑,中国社会科学出版社2008年版;《十六国的刑事法制》,《西域研究》2011年第1期。
③ 吴震:《吐鲁番出土法制文书概述》,《西域研究》1992年第3期。
④ 齐陈骏:《敦煌、吐鲁番文书中有关法律文化资料简介》,《敦煌学辑刊》1993年第1期。
⑤ (唐)房玄龄等撰:《晋书》卷一二九《沮渠蒙逊载记》,中华书局1974年版,第3192页。

　　说明儒素出身的段业谋略不足，其执政北凉时期法令不明，而使群臣擅自行令。

　　北凉天玺二年（400），段业斩杀索嗣，李暠分立西凉。同年（400）十一月，段业因惧蒙逊的英武，有意让门下侍郎马权代蒙逊为张掖太守，蒙逊遂唆使段业曰："天下不足虑，惟当忧马权耳。"①段业又杀马权。随后，沮渠蒙逊密告从兄辅国将军沮渠男成谋反，段业竟信以为真，遂杀男成。由此，除了以谋反罪杀男成外，段业杀索嗣、马权皆是在王权和权臣的唆使下，而并没有给出确切的罪名，可见段氏北凉时期的法制原则和法典是不规范的。

　　北凉永安元年（401），沮渠蒙逊起兵进围张掖杀段业，执掌北凉。沮渠氏北凉初期因吏制混乱，朝士多违宪制，不遵典章，沮渠蒙逊对北凉官吏进行整顿，《晋书·沮渠蒙逊载记》载：

　　　其群下上书曰："设官分职，所以经国济时；恪勤官次，所以缉熙庶政。当官者以匪躬为务，受任者以忘身为效。自皇纲初震，戎马生郊，公私草创，未遑旧式。而朝士多违宪制，不遵典章；或公文御案，在家卧署；或事无可否，望空而过。至令黜陟绝于皇朝，驳议寝于圣世，清浊共流，能否相杂，人无劝竞之心，苟为度日之事。岂忧公忘私，奉上之道也！今皇化日隆，遐迩宁泰，宜肃振纲维，申修旧则。"②

　　沮渠蒙逊命征南将军姚艾和尚书左丞房晷制定《朝堂制》。北凉的《朝堂制》是一部专门用于行政规范、官吏考课之法，"行之旬日，百僚振肃"，使百官政风改进。赵向群就此指出："蒙逊下令撰定朝堂之制，申修官吏考绩和黜陟制度，一方面反映出北凉政治的封建化程

① 《晋书》卷一二九《沮渠蒙逊载记》，第3191页。
② 《晋书》卷一二九《沮渠蒙逊载记》，第3198页。

度高于其余诸凉政权,另一方面又推动北凉政治进一步发展,变得更加昌明,更加有力。"①北凉制定之《朝堂制》,是现存史籍所载的五胡十六国时期为数不多正式法规之一,也是五凉之中仅此一例的官吏考课法。

二、北凉的立法和法律内容

(一) 行政法律制度

1. 行政机构

北凉自段业初创时,就依照魏晋官制体系,构建起了行政机构。北凉神玺元年(397),沮渠蒙逊与从兄沮渠男成推吕光建康太守段业,"为使持节、大都督、龙骧大将军、凉州牧、建康公。……业以蒙逊为张掖太守,男成为辅国将军,委以军国之任"。② 可见,段业自称大都督、凉州牧,当分置"二府"即都督府(太府)、凉州府(少府),下设郡县,置太守、县令(长)。

北凉天玺三年(401),沮渠蒙逊杀段业,继立北凉。据《晋书·沮渠蒙逊载记》载:

> 梁中庸、房晷、田昂等推蒙逊为使持节、大都督、大将军、凉州牧、张掖公,赦其境内,改元永安。署从兄伏奴为镇军将军、张掖太守、和平侯,弟挐为建忠将军、都谷侯,田昂为镇南将军、西郡太守,臧莫孩为辅国将军,房晷、梁中庸为左右长史,张鹭、谢正礼为左右司马。擢任贤才,文武咸悦。③

由此来看,沮渠蒙逊承袭北凉,实行爵位制,其自称大都督、凉州

---

① 赵向群:《五凉史探》,甘肃人民出版社2007年版,第173页。
② 《晋书》卷一二九《沮渠蒙逊载记》,第3190页。
③ 《晋书》卷一二九《沮渠蒙逊载记》,第3192页。

牧、张掖公,当分置“二府”即都督府(太府)、凉州府(少府),设左、右长史和左、右司马。下置郡县设太守、县令(长),加将军衔,这是魏晋十六国时期为适应战事频繁特殊形势而设。

北凉玄始元年(412),蒙逊迁都姑臧,称河西王,置百官,规范行政机构,中央设尚书、中书、门下三省及秘书省、御史台等台省官,另置奉常、太史令等诸卿。北凉的地方行政机构依魏晋旧制,分置州、郡、县三级,其长官设州牧、郡守、县令(长);基层设乡里、什伍。

2. 选官制度

北凉采用的选官、教育方式主要有:

(1) 察举。孝廉、秀才是汉至南北朝时期选拔官吏的科目,沮渠蒙逊曾以宋繇为吏部郎中,委之选举。据《魏书·宋繇传》载:

> 宋繇,字体业,敦煌人也。曾祖配,祖悌,世仕张轨子孙。父僚,张玄靓龙骧将军、武兴太守。繇生,而僚为张邕所诛。……吕光时,举秀才,除郎中。后奔段业,业拜繇中散、常侍。……沮渠蒙逊平酒泉,……拜尚书吏部郎中,委以铨衡之任。①

可见,宋繇在后凉吕光时期被举为秀才,北凉沮渠蒙逊时期又被授为负责铨选的尚书吏部郎中,说明北凉时期是以察举制选官。又见吐鲁番出土北凉《高昌郡功曹下田地县符为以孙孜补孝廉事》文书,此文书存三行,现移录文如下:

1 ＿＿＿田地县主者:今以孙孜补孝廉,符到
2 ＿＿＿＿＿＿＿＿＿＿＿＿奉行。
3 □曹书佐　　王覞②

① (北齐)魏收:《魏书》卷五二《宋繇传》,中华书局1974年版,第1152-1153页。

② 唐长孺主编:《吐鲁番出土文书》(图文对照本)第壹册(以下简称《吐鲁番出土文书》(壹)),文物出版社1992年版,第41页。

　　该文书出自吐鲁番哈拉和卓九六号墓,无纪年,据《吐鲁番出土文书》编者考注:"本墓出有北凉真兴七年(公元四二五年)及龙兴某年随葬衣物疏。真兴为夏赫连勃勃年号,其时北凉称臣于夏,故用夏年号。"① 故此文书属北凉时期。文书是一件北凉官府公文"符",内容是北凉高昌郡功曹书佐下符文,给下辖田地县负责人,要求以"孙孜"补孝廉。

　　(2)国师、助教、博士。北凉统治者重视传统儒学,熟识儒家典籍,发展教育,设置学校,广授贵族子弟。北凉玄始十四年(425)七月,"沮渠蒙逊起游林堂于内苑,图列古圣贤之像"。② 笔者认为此"游林堂",当为北凉的学校。游林堂列圣人像,也说明北凉对儒学的推崇。另一北凉教育机构"陆沉观",是北凉沮渠蒙逊专为刘昞教学所建,据《续敦煌实录》载:"蒙逊平酒泉,拜(刘昞)秘书郎,专管注记。筑陆沉观于西苑,躬往礼焉,号'玄处先生',学徒数百,月致羊酒。"③ 又,沮渠牧犍尊刘昞为国师,"亲自致拜,命官属以下皆北面受业焉。时同郡索敞、阴兴为助教,并以文学见举,每巾衣而入"。④ 北凉统治者重视教育,尊刘昞为国师,建学校、置助教、收学生。吐鲁番出土《西凉嘉兴四年(公元四二〇年)残文书》,此文书存三行,现移录文如下:

```
　1　　　　　　　嘉 兴 四 年 □□□

　2　　博士颉

　3　　　　　　　□凌　　宋□□□ ⑤
```

──────────

① 　《吐鲁番出土文书》(壹),第28页。
② 　(清)汤球:《十六国春秋辑补》卷九六《北凉二》,中华书局1985年版,第666页。
③ 　(清)张澍辑,李鼎文校点:《续敦煌实录》,甘肃人民出版社1985年版,第2页。
④ 　(清)张澍辑,李鼎文校点:《续敦煌实录》,甘肃人民出版社1985年版,第2页。
⑤ 　《吐鲁番出土文书》(壹),第13页。

该文书"博士颉"，可见其学校教育置"博士"。此文书为西凉嘉兴四年（420），"嘉兴"为西凉李歆年号，为吐鲁番出土西凉统治高昌最晚的文书。吐鲁番也出土《北凉玄始九年（公元四二〇年）随葬衣物疏》，"玄始"为北凉沮渠蒙逊年号，说明同在420年沮渠氏北凉统治到达高昌，故此文书可作为北凉发展教育的参考。

（3）征召。即征召贤俊，招纳人才。北凉沮渠蒙逊建国之初，就采取此方式。据《晋书·沮渠蒙逊载记》载：

> 蒙逊下令曰："养老乞言，晋文纳舆人之诵，所以能招礼英奇，致时邕之美。况孤寡德，智不经远，而可不思闻谠言以自镜哉！内外群僚，其各搜扬贤俊，广进刍荛，以匡孤不逮。"①

正是沮渠蒙逊广集人才、征召纳士这一具有远见卓识的政策，才使梁中庸、房晷、田昂、张骘、谢正礼等大量贤士得以入朝参政。

（4）随才擢用。这是五胡十六国政权统治者最迅速、最简便地补充官吏队伍的绝佳方式。北凉初期也曾采用，《晋书·沮渠蒙逊载纪》载：

> 隆安五年（401），梁中庸、房晷、田昂等推蒙逊为使持节、大都督、大将军、凉州牧、张掖公，赦其境内，改元永安。署从兄伏奴为镇军将军、张掖太守、和平侯，弟挐为建忠将军、都谷侯，田昂为镇南将军、西郡太守，臧莫孩为辅国将军，房晷、梁中庸为左右长史，张骘、谢正礼为左右司马。擢任贤才，文武咸悦。②

沮渠蒙逊克酒泉后"叹曰：'孤不喜克李歆，欣得宋繇耳。'拜尚

① 《晋书》卷一二九《沮渠蒙逊载记》，第3193页。
② 《晋书》卷一二九《沮渠蒙逊载记》，第3192页。

书吏部郎中",① 又"以子茂虔为酒泉太守,李歆旧臣皆随才擢
叙"。② 可见,北凉沮渠蒙逊、沮渠牧犍两代君主实行"擢任贤才、随
才擢叙"措施,广泛招揽各方人才,广开门路,量才录用各族豪门及俊
杰之士,以加强统治基础,使北凉逐渐稳固。

（二）经济民事法律制度

1. 租税制度。北凉的赋税繁重,见吐鲁番出土编号为
75TKM91∶23/1《严奉租丝残文书》,此文书存两行,现移录文如下:

> 1 □□□□ 严奉租糸（丝）□□□□
> 2 □□□□ 预省 □□□□ ③

此文书无纪年,出自吐鲁番阿斯塔那九一号墓,据《吐鲁番出土
文书》编者考注:"本墓所出衣物疏无纪年。其他有纪年文书起西凉
建初四年（公元四〇八年）,止缘禾五年。"④ 故当在北凉时期。关于
"租",《说文解字》曰:"租,田赋也。"⑤ 又《故训汇纂》引《广雅·释诂
二》曰:"租,税也。"⑥ 那么,严奉租丝很有可能是为了缴纳赋税。另,
吐鲁番出土北凉《兵曹条往守白芳人名文书一》中五至六行,移录文
如下:

> 5 □□□□ 输租,各谪白芳□十日。高宁
> 6 □□□□ 横截二人,合卅人,次□芳守十日。⑦

---

① 《魏书》卷五二《宋繇传》,第 1152–1153 页。
② （清）汤球:《十六国春秋辑补》卷九六《北凉二》,中华书局 1985 年版,第 665 页。
③ 《吐鲁番出土文书》（壹）,第 79 页。
④ 《吐鲁番出土文书》（壹）,第 55 页。按:"缘禾五年"即公元四三六年。
⑤ （汉）许慎:《说文解字·禾部》,中华书局 2013 年版,第 127 页。
⑥ 宗福邦、陈世铙、萧海波:《故训汇纂·禾部》,商务印书馆 2003 年版,第 1623 页。
⑦ 《吐鲁番出土文书》（壹）,第 72 页。

文书中记载北凉高昌郡下辖高宁县（今新疆鄯善县吐峪沟）、横截县（今新疆鄯善县吐峪沟北偏东苏巴什）的这 30 人均因欠租或交租不及时，受到处罚劳役，谪守白芳 10 天。又见吐鲁番阿斯塔那三八二号墓出土《北凉因欠税见闭在狱启》，此文书存 7 行，现移录文如下：

1　□□启：去八月内被敕，当人输苋炙

2　一斛。即往于山北，行索无处。今坐

3　不输炙为幢，见闭在狱。遭遇

4　节下，乞愿赐教，听于被（倍）输□

5　□炙。蒙恩，付所典。谨启。

6　十月五日上

7　　　　　听　倍　输①

该文书书于《北凉缘禾十年高昌郡功曹白请改动行水官牒》的背面，年代亦当属北凉。按《新出吐鲁番文书及其研究》的编者所注："本件正面为《北凉真兴六年高昌郡兵曹牒尾署位》。本件年代亦当属北凉。"②此文书是一件申诉的启，内容是此人因去年被敕，③"输苋炙④一斛"，此人未完成任务，被判"不输炙"罚为幢，并关进监狱。"幢"是北凉军种之一。此人上启，申诉并愿"被（倍）输"即加倍交纳，请郡守赐教付所典。第七行是上级官员的批示"听倍输"，即准许

---

① 柳洪亮：《新出吐鲁番文书及其研究》，新疆人民出版社 1997 年版，第 12 页。

② 柳洪亮：《新出吐鲁番文书及其研究》，新疆人民出版社 1997 年版，第 12 页。

③ "敕"，"用其命令的涵意……《敕》的内容都是十分具体的事务，包括输纳、行水、处罚、赔偿等等"。参见柳洪亮：《新出吐鲁番文书及其研究》，新疆人民出版社 1997 年版，第 305 页。

④ 苋炙，一种菜。可能是马齿苋。为"一年生草本植物，叶对生，卵形或菱形，有绿紫两色。花黄绿色。种子极小，黑色而有光泽。嫩苗可作蔬菜"。参见汉语大词典编辑委员会：《汉语大词典》（缩印本），汉语大词典出版社 1997 年版，第 5479 页。

其加倍交纳茕炙。

2. 夏田制度。关于北凉"夏田",见香港克里斯蒂(佳士得)拍卖行 2001 年拍卖的一件吐鲁番出土《高昌建平四年道人佛敬夏田券》,此文书存六行,现移录文如下:

> 1　建平四年十二月十六日,支生贵田地南部干田
> 　　　　　并床麦。
> 2　五□与道人佛敬,交贾(价)毯十张。田即付,
> 3　毯即毕。各供先相和可,后成券。
> 4　各不得返々,悔部(倍)罚毯廿张。二主
> 5　各自署名。倩道人佛敬为治渠。杨
> 6　毅时见。①

"建平"为北凉沮渠牧犍年号,建平四年即 440 年。"夏",蒋礼鸿先生解释为:"通'假'。租赁。"②内容是道人佛敬以十张毯子的价格,租赁支生贵附带床麦的土地,并规定租赁期间由道人佛敬维护水利灌溉设施。"田地",即北凉高昌郡下辖的田地县。租赁对象是干田包括床麦,是以"毯"作为交易媒介,以契券形式进行约定。另见香港克里斯蒂(佳士得)拍卖行 2001 年拍卖的另一件吐鲁番出土《高昌建平五年张鄯善奴夏葡萄园券》,此文书存七行,现移录文如下:

> 1　建平五年正月十一日,道人佛敬以毯贰拾张,□
> 2　张鄯善奴蒲陶一年。贾(价)即毕,蒲陶并绳
> 3　索即蹑畔相付。二主先相和可,不相逼强,
> 4　乃为券书。券成之后,各不得返(反)悔,々者

---

① 王素:《略谈香港新见吐鲁番契券的意义——〈高昌史稿·统治编〉续论之一》,《文物》2003 年第 10 期。张传玺主编:《中国历代契约粹编》(上),北京大学出版社 2014 年版,第 88 页。

② 蒋礼鸿:《敦煌文献语言词典》,杭州大学出版社 1994 年版,第 341 页。

5　倍罚毯肆拾张，入不悔者。民有私约（要），律

6　所不断。官租酒敬仰。时人张奴子、

7　书券弘通，共知言要，沽各半。①

　　此文书也是一件北凉租赁契券，北凉建平五年即 441 年。文书中的"道人佛敬"与上一件文书中的"道人佛敬"当系同一人。内容是道人佛敬以二十张毯子的价格，租赁张鄯善奴的葡萄园，租期是一年。租赁对象是葡萄园，也是以"毯"作为媒介来进行交易，订立契券。再者，道人佛敬本为佛徒僧众，当为北凉统治阶层，也参与租赁土地、葡萄园，参与农业生产、租赁交易。

　　3. 徭役制度。关于北凉的徭役，见吐鲁番出土《都乡啬夫被符征发役作文书二》，该文书存 3 行，现移录文如下：

1　▢▢▢▢令狐玩▢▢▢▢

2　右五家户作次，逮知为官种芜荒▢▢▢

3　▢▢▢▢应▢罪▢▢▢▢②

　　该文书出自吐鲁番哈拉和卓九六号墓，该墓出土《北凉真兴七年（公元四二五年）宋泮妻隗仪容随葬衣物疏》，此文书当为北凉时期。文书内容中令狐玩等五家为官种芜荒，作为编户齐民为北凉官府轮番服佃役，被官府征发去种官地，这当是北凉耕种官地的"佃役"。需要说明的是这种"为官种芜荒"的佃役具有临时性，服役有一定期限。又吐鲁番出土《北凉玄始十二年（公元四二三年）兵曹牒为补代差佃守代事》，该文书存 19 行，仅录 8 至 11 行如下：

① 王素：《略谈香港新见吐鲁番契券的意义——〈高昌史稿·统治编〉续论之一》，《文物》2003 年第 10 期。张传玺主编：《中国历代契约粹编》（上），北京大学出版社 2014 年版，第 136 页。

② 《吐鲁番出土文书》（壹），第 41 页。

8 ▭▭▭纪，请如解○簿。

9 ▭▭▭被符省县示（桑）佃，差看可者廿人知，▭▭▭

10 ▭▭以阙相平等殷可任佃，以○游民阙▭▭▭

11 □□佃，求纪识。请如解纪识。①

"玄始"为北凉沮渠蒙逊年号。文书中阙相平等人"被符省县桑佃"，很明显是服佃役。但是，这还要求承担佃役的人员必须"殷可任佃"，也就是家境殷实、有一定经济条件的人才能胜任。严耀中先生就此认为："脱或有意外之灾，他们的产业还可作为赔偿，以免官府受到损失。假若此点推测不误，并考虑到服佃役者时间之长，那么这种所谓佃役对官地上的作物收成就负有全部责任，也即实际上已是对官地具有'承包'的性质。"②另见吐鲁番阿斯塔那五九号墓出土文书《□愿残辞》，此文书存4行，现移录文如下：

1 ▭▭田地如令，行人同▭▭▭

2 ▭▭々□补佃种，伏自寸▭▭▭

3 □不看辨， 颂（愿）年三□□

4 □谨辞以闻。③

该文书中"田地如令""补佃种"，即北凉高昌郡田地县颁布命令要求补佃种，应当是反复的劳役，此佃役是为官府所服的长期性徭役。

还有作为长期服徭役的士兵，见吐鲁番出土《兵曹白为胡恩生永除□佃役事文书》，该文书存4行，现移录文如下：

---

① 《吐鲁番出土文书》（壹），第30-31页。
② 严耀中：《十六国时期高昌官地上的"佃役"与"共分治"》，收入《中国吐鲁番学学会第一次学术研讨会论文集》，中国吐鲁番学学会1992年版。
③ 《吐鲁番出土文书》（壹），第23页。

1　□李二兵曹：胡愍生□□□

2　□□永除定佃役。已白

　　　禄□□□

3　诺。名龙□□

4　主簿　　　□□①

　　该文书出自吐鲁番哈拉和卓九六号北凉墓葬。文书是兵曹签发，"永除定佃役"说明北凉士兵存在佃役，而且此佃役不是临时的，很可能在此之前胡愍生等人是长期佃耕屯田劳役。严耀中先生认为："此时（魏晋南北朝时期）军队的一个重要职能就是作为劳动力来使用。军屯上的士兵被称作'佃兵'，其作为劳动者性质固不待言。"②同样，以上胡愍生等人也当是佃兵，亦即军屯士兵。《宋书》载：

> 伏见西府兵士，或年几八十，而犹伏隶；或年始七岁，而已从役。衰耗之体，气用湮微，儿弱之躯，肌肤未实，而使伏勤昏稚，鹜苦倾晚，于理既薄，为益实轻。③

　　在魏晋南北朝时期，士兵终身从役是很普遍的。

　　除了农耕屯田生产劳役，北凉还有其他杂役。见吐鲁番出土《北凉义和三年（公元四三三年）兵曹条知治幢墼文书》，该文书存 11 行，仅录 1 至 4 行如下：

1　冯珍一□□作墼□□墿

2　□□□治□□

---

① 《吐鲁番出土文书》（壹），第 40 页。

② 严耀中：《魏晋南北朝的"役"与"力"》，《上海师范大学学报（哲学社会科学版）》1985 年第 3 期。

③ （梁）沈约：《宋书》卷一〇〇《自序》，中华书局 1974 年版，第 2450 页。

3 ＿＿＿＿＿＿＿＿＿韩＿＿＿＿近来被

4 ＿＿＿＿＿＿＿＿＿谨条知治幢□□右,事诺①

该文书内容是兵曹下令士兵冯珍等人被抽调制作墼。墼,《玉篇·土部》曰:"毃,土墼也。"②即未烧的砖坯。对此唐长孺先生指出:"由于幢是军队基本编制,所以幢所在营地如坞壁之类也叫做幢。"③冯珍等人做土坯治幢,即是临时的杂役。又见吐鲁番出土北凉《残文书一》,该文书存6行,仅录第1行如下:

1 ＿＿＿＿＿＿＿＿＿＿＿十五役水祖戍④

文书内容说明,十五岁年龄就当去水祖戍服役戍守,可见北凉的服役年龄较早。《宋书》也载:"书制休老以六十为限,役少以十五为制,若力不周务,故当粗存优减。"⑤又见吐鲁番阿斯塔那三八二号墓出土《北凉高昌郡内学司成白请差刈苣蓿牒》,该文书存8行,现移录文如下:

1 内学司成令狐嗣 白 : ＿＿＿＿＿

2 辞如右,称名堕军部,当刈菝(苣)蓿。

3 长在学,偶即书,承学桑役。投辞

4 □差检,信如所列,请如辞差

5 刈菝蓿。事诺付曹存记奉

6 行。

7 　　　　　四月十六日白

---

① 《吐鲁番出土文书》(壹),第63页。

② 《宋本玉篇》卷第二《土部》,中国书店1983年版,第32页。

③ 唐长孺:《吐鲁番出土文书中所见的高昌郡军事制度》,《社会科学战线》1982年第3期。

④ 《吐鲁番出土文书》(壹),第18页。

⑤ 《宋书》卷一〇〇《自序》,第2450页。

8 　　　　　　　　　　典学主簿　建①

以上是内学司成令狐嗣所上牒文，牒文称某人名在军籍，按军部应服劳役割苜蓿，然而他长期在学并承担学馆的桑役，在面对军部的"刈苜蓿"和学馆的"桑役"，此人上"辞"请"差刈苜蓿"，并报请管理学馆的内学司成。内学司成令狐嗣以"牒"，将事情原委经过报请典学主簿。由此可见，"承学桑役"被免，而去"刈苜蓿"，北凉军役与学役没有多大差别，但服役是必须的。

4. 雇佣制度。关于北凉的雇佣，见吐鲁番出土《北凉玄始十二年（公元四二三年）翟定辞为雇人耕床事》，该文书存 5 行，现移录文如下：

1　玄始十二年□ 月 廿二日，翟定辞：昨廿一日
2　顾（雇）王里、安儿、坚强耕床到申时，得
3　大绢□疋 □□□□ 今为□与□安、坚二口 □□□□
4　□□□□□□□□□□ 等□可 □□□□
5　□□□□□□□□□□□□ 状如前。②

"玄始"是北凉沮渠蒙逊年号。文书是一件辞呈，内容是翟定雇佣王里、安儿、坚强等三人耕床，因雇工报酬而引起的纠纷。此说明北凉高昌郡使用雇工，而且雇佣三人"耕床到申时"，是使用短工耕作，这种雇佣关系主要农作物耕作上，以"绢"为劳动报酬，这是北凉典型的雇佣关系。

5. 举贷制度。关于北凉的举贷，见吐鲁番出土《北凉承平五年（公元四四七年）道人法安弟阿奴举锦券》，此文书存 8 行，现移录文如下：

①　柳洪亮：《新出吐鲁番文书及其研究》，新疆人民出版社 1997 年版，第 13 页。
②　《吐鲁番出土文书》（壹），第 16 页。

1 承平五年岁次丙戌正月八日道人法安弟阿奴

2 从翟绍远举高昌所作黄地丘慈中

3 锦一张,绵经绵纬,长九五寸,广四尺五寸。

4 要到前年二月卅日,偿锦一张半,

5 若过期不偿,月生行布三张,民有私

6 要,々行二主,各自署名为信。故(沽)各半,

7 共负马一匹,各〇了。倩书道人知骏

8 时见 道智|惠| 永安①

"承平"是沮渠安周年号,此文书属北凉末期,是一件举贷契券。"举",蒋礼鸿先生解释为"借贷"。② 该契券是道人法安向翟绍远举高昌作"黄地丘慈锦"一张,到期本息偿还一张半丘慈锦,翟绍远盈利半张锦。另见吐鲁番出土《道人惠普取毯券》,此文书残存2行,现移录文如下:

1 道人惠普取毯五张,☐☐☐☐

2 到来年当还偿五☐☐☐☐③

此文书出自吐鲁番阿斯塔那二二号墓,该墓所出文书中"主簿云"及"录事识",又见于哈拉和卓九六号墓北凉玄始十二年及其前后文书,故此当属北凉时期。文书是一件举贷契券,道人惠普向某人举借五张毯,第二年道人惠普要还毯五张半,后文残缺详情不知。由以上两件文书可见,北凉的举贷是以"契券"为载体,以纺织品"锦""毯"为一般等价物,以放贷盈利为目的的经济活动。

6. 户籍制度。吐鲁番出土《北凉承阳二年(公元四二六年)十一

---

① 《吐鲁番出土文书》(壹),第88-89页。

② 蒋礼鸿:《敦煌文献语言词典》,杭州大学出版社1994年版,第177页。

③ 《吐鲁番出土文书》(壹),第103页。

月户籍残卷》,该文书存 10 行,现移录文如下:

1	凡
2	承阳二年十一月籍
3	丁 男 一
4	丁 女 一
5	小 女 二
6	凡 口 四
7	承阳二年十一月籍
8	老 男 二
9	凡 口 二
10	承阳二年十一月籍①

该文书是一件北凉户籍。"承阳"是北凉向大夏称臣,奉夏主赫连昌"承光"年号而改。据《十六国春秋辑补·夏录三》载:"勃勃葬,(赫连昌)即位于永安台,大赦,改真兴七年为承光元年。"②酒泉出土有《北凉承阳二年(公元四二六年)十月马德惠石塔》。北凉实行郡县制、乡里制,作户籍掌握户口情况,户籍是北凉征发徭役、赋税和征兵的重要依据。从北凉户籍内容来看,男口分为丁男和老男,女口分为丁女和小女,北凉的丁中制更接近西晋的丁中制,③尤其是女口的划分反映到赋税上,很可能女口按年龄被允许拥有土地,被课以征收赋税。

7. 买卖制度。买卖,尤其是人口买卖在北凉属合法交易。见吐

---

① 关尾史郎:《从吐鲁番带出的"五胡"时期户籍残卷两件——柏林收藏的"Ch6001v"与圣彼得堡收藏的"Дx08519v"》,收入《吐鲁番学研究——第二届吐鲁番学国际学术研讨会论文集》,上海辞书出版社 2006 年版,第 180 页。

② (清)汤球:《十六国春秋辑补》卷六六《夏录三》,中华书局 1985 年版,第 477 页。

③ 《晋书》卷二六《食货志》,第 790 页。其载:"男女年十六已上至六十为正丁。十五已下至十三、六十一已上至六十五为次丁。十二已下六十六已上为老小,不事。"

鲁番出土《买奴残文书》,文书残存 4 行,现移录文如下:

1 ⬜⬜⬜日,道人⬜⬜⬜

2 ⬜⬜买奴一[人],字承使。奴⬜⬜⬜

3 ⬜⬜其日欲将至住处,⬜⬜⬜

4 ⬜⬜云欲还见妇,因尔⬜⬜⬜①

　　该文书出自吐鲁番哈拉和卓九六号墓,同墓有《北凉真兴七年(公元四二五年)宋泮妻隗仪容随葬衣物疏》,故此文书当属北凉时期。文书是一件班示,内容是道人买来一名叫承使的奴隶,因故走失未归,以班示寻找。说明道人在北凉社会处于较高的阶层,可以购买奴隶。另见吐鲁番出土《北凉承平八年(公元四五〇年)翟绍远买婢契》,文书存 7 行,现移录文如下:

1 承平八年岁次己丑九月廿二日,翟绍远从石阿奴

2 买婢壹人,字绍女,年廿五,交与丘慈锦三张半。

3 贾(价)则毕,人即付。若后有何(呵)盗仞(认)名,仰本

4 主了,不了,部(倍)还本贾(价)。二主先和后券,々成

5 之后,各不得返悔,々者罚丘慈锦七张,入不

6 悔者。民有私要,々行二主,各自署名为信。

7 券唯一支,在绍远边。　倩书道护②

　　该文书是一件北凉人口买卖契券。契券中"翟绍远"与《北凉承平五年(公元四四七年)道人法安弟阿奴举锦券》中翟绍远系同一人。内容是翟绍远用三张半丘慈锦从石阿奴处买了一名叫绍女的奴婢。可见,人口买卖是北凉的一种正常交易,是以签订契券的形式达成的。

---

① 《吐鲁番出土文书》(壹),第 36 页。
② 《吐鲁番出土文书》(壹),第 92-93 页。

8. 劝课农桑。北凉重视农业生产,沮渠蒙逊立国初就制定劝课农桑、发展农业的政策措施。《晋书·沮渠蒙逊载记》载:

> (沮渠蒙逊)因下书曰:"孤以虚薄,猥忝时运,未能弘阐大猷,戡荡群孽,使桃虫鼓翼东京,封豕烝涉西裔。戎车屡动,干戈未戢,农失三时之业,百姓户不粒食。可蠲省百徭,专功南亩,明设科条,务尽地利。"①

其中心内容是"可蠲省百徭,专功南亩,明设科条,务尽地利",明确要减少徭役,着力发展农业,制定农业法规条例,发挥地利优势。北凉农业发展的一系列政策和措施,使河西地区农业生产得以尽快恢复,而且在很大程度上稳定了北凉社会秩序。

9. 水利灌溉。水利灌溉是河西和高昌发展农业的先决条件,为此北凉在发展农业的同时,着力兴水利灌溉。见吐鲁番出土《北凉缘禾十年(公元四四一年)高昌郡功曹白请改动行水官牒》,该文书残存8行,现移录文如下:

```
1  ────────────────称 ────────────
2  ────────────敕 行西部水,求差杨□
3  ────────────今还改动,被敕知行中部
4  ────────────信如所列,请如辞差校曹书
5  佐隗达,代达行西部水,以摄仪张祇养
6  □□行 中部水。事诺约敕奉行。
7                  缘禾十年三月一日白
8                  功曹史　璋②
```

此文书属于北凉晚期,是功曹史上郡守的一件行水官牒。北凉

① 《晋书》卷一二九《沮渠蒙逊载记》,第3192页。
② 柳洪亮:《新出吐鲁番文书及其研究》,新疆人民出版社1997年版,第10页。

定期灌溉,行水官负责分配灌溉用水和维修水利设施。高昌农业全靠灌溉,每到用水季都需抽调官员担任"行水"日夜值班浇灌,以张祇养代替校曹书佐隗达"行西部水",以杨□"行中部水",由各曹官员抽调管理水利灌溉,足见北凉对农业发展的重视。

以上北凉的夏田、买卖、雇佣、举贷等制度,多是以签订"契券"的形式达成交易,契券也是北凉法律文书之一。契券是北凉民间交易的文书,要约彼此,明确规定各自承担的义务,如一方违约,按契券规定索赔或上诉官府,其具有法律效力,受到法律保护。

(三)刑事法律制度

1. 偷盗罪。关于北凉偷盗罪及处罚,见吐鲁番出土《北凉高昌郡某县贼曹阚禄白为翟綵失盗事》,此文书残存5行,现移录文如下:

1 贼曹阚禄白:翟綵□□
2 亡右谍杂物□王相兴、宋得成偷綵□□ □□
3 □□绿鞋(屧)□九,闭狱责辞,□ □□
4 　　　　□□□□复求精校,请□□
5 　　　　　　　　□□□①

该文书揭自北凉赵货墓葬纸帽,"翟綵"也见于同墓《北凉高昌郡高宁县差役文书》。文书是关于"偷盗"案,贼曹阚禄上郡守牒,其中"□□□□复求精校",当补为"赐教付曹,复求精校",是上郡守批示,再次检校。文书大致内容是王相兴、宋得成偷翟綵的绿鞋等杂物,二人也因偷盗罪入狱,贼曹上牒郡守求检校。又见《北凉残文书》,此文书残存4行,现移录文如下:

1 　　　　　□□□物

① 荣新江、李肖、孟宪实:《新获吐鲁番出土文献》,中华书局2008年版,第213页。

2 　　　□□闭狱

3 　　　□□□□□

4 　　　，被问须知①

该文书也揭自赵货纸帽，与《北凉高昌郡某县贼曹阚禄白为翟紾失盗事》当为同一件文书。"□物"当为"杂物"，"被问须知"，是当事人逐一被推问，后文残缺，是否有双方当事人的辩词不得而知。另见吐鲁番出土《北凉文书为偷盗事》，此文书残存6行，现移录文如下：

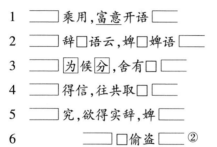

1 　　乘用，富意开语□

2 　　辞□语云，婢□婢语□

3 　　为候分，舍有□□

4 　　得信，往共取□□

5 　　究，欲得实辞，婢□

6 　　　　□偷盗□②

该文书也揭自北凉赵货纸帽，其内容残缺较多，凭其关键语句"偷盗"，可知是与偷盗相关的法律文书。由第二行"辞□语云"和第五行"欲得实辞"，可知是贼曹审查"偷盗"案件起因、经过并上郡守。

2. 诬陷罪。北凉有诬告、诬陷罪。段业初创北凉，以马权代蒙逊为张掖太守，沮渠蒙逊亦惮而怨之，乃谮之于业曰："天下不足虑，惟当忧马权耳。"段业遂杀马权。③ 谮，即"诬陷"。马权遭蒙逊诬陷，遂被段业所杀。又北凉天玺二年（400）五月，"蒙逊与男成谋杀业，男成不许，蒙逊反谮男成于业，业杀男成"。④ 蒙逊又诬陷沮渠男成，男成遂被段业所杀。吐鲁番出土文书也有北凉诬陷的案例，见《北凉狱

---

① 荣新江、李肖、孟宪实：《新获吐鲁番出土文献》，中华书局2008年版，第213页。
② 荣新江、李肖、孟宪实：《新获吐鲁番出土文献》，中华书局2008年版，第210页。
③ 《晋书》卷一二九《沮渠蒙逊载记》，第3190页。
④ 《宋书》卷九八《氐胡大且渠蒙逊传》，第2412页。

囚□阿挙启》，此文书残存 8 行，现移录文如下：

1　狱囚□阿挙启：去前
2　七月内为□□见诬，诬挙盗
3　□□兴□□听对极手，吏
4　□□申理，敕偿兴物。遭遇
5　节下，听姊、弟保任出外。甘心具
6　□□兴□辞，不胜困切，冒犯自
7　□□□□□
8　　　　　正月十七日上①

　　此文书是狱囚□阿挙上曹司的启，具体内容是去年七月阿挙遭人诬陷，诬阿挙偷盗□□兴的物品而入狱，经官吏审理判"偿还□□兴的物品"，后又经他的姐姐和弟弟保释出来。阿挙遭人诬陷入狱，在偿还物品的基础上，可以申请保释出外，同时保有申诉权利，也说明北凉法制中存在"保释"制度。

　　3.塞赇罪。赇即行贿、受贿、贿赂财物。② 塞赇罪，即行贿受贿罪。北凉"塞赇罪"实际案例，并附案件处罚和审理程式。见吐鲁番出土《翟强辞为征行逋亡事》，此文书残存 7 行，现移录文如下：

1　□□□□得 □□□□□翟强□□□
2　□□□□廿□当征行，其□□□□□
　　　　　　　　□受鲁得等五人□□
3　□□□□令，逋不往，还即白逋。□□
　　　　　　　　□往

---

① 柳洪亮：《新出吐鲁番文书及其研究》，新疆人民出版社 1997 年版，第 14 页。
② 汉语大词典编辑委员会：《汉语大词典·贝部》（缩印本），汉语大词典出版社 1997 年版，第 6005 页。

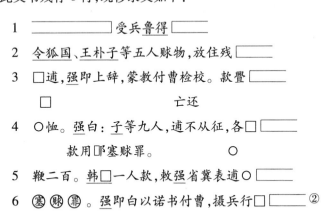

4 ⬜⬜⬜竟,受令狐国□⬜⬜⬜

5 ⬜⬜⬜引强〇云共强知⬜⬜

6 ⬜⬜乞赐教,付曹召款并枉□□检校

7 ⬜⬜□不受枉。谨辞。①

该墓同出有《北凉缘禾五年(公元四三六年)随葬衣物疏》,"缘禾"年号为沮渠牧犍奉北魏"延和"年号而改,故此文书属北凉晚期。这是一件有辩辞的典型北凉法律案卷。此案涉及当事人为北凉下级军官翟强,因征行入伍,九人"令逋不往",二、三行之间残缺一行小字,补全为"强受鲁得等五人塞赎",翟强也因"塞赎罪"入狱,翟强辞冤枉付曹申诉。由第六行"召款并枉"和第七行"□不受枉",是兵人供词不实,请求检校,使翟强不被冤枉。曹司审查案件起因、过程上辞郡守。"乞赐教",是指郡守批示。另见吐鲁番出土《翟强辞为受赎事》,此文书残存6行,现移录文如下:

1 ⬜⬜⬜⬜⬜受兵鲁得⬜⬜⬜

2 令狐国、王朴子等五人赎物,放住残⬜⬜⬜

3 □逋,强即上辞,蒙教付曹检校。款疊⬜⬜⬜
   　　　　□　　　　　　　　亡还

4 〇恤。强白:子等九人,逋不从征,各□⬜⬜⬜
   　　　款用□邓塞赎罪。　　　　　　〇

5 鞭二百。韩□一人款,敕强省冀表逋〇⬜⬜⬜

6 塞赎罪。强即白以诺书付曹,摄兵行□⬜⬜⬜②

该文书与《翟强辞为征行逋亡事》相关联。文书中鲁得、令狐国、王朴子等九人逃避服役"逋不从征",各被罚鞭二百,其中鲁得等五人

---

① 《吐鲁番出土文书》(壹),第48页。

② 《吐鲁番出土文书》(壹),第49页。

向低级官吏翟强行贿,翟强因此被控受贿定为"塞赇罪",遂后翟强称"枉"上辞郡守申述,蒙郡守教"付曹检校"。文书第四至第六行,"强白"后内容是翟强再次向上申诉并以"诺书"付曹再勘,曹司逐一勘问当事人,也是双方当事人的辩词,并记录报上级行判。另见吐鲁番出土《翟强残启》,此文书残存5行,现移录文如下:

> 1　□为款见言云:<u>强</u>共款□□□□□兵赇物吉
> 2　不见申理。问<u>强</u>在狱,遄□□□□□见在可校
> 3　<u>强</u>□并利,横见搏引,曹□□□□□
> 4　□□赐教付曹,明为□□□□□
> 5　□□□□□启。①

　　该文书亦是《翟强辞为征行逋亡事》的关联文书。文书是就翟强塞赇下狱事,兵曹经勘问案情上郡守的"启","乞赐教付曹"是请郡守批示,再付曹处理。

　　由以上三件文书可见,翟强确因"塞赇罪"入狱,也由此案知北凉法律案卷处理程式:立案——当事人被推问——经曹司上辞郡守——郡守付曹检校——曹司堪问案情上辞郡守——曹司将审案结果以"启"呈郡守。同时,说明北凉晚期兵役军事任务繁重,士兵"逋不从征""长逋"普遍。

　　4. 故意伤害罪。关于故意伤害,见吐鲁番出土《北凉为妇被夺事呈辞》,此文书存7行,现移录文如下:

> 1　□月十八日,<u>左僧</u>□□父早丧身亡,□
> 2　□□求<u>张受</u>□□为妇,当时□□
> 3　□□□□□□□□□言语□□
> 4　□□□□□□□□□不肯还□

---

① 《吐鲁番出土文书》(壹),第49页。

5 ＿＿＿＿＿＿＿＿＿ 逆打□□□□今往唤，复见

6 ＿＿＿＿＿＿＿＿＿ 体破尽。遭清平之世，物无 枉

7 ＿＿＿＿＿＿＿＿＿ 冀不见枉，以妇见还。谨辞。①

　　文书纪年残缺，背面有《北凉缘禾十年（441）残辞》，当为北凉晚期。文书是一件申诉呈辞，内容可见"左僧□"因言语不和或其他原因，逆打其妻子，致其肢体破尽，这是故意伤害，以告官处理。左僧□请辞希望不受冤屈，以妻子还家。另见 2006 年吐鲁番鄯善县洋海一号台地四号墓出土《北凉义和三年（四三三）文书为保辜事》，该文书为墓主赵货的纸帽揭拆出一组八片，现移录（六）（七）两片如下：

（六）

1 ＿＿＿ 及二女见 打 ＿＿

2 ＿＿ 保辜 ＿＿

3 ＿＿ 请如 辞 ＿＿

4 ＿＿ 诺奉 行 ＿＿ ②

（七）

1 ＿＿＿＿ □保辜三 ＿＿

2 ＿＿＿ □主者召蒲校断 ＿＿

3 　　　　　□ ＿＿

4 ＿＿＿ □□ 李 兴 白 □□ ＿＿ ③

　　"义和"为沮渠蒙逊年号，文书属北凉时期。以上北凉案卷内容残缺不全，由（六）第一行"及二女见打"可知是故意伤害。第二行"保辜"可知是北凉对伤害伤情未定，配合实行保辜。关于"保辜"，

---

① 　柳洪亮：《新出吐鲁番文书及其研究》，新疆人民出版社 1997 年版，第 15 页。

② 　荣新江、李肖、孟宪实：《新获吐鲁番出土文献》，中华书局 2008 年版，第 195 页。

③ 　荣新江、李肖、孟宪实：《新获吐鲁番出土文献》，中华书局 2008 年版，第 196 页。

钱大群认为："古代因医学水平还不能对常见的伤害行为与造成的后果之间的必然联系作出科学的判断,为了确保犯罪者对伤害行为担负应有的罪责,就创立了保辜制度。"①可见,对于故意伤害程度和状况无法立即做出判断,就配合保辜制度,以便进一步对犯罪者定罪。保辜之制,汉代已有之,《汉书·功臣表》载:"元朔三年,坐伤人二旬内死,弃市。"②这是伤害致伤,保辜二十日,二旬内受害人死,犯罪者弃市。另,居延汉简也见有"保辜"的相关记载,见甲渠塞第四燧探方二 E.P.S4.T2:100 号简,现移录文如下:

> 以兵刃索绳它物可以自杀者予囚,囚以自杀、杀人若自伤＝
> 伤人而以辜二旬中死,予者髡为城旦舂及有③

据此,汉代伤人保辜的期限是二十日。刘俊文先生指出:"按保辜即保留罪名之制,适用于伤害罪伤情未定者。其制规定凡伤害罪伤情未定,皆可暂不处罚,而由官府为立辜限,责令犯罪人为受伤者医治,限满之日,再视伤情定罪。其辜内平复者得减罪,辜内致残致死者则从重论处。"④由文书(七)第一行"保辜三",当补后缺文为"保辜三十日",此文书中打人者"蒲",犯故意伤害罪。经审讯当事人对案辩辞,判被伤害人"保辜",当是司法人员对被伤害人的伤情未定,伤害人同意的前提下实行的,司法长官(主者)再"召蒲校断",同意保辜。

5. 阅马逋罪。北凉养马死,未立即补养的一种罪名。吐鲁番出土北凉《坐阅马逋谪守白芳文书》,此文书存 1 行,现移录文如下:

---

① 钱大群、夏锦文:《唐律与中国现行刑法比较论》,江苏人民出版社 1991 年版,第148 页。
② (东汉)班固:《汉书》卷十六《功臣表》,中华书局 1962 年版,第 568 页。
③ 甘肃省文物考古研究所等编:《居延新简:甲渠候官与第四燧》,文物出版社 1990 年版,第 561 页。
④ 刘俊文:《敦煌吐鲁番唐代法制文书考释》,中华书局 1989 年版,第 572 页。

1　右五人坐阅马逋，有谪白[芳]。[□□□]①

该文书出自吐鲁番哈拉和卓九一号墓，该墓葬为北凉时期墓葬。关于"阅马逋"，朱雷先生指出："是有关按赏配马制度的一种违法罪名，犯有这种罪名的，罚往白芳城去戍守。"②这是对北凉"阅马逋罪"的定性，以及犯此罪的处罚谪戍白芳。又，同墓出土北凉《冯渊上主将启为马死不能更买事》，此文书存 7 行，现移录文如下：

1　[冯]渊启：□□右具□

2　马，々去春中恶死。<u>渊</u>私理

3　贫穷，加□有折□，□能更

4　买，坐□阅马[逋][□□]

5　当往□芳守。遭遇

6　节下，□垂恩矜，[□□]

7　耳。恩□付曹。谨□③

该文书是冯渊上曹司的一件"启"，内容是冯渊配养官马，去年春天病死，而冯渊家贫无力更买补养，坐"阅马逋"罪，而被谪军事重镇白芳戍守。白芳（今新疆吐鲁番市鄯善县东南之辟展），即《北史·高昌传》中的"白棘"，亦名白力、白棘，为北凉重要的军事要塞。

6. 谋反罪。即"谋危社稷"，指图谋危害君主及其统治权的行为，也即阴谋推翻政权统治的犯罪。北魏灭凉后，沮渠无讳统领北凉余众坚守河西抗魏，"（元嘉）十八年（441）五月，唐儿反，无讳留从弟天周守酒泉，复与仪德讨唐儿。……执唐儿杀之"。④ 据此，沮渠唐

① 《吐鲁番出土文书》（壹），第 75 页。
② 朱雷：《吐鲁番出土文书中所见的北凉"按赏配生马"制度》，《文物》1983 年第 1 期。
③ 《吐鲁番出土文书》（壹），第 76 页。
④ 《宋书》卷九八《氐胡大且渠蒙逊传》，第 2417 页。

儿谋反,其被沮渠无讳斩杀。另,439 年北魏灭凉掳凉王沮渠牧犍至平城,"(太平真君)八年(444)……三月,河西王沮渠牧犍谋反,伏诛"。① 因有人告发牧犍谋反,魏主拓跋焘诛之。

7.谋叛罪。谓欲背国投伪,即图谋叛国投向敌对皇朝的犯罪。北凉神玺元年(397)四月,吕光杀蒙逊伯父沮渠罗仇,蒙逊求还葬罗仇,"因聚万余人叛光,杀临松护军,屯金山"。② 这次是沮渠蒙逊谋叛后凉吕光。《资治通鉴》载永初二年(421)十二月:"河西王蒙逊所署晋昌太守唐契据郡叛,蒙逊遣世子政德讨之。"③关于"谋叛",多以绞、斩处死。北凉天玺二年(400)五月,沮渠蒙逊期与男成同祭兰门山,密遣司马许咸告段业曰:"男成欲谋叛,许以取假日作逆。若求祭兰门山,臣言验矣。"④至期日,果然男成来请假。沮渠蒙逊欲除男成,告其谋叛,段业收男成,令其自杀。

8.骄奢侵害罪。蒙逊伯父中田护军沮渠亲信、临松太守孔笃并骄奢侵害,百姓苦之。蒙逊曰:"乱吾国者,二伯父也,何以纲纪百姓乎!"皆令自杀。⑤

(四)军事法律制度

北凉军法严明完备。凉王沮渠蒙逊率大军攻克酒泉,"百姓安堵如故,军无私焉"。⑥ 由此,足见北凉的军法相当严明。

1.不具军备罪。吐鲁番阿斯塔那二二号墓出土有编号为64TAM22:18 的《县兵曹刺为点阅兵人事》文书,此文书存七行,现

①　《魏书》卷四《世祖纪下》,第 101 - 102 页。
②　《宋书》卷九八《氐胡大且渠蒙逊传》,第 2412 页。
③　(宋)司马光:《资治通鉴》卷一一九《宋纪一》,中华书局 1956 年版,第 3741 页。
④　《晋书》卷一二九《沮渠蒙逊载记》,第 3191 页。
⑤　《晋书》卷一二九《沮渠蒙逊载记》,第 3192 页。
⑥　《晋书》卷一二九《沮渠蒙逊载记》,第 3199 页。

移4－7行录文如下：

4 ⬚⬚⬚○黄刺到，催同刺十五人具弓箭

5 ⬚⬚⬚会廿四日，县阅过，一人不具，防行鞭一百。

6 　　　　　　　　　三月廿二日起兵曹

7 □簿　　云　　　廷掾　　　超　　　录事　　珲①

　　据吐鲁番出土文书整理者曰："从墓葬形制及同出文物看，具有十六国时期特征。所出文书中，'主簿云'及'录事识'又见于哈拉和卓九六号墓北凉玄始十二年及其前后文书，但官职不同。本墓文书时代当与之大体相当。"②该文书当为北凉时期。关于"黄刺"，唐长孺先生指出："黄刺应即写在黄纸上的文书，内容是县兵曹点阅兵士，同在一个'刺'上的共十五人，要求各具弓箭，如不具，即勒行鞭一百。"③柳洪亮先生认为："文书中的'刺'当是'敕'之误。……郡下县、县下乡都使用《敕》这种文字命令形式，由诸曹行文，主管官吏连署签发。"④刺也作"刺"，是北凉高昌郡府使用的一种命令性文书，郡下县，县下乡通告命令。同样，在吐鲁番出土《翟强辞为共治葡萄园事一》中有："⬚⬚⬚欲行被刺，强共积有要。"⑤该文书由县兵曹下"刺"，要求士兵军备弓箭，其中一名"防行"的士兵不具，被罚鞭一百。可见，此处罚是非常严厉的。又见吐鲁番哈拉和卓九一号墓出土有编号为75TKM91：24的《下二部督邮、县主者符》文书，此文书存8行，现移行录文如下：

---

① 《吐鲁番出土文书》（壹），第99页。

② 《吐鲁番出土文书》（壹），第99页。

③ 唐长孺：《吐鲁番出土文书中所见的高昌郡军事制度》，《社会科学战线》1982年第3期。

④ 柳洪亮：《新出吐鲁番文书及其研究》，新疆人民出版社1997年版，第307页。

⑤ 《吐鲁番出土文书》（壹），第51页。

1 二部督邮、□县主者：前部 □□□ 前下 □□□□

2 讨符到 □见入军之人，人 □□□□□

3 贵镬五□口、斤斧五十口，□□□□□

4 悉具弓□。见军人具屯头 □□□□□，行虑其不办

5 军之具，□令备办。若○○○，三纲、幢

6 校主者督○○军行有不□□，□身行

7 鞭二百，幢□杖一百。□□□□□

8 □鞭杖□□承望 □□□□□①

该文书属于吐鲁番哈拉和卓九一号墓，为北凉时期，是北凉高昌郡府下给二部督邮、□县的一件"符"。"符"文要求新招募入军的 50 名士兵自备贵镬、斤斧、弓箭，责令备办，若有不备，处罚三纲、幢校、主者、督邮，鞭二百，"幢校"杖一百。此处的"三纲"，唐长孺先生指出："所谓三纲当即指主簿、功曹和五官。他们都是通署诸曹事的大吏。"②另据第 4 行的"见军人具屯头 □□□□□"来看，当为军人自备贵镬、斤斧进行屯田生产，如不具，当受鞭杖之刑。

2. 长逋、弃军罪。"长逋"即长期不归队，弃军、逃离部队。北凉军队士兵"长逋"较为常见，也因此获罪受罚。见吐鲁番出土《某幢上言为部隤王贵兴等长逋事》文书，此文书存两行，现移录文如下：

1 幢言：谨案部隤王贵兴、杨惠

2 二人由来长逋，今急速无时，无③

该文书出自吐鲁番哈拉和卓九一号墓，无纪年，此墓还同出土有北凉玄始、真兴、义和、缘禾、建平等年号文书，故此文书为北凉时期。

① 《吐鲁番出土文书》(壹)，第 73 页。
② 唐长孺：《从吐鲁番出土文书中所见的高昌郡县行政制度》，《文物》1978 年第 6 期。
③ 《吐鲁番出土文书》(壹)，第 74 页。

文书内容可见，部隤王贵兴、杨惠二人"长逋"，已弃军、逃亡很久了，幢上解处罚二人。"部隤"是北凉兵种之一。世兵制下的士兵逃亡是十分严重的，这与当时北凉频繁的军事行动、士兵杂役繁重有很大的关系。又，吐鲁番出土《北凉义和某年兵曹行罚部隤五人文书》，该文书存 13 行，现移 1 至 5 行录文如下：

　　　1　兵曹掾□预，史左 法 □□□

　　　2　解称：部□□双等五人由来长□， 不 逐部伍，

　　　3　求分处。□□慢乏兵事，宜□□□，各罚髡

　　　4　鞭二百。□□余者，仰本幢□□□曹

　　　5　行刑罚。 事 诺奉 行 。①

　　"义和"为北凉沮渠蒙逊年号。文书是兵曹掾□预、史左法上军府的一件"牒"，内容是兵曹上军府处罚"长逋"士兵的报告，并转附幢校解文，其第二行解称"部□□双等五人由来长□"，可补为"部 隤 □双等五人由来长 逋 "。再由下文可知，幢解请兵曹对"长逋"即擅离部伍的五名士兵处罚，罚髡鞭二百。其余人放回本幢，由本幢进行惩处。由此，北凉士兵虽有"长逋"，但归队仍要处罚。《魏书·岛夷萧衍传》所载萧梁士兵情况："发召兵士，皆须锁械。不尔，便即逃散。"②尽管此记载是南朝的情况，但说明当时士兵不堪重负逃亡严重，必须锁械以防止逃散擅离军队。另见吐鲁番出土北凉《兵曹行罚兵士张宗受等文书》，该文书存 8 行，现移录文如下：

　　　1　兵曹掾□ 预 、史左法 强 □□□ 校 赵震

　　　2　解如右。□□兵张宗受、严绪□□□等廿八人由来

　　　3　屯守无□， 冯 祖等九人长 逋 ，□□□应如解

---

① 《吐鲁番出土文书》（壹），第 65 页。
② 《魏书》卷九八《岛夷萧衍传》，第 2187 页。

4　案校。**冯□、毛兴、陈玩、王阶、隗**□────

5　**孔章平、孙澹、李□**等十人□□转入诸军。省不□────

6　各罚髡□二百。**张宗受**等廿五□□各────

7　县督昌□人身行罚。事□────

8　　　　　　校□────①

　　该文书亦是兵曹上牒,附幢校赵震上兵曹的"解",其第二行"解如右"可知是有解文附在右边。唐长孺先生研究"解"并指出:"自三国至南北朝,'解'作为官府文书大致都是下级申送上级或主管机构的公文,内容都和人事处理有关,如因犯、应旌表人、收录门生、剃度僧人等。"②解文称对 44 名士兵进行处罚,其中冯祖等九人长期逃亡,各处罚髡鞭二百。除了北凉士兵长逋,还有幢、校将也存在长逋。另见吐鲁番出土《兵曹行罚幢校文书》,该文书存 7 行,现移录文如下:

1　────预、史毛恩白:幢□□兴、周次

2　────皆应专在□□□承望

3　────幢、校○逋□□在守,理

4　────幢杖五十,校将杖七十○

5　○────兵责破列□□定逋,别

6　案推□,□诺奉行。

7　　　　　　　　────簿　　嘉③

　　该文书是兵曹掾□预、兵曹史毛恩转幢□□兴、周次的解文,文书第一行"────预"与《北凉义和某年兵曹行罚部隤五人文书》《兵

①　《吐鲁番出土文书》(壹),第 69 页。
②　唐长孺:《读史释词·释解》,收入《魏晋南北朝史论拾遗》,中华书局 1983 年版,第 262－263 页。
③　《吐鲁番出土文书》(壹),第 71 页。

曹下八幢符为屯兵值夜守水事》中的"兵曹掾张预"系同一人，当同为北凉时期。幢，作为军队基本编制在魏晋南北朝时期已普遍采用，北凉也是如此。关于幢、校将，唐长孺先生指出："幢是军队编制的名称，同时又即指领幢主将，成为职称。……幢是领幢的主将，其下至少有校将二人。"①由文书所见，北凉的幢下置校将。关于幢、校私离者，《魏书》载："或有故违军法私离幢校者，以军法行戮。"②北凉的幢校长逋，幢、校将也要受到处罚，幢杖五十、校将杖七十，按军法行刑。

三、北凉的司法制度

皇权是最高司法权的重要体现，特别是君主掌握着生杀大权。沮渠蒙逊闻刘裕灭姚泓，"怒甚。门下校郎刘祥言事于蒙逊，蒙逊曰：'汝闻刘裕入关，敢研研然也！'遂杀之"。③ 北凉还多沿用"赐死"或"令自杀"等死刑手段，如段业收沮渠男成，令其自杀。又如蒙逊伯父中田护军亲信、临松太守孔笃骄奢侵害百姓，沮渠蒙逊皆令自杀。可见，北凉对大臣权贵犯罪，沿用中原汉制赐死的方式秘密执行。

北凉的谋逆株连，如"蒙逊寝于新台，阉人王怀祖击蒙逊，伤足，其妻孟氏擒斩之，夷其三族"。④ 王怀祖刺杀沮渠蒙逊，不仅被斩，还被株连三族。

北凉实行大赦，大赦是魏晋十六国各政权比较普遍实行的。段业执掌北凉时期实行首次大赦，北凉天玺二年（401），凉王段业先疑右将军田昂，"因之；至是召昂，谢而赦之，使与武卫将军梁中庸共讨

① 唐长孺：《吐鲁番出土文书中所见的高昌郡军事制度》，《社会科学战线》1982 年第3 期。
② 《魏书》卷四《世祖纪上》，第 76 页。
③ 《晋书》卷一二九《沮渠蒙逊载记》，第 3198 页。
④ 《晋书》卷一二九《沮渠蒙逊载记》，第 3196 页。

蒙逊"。① 沮渠蒙逊执政北凉时期有七次大赦：第一次大赦是北凉玄始元年(412)沮渠蒙逊迁都改元："蒙逊迁于姑臧,以义熙八年(412)僭即河西王位,大赦境内,改元玄始。置官僚,如吕光为三河王故事。"②第二次大赦是玄始二年(413)沮渠蒙逊为母祈福,蒙逊母车氏疾笃,蒙逊升南景门,散钱以赐百姓。下书曰：

> "孤庶凭宗庙之灵,乾坤之祐,济否剥之运会,拯遗黎之荼蓼,上望扫清氛秽,下冀保宁家福。而太后不豫,涉岁弥增,将刑狱枉滥,众有怨乎? 赋役繁重,时不堪乎? 群望不絜,神所谴乎? 内省诸身,未知罪之攸在。可大赦殊死已下。"③

第三次大赦是玄始六年(417),沮渠蒙逊祈雨遂下书曰：

> "顷自春炎旱,害及时苗,碧原青野,倏为枯壤。将刑政失中,下有冤狱乎? 役繁赋重,上天所谴乎? 内省多缺,孤之罪也。《书》不云乎:'百姓有过,罪予一人。'可大赦殊死已下。"④

第四次大赦是玄始十一年(422)十月："(沮渠蒙逊)立次子兴国为世子,大赦境内。殊死已下,文武进位一等。"⑤第五次大赦是北凉承玄元年(428):"(沮渠蒙逊)大赦境内,殊死已下,改元承玄。"⑥第六次大赦是北凉义和元年(431):"蒙逊大赦境内,改元义和。以世子菩提为冠军将军、河西王世子。"⑦第七次大赦是北凉永和元年

---

① 《资治通鉴》卷一一二《晋纪三四》隆安五年(401)四月条,第3522页。

② 《晋书》卷一二九《沮渠蒙逊载记》,第3195页。

③ 《晋书》卷一二九《沮渠蒙逊载记》,第3196页。

④ 《晋书》卷一二九《沮渠蒙逊载记》,第3197－3198页。

⑤ (明)屠乔孙、项琳:《十六国春秋》卷九四《北凉录一》,《四库全书荟要·史部》,吉林人民出版社2009年版,第1063页。

⑥ (清)汤球:《十六国春秋辑补》卷九六《北凉二》,中华书局1985年版,第666页。

⑦ (清)汤球:《十六国春秋辑补》卷九六《北凉二》,中华书局1985年版,第667页。

（433）："（沮渠茂虔）僭即河西王位。大赦,改年为永和元年。"①以
上北凉的大赦多是在改元或新王即位、或祈福、祈雨而实行。

（一）北凉的中央司法监察机构

北凉在立国建政的过程中,也效仿中原汉制设置了中央司法、监
察机关。从文献史料记载来看,北凉并未在中央设置主刑狱的最高
司法机关廷尉,而是设置了相对简略的司法监察机关及官员——尚
书左丞。段业初创北凉,"业僭称凉王,以蒙逊为尚书左丞,梁中庸为
右丞"。② 曾以沮渠蒙逊为尚书左丞。沮渠蒙逊称凉王,又以"尚书
左丞房晷撰《朝堂制》"。③ 关于尚书左丞,《晋书·职官志》载:

> 自汉武帝建始四年置尚书,而便置丞四人。及光武始减其
> 二,唯置左右丞,左右丞盖自此始也。自此至晋不改。晋左丞主
> 台内禁令,宗庙祠祀,朝仪礼制,选用署吏,急假。④

自汉光武帝开始已经提高了尚书左右丞的地位,掌朝政监察、主
禁令。

北凉置主监察兼司法审判职责的最高监察机关或官员——御
史、殿中侍御史。北凉有御史索宁,见大凉承平三年(445)《凉王大
且渠安周造寺功德碑》,⑤碑文由御史索宁典作。北凉又有殿中侍御
史赵护,《赵昞墓志》载:"(昞)曾祖讳护,凉殿中侍御史领宿
卫。"⑥《晋书·职官志》载,御史中丞为台主,其下置治书侍御史、侍

① （清）汤球:《十六国春秋辑补》卷九七《北凉三》,中华书局1985年版,第669页。
② 《晋书》卷一二九《沮渠蒙逊载记》,第3190页。
③ 《晋书》卷一二九《沮渠蒙逊载记》,第3198页。
④ 《晋书》卷二四《职官志》,第731页。
⑤ 荣新江:《〈且渠安周碑〉与高昌大凉政权》,《燕京学报》1998年新第5期。
⑥ 赵文成、赵君平编:《秦晋豫新出墓志蒐佚续编》,国家图书馆出版社2015年版,第58页。

御史、殿中侍御史、符节御史等官。魏兰台遣二御史居殿中,伺察非法,即其始也。① 由此可见,北凉设殿中侍御史以"伺察非法",北凉的监察制度沿用晋制。

北凉中后期改御史、殿中侍御史置中尉。北凉有中尉梁伟,"(沮渠)无讳使其中尉梁伟诣健,求奉酒泉"。② 中尉,秦始置,掌管京城的巡察缉捕,汉代改名执金吾。曹魏时又改执金吾为中尉,北魏改御史中丞之名为中尉。

(二) 北凉的地方司法监察机构

北凉郡府设司法监察机构或官员——督邮。"督邮",汉代已有设置,《后汉书·百官五》云:"其监属县,有五部督邮,曹掾一人。"③魏晋十六国也多有设置,如后凉有"张掖督邮傅曜考核属县"。④ 北凉的郡府"督邮",见吐鲁番出土北凉文书《下二部督邮、县主者符》的"二部督邮"、⑤《北凉建平某年兵曹下高昌、横截、田地三县符为发骑守海事》的"东部督邮"、⑥《中部督邮残文书》的"中部督邮"。⑦ 唐长孺先生指出:"按郡督邮自汉以来视各郡情况或不分部,或分为二至五部,每部督邮一人。……高昌郡可能分中东西三部,也可能只分中东二部,因为那时高昌西部交河城一带是车师前部治所。……督邮本职是督察纠举所领县,太守的命令也往往由督邮传达。"⑧由此可见,"督邮"是郡府负责监属考核诸县、追案盗贼、催租

① 《晋书》卷二四《职官志》,第 738–739 页。
② 《魏书》卷九九《卢水胡沮渠蒙逊附子牧犍列传》,第 2207 页。
③ (南朝宋) 范晔:《后汉书》志二八《百官五》,中华书局 1965 年版,第 3621 页。
④ 《晋书》卷一二二《吕光载记》,第 3059 页。
⑤ 《吐鲁番出土文书》(壹),第 73 页。
⑥ 《吐鲁番出土文书》(壹),第 67 页。
⑦ 《吐鲁番出土文书》(壹),第 41 页。
⑧ 唐长孺:《从吐鲁番出土文书中所见的高昌郡县行政制度》,《文物》1978 年第 6 期。

点兵、询核情实、录送囚徒的官员。

北凉郡县设主刑法、治盗贼的司法监察机构或官员——贼曹。吐鲁番出土《北凉建平六年（442）田地县催诸军到府文书》中有"贼曹阎开、索珍"。① 《北凉高昌郡某县贼曹阚禄白为翟紾失盗事》有"贼曹阚禄"。② 《请奉符敕尉推觅逋亡文书》有"贼曹韩□"。③ 汉代以来地方郡设贼曹掾，《通典》云："两汉有决曹、贼曹掾，主刑法。历代皆有，或谓之贼曹，或为法曹，或为墨曹。"④ 又据《晋书·职官志》载："郡皆置太守，……诸王国以及内史掌太守之任，又置主簿、主记室、门下贼曹。"⑤ 五凉时期置有贼曹，前凉张寔时有"贼曹佐高昌隗瑾"。⑥ 北凉郡县设置贼曹，主逐捕盗贼，亦为中原旧制。

北凉县府置主盗贼、推觅行寻等专职司法官员——县尉。《后汉书·百官志》云："尉主盗贼。凡有贼发，主名不立，则推索行寻，案察奸宄，以起端绪。"⑦ 据此，秦汉以来，县普遍置县尉。北凉县尉，见吐鲁番出土《请奉符敕尉推觅逋亡文书》，该文书存 6 行，现移录文如下：

1　贼 曹 韩 □□□

2　姪䖕（蚕）得前亡□□□

3　游移县界。符到 推 ○ 觅 □□□

4　仰得将诣。请奉符敕尉部 □□□

5　推觅，须得将送，事诺 奉 □□□

---

① 唐长孺：《从吐鲁番出土文书中所见的高昌郡县行政制度》，《文物》1978 年第 6 期。
② 荣新江、李肖、孟宪实：《新获吐鲁番出土文献》，中华书局 2008 年版，第 213 页。
③ 《吐鲁番出土文书》（壹），第 100 页。"贼曹韩"为作者释出。
④ 杜佑：《通典》卷三三《职官十五》总论郡佐·司法参军条，第 914 页。
⑤ 《晋书》卷二四《职官志》，第 746 页。
⑥ 《晋书》卷八六《张轨传附子寔传》，第 2227 页。
⑦ 《后汉书》志二八《百官五》，第 3623 页。

6　　　　　　　　　　　　　　九月廿六□①

　　唐长孺先生就此指出:"'推觅'逋亡自当为尉的职司。"②该文书是北凉高昌郡某县贼曹韩某上的"牒",请县廷下"符"给县尉协助通缉搜寻游移县界的蚕得。

　　北凉基层组织乡里置啬夫。见吐鲁番出土《都乡啬夫被符征发役作文书一》,该文书残存4行,现移录文如下:

1　　——右五家户作次 速 ▢▢
2　 都 乡啬夫 ▢▢
3　 被 符通 当 ▢
4　　竟奉 符 ▢▢ ③

　　该文书中"都乡",唐长孺先生指出:"所云都乡自即指以高昌坊郭设置的乡。上举都乡啬夫文书于哈喇和卓墓葬出土,都乡亦当指高昌县的都乡。"④另见吐鲁番出土《北凉缘禾二年(四三三)高昌郡高宁县赵货母子冥讼文书》记"高昌郡高宁县都乡安邑里民赵货",⑤可见北凉高昌郡高宁县也置"都乡",并不止高昌县,都乡下置"安邑里"。啬夫,职掌听讼、收取赋税,据《汉书·百官公卿表上》载:"乡有三老、有秩、啬夫……啬夫职听讼,收赋税。"⑥《晋书·职官志》载:"县五百以上皆置乡,三千以上置二乡,五千以上置三乡,万以上置四乡,乡置啬夫一人。"⑦又《宋书·百官志下》曰:"乡有乡佐、三

---

① 《吐鲁番出土文书》(壹),第100页。原文误释为"八月廿六"。
② 唐长孺:《从吐鲁番出土文书中所见的高昌郡县行政制度》,《文物》1978年第6期。
③ 《吐鲁番出土文书》(壹),第41页。
④ 唐长孺:《从吐鲁番出土文书中所见的高昌郡县行政制度》,《文物》1978年第6期。
⑤ 荣新江、李肖、孟宪实:《新获吐鲁番出土文献》,中华书局2008年版,第171页。
⑥ 《汉书》卷十九《百官公卿表》上,第742页。
⑦ 《晋书》卷二四《职官志》,第746页。

老、有秩、啬夫、游徼各一人……啬夫主争讼。"①由此,汉、晋及南朝刘宋因袭之,乡均置啬夫,其职责是收赋税、征发役作、主争讼。该文书第一行"右五家户作次逮"中的"五"当同"伍",即北凉以伍为基层单位进行征发力役。汉之"民有什伍,善恶以告。……什主十家,伍主五家,以相检察"。②"什伍"之制,在北凉继续行用。唐长孺先生也指出:"文书所云'五家户作次',疑即指以五家为单位的劳作次序。……五家户当指同伍。……可知高昌郡自乡、里以至伍的基层组织与内地完全一致。"③北凉的乡里、什伍基层建置,是因袭魏晋旧制。

结语

以上对吐鲁番出土北凉文书的考察,尤其是对一些官府文书,大抵依据文书程式和内容来推定,既无法典也几乎没有现成的准则可依,但在结合传世文献的基础上,我们还是大致勾勒出北凉法制的构成。

一、在选官上,北凉实行了察举制度,举孝廉、征召、随才擢用、广纳贤俊,是汉魏晋选官制度的延续,置博士、助教,推行儒家思想,发展教育,尤其是编制《朝堂制》作为官吏考课法。

二、在经济法制和民事法制上,实行租税、徭役、雇佣、户籍、夏田、买卖、举贷、劝课农桑、水利灌溉等法规,较为健全。

三、在刑事法律上,惩罚偷盗、诬陷、受贿、谋反谋逆,尤其是保释制、故意伤害罪中的保辜制,这些都是对魏晋十六国法制的补充和完善。

---

① 《宋书》卷四〇《百官志》,第 1258 页。

② 《后汉书》志二八《百官五》,第 3625 页。

③ 唐长孺:《从吐鲁番出土文书中所见的高昌郡县行政制度》,《文物》1978 年第 6 期。

四、在军事法律上,北凉屡见鞭刑、髡刑、杖刑处罚犯不具军备罪和长逋罪的士兵和幢校。

五、在司法制度上,皇权至上实行大赦。北凉中央置有尚书左丞、御史、中尉,地方郡设督邮、贼曹,县设县尉、贼曹,乡置啬夫、编制什伍。

综上所述,北凉法制源于汉晋,当是依《晋令》而置。吐鲁番出土的北凉相关法制文书,可视为晋代律令之实例,在一定程度上反映了魏晋十六国时期中国古代社会的法律制度。北凉的法制上承汉晋法制、下启北朝隋唐法制,其继承发展了一些比较积极的政治法律措施,其发展成果最终被吸纳汇入北朝的法制改革中,影响愈加深远。

"不良人"杂识*

罗小华、张彬彬**

一、文献中的"不良人"

唐朝县级行政机构中,有一种专门负责"侦缉逮捕的小吏",叫做"不良人"。①"不良人"多见于唐人小说笔记之中。《朝野佥载》卷五:"贞观中,左丞李行廉弟行诠前妻子忠烝其后母……忠惶恐,私就卜问,被不良人疑之,执送县。""觅婢不得,并失金银器物十余事。录奏,敕令长安、万年捉不良脊烂求贼,鼎沸三日不获。不良主帅魏昶有策略,取舍人家奴,选年少端正者三人,布衫笼头至卫。……问十日内已来,何人觅舍人家。卫士云:'有投化高丽留书,遣付舍人捉马奴,书见在。'检云'金城坊中有一空宅',更无语。不良往金城坊空宅,并搜之。至一宅,封锁正密,打锁破开之,婢及高丽并在其中。拷问,乃是投化高丽共捉马奴藏之,奉敕斩于东市。"②

"不良人",史书或作"不良汉""不良"。《旧唐书·酷吏传·吉

---

* 本文为国家社科基金重大项目"甲、金、简牍法制史料汇纂通考及数据库建设"(项目批准号 20&ZD180)阶段性成果。

** 罗小华,长沙市文物考古研究所研究员;张彬彬,衡阳市高新技术产业开发区祝融小学一级教师。

① 参汉语大词典编辑委员会、汉语大词典编纂处编纂:《汉语大词典》第一卷,汉语大词典出版社 1986 年版,第 416 页。

② (唐)张鷟撰,赵守俨点校:《朝野佥载》,中华书局 1979 年版,第 107–109 页。

温》:"吉温……性禁害,果于推劾。天宝初,为新丰丞。时太子文学薛嶷承恩幸,引温入对。玄宗目之而谓嶷曰:'是一不良汉,朕不要也。'"①"不良汉",《新唐书·酷吏传·吉温》引作"不良"。②《资治通鉴·唐纪·玄宗天宝四载》引作"不良人"。③ 可见,"不良汉"与"不良",都指的是"不良人"。《北史·魏兰根传》:"帝谓杨愔曰:'何虑无人,苦用此汉!'"④此处"人"与"汉"互文,足见二字意义相近。"不良",应即"不良人"的省称,亦见于其他文献。《旧唐书·杨慎矜传》:"铉百端拷讯不得,乃令不良枷瑄,以手力绊其足,以木按其足间,楬其枷柄向前,挽其身长校数尺,腰细欲绝,眼鼻皆血出,谓之'驴驹拔撅',瑄竟不肯答。"⑤《刘宾客嘉话录·李勉为政》:"相国李司徒勉为开封县尉,特善捕贼。时有不良试公之宽猛,乃潜纳人贿,俾公知之。"⑥

此外,"不良人"亦见于日本文献。《唐大和上东征传》中有:"其荣叡师走入池水中仰卧,不良久,见水动,入水得荣叡师,并送县推问。"朱雷先生指出:"今据《大正藏》编纂者于此处所作校勘,在'不良久'后注云,据南北朝写和维田四郎本'久'作'人'。……《东征传》此句应改作:其荣叡师走入池水中仰卧,不良人见水动,入水得荣叡师,并送县推问。"⑦

---

① (后晋)刘昫等撰:《旧唐书》,中华书局 1975 年版,第 4854 页。
② (宋)欧阳修、宋祁撰:《新唐书》,中华书局 1975 年版,第 5915 页。
③ (宋)司马光编著:《资治通鉴》,中华书局 1956 年版,第 6865 页。
④ (唐)李延寿撰:《北史》,中华书局 1974 年版,第 2048 页。
⑤ (后晋)刘昫等撰:《旧唐书》,第 3227 页。
⑥ (唐)韦绚撰,陶敏、陶红雨校注:《刘宾客嘉话录》,中华书局 2019 年版,第 27 页。
⑦ 朱雷:《释"不良人"与"白水郎"——〈读唐大和上东征传〉质疑》,《魏晋南北朝隋唐史资料》第 6 期,武汉大学历史系魏晋南北朝隋唐史研究室 1984 年版,第 24 - 26 页。按,"和维田四郎"乃"和田维四郎"之误。蒙编辑老师提醒,谨致谢忱!

二、"捉不良脊烂求贼"的理解

上引《朝野佥载》中"敕令长安、万年捉不良脊烂求贼,鼎沸三日不获"一句,《太平广记·郭正一》引作"敕令长安万年捉。不良脊烂。求贼鼎沸。三日不获"。① 其中,对于"捉"和"脊烂"的解释,直接关系到整句话的理解和断读。目前,学者说法不一。

"捉",多数学者读如本字。赵守俨先生认为:"唐代官名和称谓中,用'捉'字的例子并不罕见……或因《佥载》是唐代前期的笔记,所以还保留了它的初名。"②俞理明先生将"捉"理解为"抓捕"。③ 宋开玉先生以"敕令长安、万年捉"为断。④ 这都是将"捉"读为本字。朱雷先生认为,"捉"当读为"促"。《释名》:"捉,促也,使相促及也。"⑤《史记·陈涉世家》:"趣赵兵亟入关。"司马贞索隐:"上音促。促谓催促也。"⑥《汉书·高帝纪》:"上置酒,封雍齿,因趣丞相急定功行封。"颜师古注:"趣读曰促。"⑦朱先生据此指出:"此处之'捉'字,即'催促'之'促'。上引'敕令长安、万年捉不良脊烂求贼'句,应是敕令长安、万年两县催促'不良人'去破案。"⑧

"脊烂",多数学者认为就是刑罚。朱雷先生指出:"至于'脊烂求贼',指催促'不良人'限期破案,违期就要受杖罚。此处并非已经

---

① （宋）李昉等编:《太平广记》,中华书局1961年版,第1256页。

② 赵守俨:《"捉不良"与"不良"》,《学林漫录》三集,中华书局1981年版,第116页。

③ 俞理明:《"不良"和"响马"——兼论汉语词汇形式的缩略变化》,《乐山师范学院学报》2003年第8期。

④ 宋开玉:《"不良"与"脊烂"》,《古汉语研究》2005年第3期。

⑤ （汉）刘熙撰,（清）毕沅疏证,（清）王先谦补:《释名疏证补》,中华书局2008年版,第84页。

⑥ （汉）司马迁:《史记》,中华书局1959年版,第1955页。

⑦ （汉）班固:《汉书》,中华书局1962年版,第61-62页。

⑧ 朱雷:《释"不良人"与"白水郎"——〈读唐大和上东征传〉质疑》,第26页。

受刑,否则既已'脊烂'何以还能外出'求贼'?"①俞理明先生认为:
"缉事番役全称是'捉不良脊烂(人)','脊烂'与古代杖脊刑罚有关,
指受此刑罚背脊皮开肉绽,'捉不良脊烂人'字面上是'抓捕行为不
良应受杖脊惩罚的人'。"②从上下语境来看,将"脊烂"理解为刑罚似
有不妥。《敦煌变文集·燕子赋》中有"终遣官人棒脊"。③《王梵志
诗》中有"反缚棒脊皮""雇人即棒脊""打脊趁回来""打脊眼不痛"
"切迎打脊使""蛆心打脊使""佐吏打脊烂"等记载。④《唐摭言》中
更有"明年打脊取状头"。⑤宋开玉先生据此认为:"'脊烂''打脊'
便又有了急迫、不顾一切、意志坚定的意思……《朝野金载》的'不良
脊烂求贼'正是指缉盗差役接办公务后,慑于杖限考比的压力,努力
地搜捕罪犯。"⑥

　　将朱先生对"促"的解读,与宋先生对"脊烂"的解释结合起来看,
"敕令长安、万年捉不良脊烂求贼,鼎沸三日不获"一句,当断读为"敕
令长安、万年,捉(促)不良脊烂求贼,鼎沸三日,不获",意思是下令长安、
万年两县,督促不良人克服一切困难搜捕罪犯,闹腾了三天,却没有抓到。

三、"不良人"与"谁何"

　　关于"不良人"的情况,传世文献中的记载比较简单。清梁章钜
《称谓录》:"《说铃续》云:'缉事番役,在唐称为不良人,有不良帅主

---

①　朱雷:《释"不良人"与"白水郎"——〈读唐大和上东征传〉质疑》,第26页。
②　俞理明:《"不良"和"响马"——兼论汉语词汇形式的缩略变化》。
③　王重民等编:《敦煌变文集》,人民文学出版社1957年版,第249页。
④　(唐)王梵志著,项楚校注:《王梵志诗校注》,上海古籍出版社1991年版,第55、610、
　　558、594、602、172、571页。
⑤　(宋)王定保:《唐摭言》,上海古籍出版社1978年版,第100页。
⑥　宋开玉:《"不良"与"脊烂"》。

之,即汉之大谁何也,立名甚奇。'案缉事番役,似今之番子头目
也。"①现代学者意见也不统一。《汉语大词典》一部:"不良人,唐代
官府管侦缉逮捕的小吏。"手部:"捉不良,唐代缉捕盗贼的吏卒,犹后
世的捕快。"②赵守俨先生认为:"此种吏卒原名当是'捉不良',不知
什么缘故(或为了顺口),唐朝人往往省掉一个'捉'字,称之为'不
良'。"③朱雷先生指出:"从大多数史料所见,仍称'不良人'。……
当时有一种'不良人',时时巡行于道之中,见有可疑之人,既可'执
送'推问。"④俞理明先生认为:"'捉不良脊烂人'字面上是'抓捕行
为不良应受杖脊惩罚的人',相当于'抓坏蛋的'的意思,'不良'是它
的缩略形式,可以指缉捕的差役,也可以指主管司法或审讯的官
吏。"⑤以上诸说,基本不出"缉事"的范畴。

我们认为,要了解"不良人"的来源,可能得从其字面意义和"大
谁何"入手。从字面来看,"良"是好,"不良"就是不好。《诗·陈
风·墓门》:"夫也不良,国人知之。"郑玄笺:"良,善也。"⑥《后汉
书·章帝纪》:"今吏多不良,擅行喜怒,或案不以罪,迫胁无辜,致令
自杀者,一岁且多于断狱,甚非为人父母之意也。"⑦从职责来看,"不
良人"其实是抓捕坏(也就是不良行为)人的,很可能与所谓的"以反
义取名"有关。⑧

---

① (清)梁章钜:《称谓录》,天津古籍出版社 1987 年版,第 1331 页。
② 汉语大词典编辑委员会、汉语大词典编纂处编纂:《汉语大词典》第一卷,第 416 页;汉
　语大词典编辑委员会、汉语大词典编纂处编纂:《汉语大词典》第六卷,汉语大词典出
　版社 1990 年版,第 611 页。
③ 赵守俨:《"捉不良"与"不良"》,《学林漫录》三集,第 116 页。
④ 朱雷:《释"不良人"与"白水郎"——〈读唐大和上东征传〉质疑》,第 25 页。
⑤ 俞理明:《"不良"和"响马"——兼论汉语词汇形式的缩略变化》。
⑥ (清)阮元校刻:《十三经注疏》,中华书局 1980 年版,第 378 页。
⑦ (南朝宋)范晔:《后汉书》,中华书局 1965 年版,第 140 页。
⑧ 参赵守俨:《"捉不良"与"不良"》,《学林漫录》三集,第 116 页。

　　根据《说铃续》的记载,"不良人"就是"汉之大谁何"。王庆先生指出:"'谁'和'何'在古代汉语中都可以用作人称疑问词,由于同义连文,'谁何'遂逐渐固化为一个词,该词仍可以用作疑问词,表示'谁人、何人'的意思。大约到战国时,'谁何'引申出'喝问、盘查'的意思。"①"谁何"用作疑问词,见于《庄子·应帝王》"吾与之虚而委蛇,不知其谁何"。②"谁何"为"喝问、盘查"之义,见于《六韬·虎韬·金鼓》:"凡三军,以戒为固,以怠为败。令我垒上,谁何不绝,人执旌旗,外内相望,以号相命,勿令乏音,而皆外向。"③《史记·秦始皇本纪》:"良将劲弩守要害之处,信臣精卒陈利兵而谁何,天下以定。"裴骃集解:"如淳曰:'何犹问也。'"司马贞索隐:"崔浩云:'何或为呵。'《汉旧仪》:'宿卫郎官分五夜谁呵,呵夜行者谁也。'何呵字同。"《陈涉世家》:"良将劲弩,守要害之处,信臣精卒,陈利兵而谁何。"司马贞索隐:"音呵,亦'何'字,犹今巡更问何谁。"④《汉书·陈胜传》:"良将劲弩,守要害之处,信臣精卒,陈利兵而谁何。"颜师古注:"问之为谁,又云何人,其义一也。"⑤刘禹锡《管城新驿记》:"谁何宜谨,启闭宜度。"⑥有意思的是,"谁何"还成为了职官名。《汉书·五行志下之上》:"成帝绥和二年八月庚申……褒故公车大谁卒,病狂易,不自知入宫状,下狱死。"颜师古注:"应劭曰:'在司马殿门掌欢呵者也。'服虔曰:'卫士之师也,着樊哙冠。'师古曰:'大谁者,主问非常之人,云姓名是谁也。……大谁本以谁何称,因用名官,有

①　王庆:《说"谁何"》,《汉语史研究集刊》第二十二辑,四川大学出版社 2017 年版,第228 页。
②　(清)王先谦撰,沈啸寰点校:《庄子集解》,中华书局 1987 年版,第 74 页。
③　王震集解:《六韬集解》,中华书局 2022 年版,第 408 页。
④　(汉)司马迁:《史记》,第 281、1963 – 1964 页。
⑤　(汉)班固:《汉书》,第 1823 – 1824 页。
⑥　(唐)刘禹锡著:《刘禹锡集》,上海人民出版社 1975 年版,第 76 页。

大谁长。今此卒者，长所领士卒也。'"①从上引各种注释来看，"谁何"之官，应来自"谁何"之问。根据文献记载，"谁何"之问的发出者，除了上文中《汉旧仪》所记"宿卫郎官"，还有卫尉所领卫士。《汉官旧仪》卷上、《汉旧仪》卷上："皇帝起居仪，宫司马内，百官案籍出入，营卫周庐，昼夜谁何。"②《汉官解诂》："卫尉主宫阙之内，卫士于垣下为庐，各有员部。……其有官位得出入者，令执御者官，传呼前后以相通。从昏至晨，分部行夜，夜有行者，辄前曰：'谁！谁！'"③据上文，盘问之语"谁何"的发出者，本为"宿卫郎官"和卫尉所领卫士。"谁何"后来成为盘问行为发出者的官名。根据《汉书》和颜师古注的记载，有"大谁卒"，有"大谁长"。或许，"大谁"为机构名，"大谁长"是其长官，"大谁卒"是一般属员。其设立和属员的具体时间及情况，尚不明确。"大谁卒"与"宿卫郎官"和卫尉所领卫士之间的关系，也不清楚。

　　"谁何"仍见于唐代。《旧唐书·宦官传·王守澄》："李训从輦大呼曰：'邠宁、太原之兵，何不赴难？卫乘舆者，人赏百千！'于是谁何之卒及御史台从人，持兵入宣政殿院，宦官死者甚众。"④此处"谁何之卒应负责宫中宿卫"。⑤ 白居易《田盛可金吾将军、勾当左街事制》："而盛生勋德门，有文武略；居贵介而无佚，领谁何而有劳。"⑥分析其过程，"谁何"先由"人称疑问词""谁"与"何""同义连文"而成，仍为"疑问词"；然后引申出"喝问、盘查"的意思，其实是发问的行为；再转变为"喝问、盘查"主体的职官名。只不过，发问的主体原本有"宿卫郎官"和卫尉所领卫士。此二者与后来出现的"大谁卒"是

① （汉）班固：《汉书》，第1475-1476页。
② （清）孙星衍等辑，周天游点校：《汉官六种》，中华书局1990年版，第30、61页。
③ （清）孙星衍等辑，周天游点校：《汉官六种》，第14页。
④ （后晋）刘昫等撰：《旧唐书》，第4770-4771页。
⑤ 按：这一点蒙徐畅先生提醒，谨致谢忱！
⑥ 顾学颉校点：《白居易集》，中华书局1979年版，第1119页。

何种关系,尚不清楚。

有鉴于此,如果按照"谁何"的情况进行推测,"不良人"原本指的是有不良行为的坏人。在当时,有一群专门从事抓捕坏人的官吏,也就是坏人抓捕行为的发出者。"不良人"后来成为坏人抓捕行为发出者的官名。从字面上看,像是"以反义取名"。其实不然。"不良人"可以看作是行为客体的统称,转变为行为主体的职官名。"不良人"与"谁何"既有相同点,又有不同点。相同的是,二者后来都成为行为主体的职官名。不同的是,"不良人"是群体性的名词,而"谁何"是"人称疑问词"。"不良人"主管县一级区域内的社会治安。"谁何"主管宫内的治安。

四、结语

综上所述,"不良人"原本指的是有不良行为的坏人,后来成为坏人抓捕行为发出者的官名。可与之相比较的有"谁何",开始是"人称疑问词",后来成为"喝问、盘查"主体的职官名。"不良人"的长官是"不良主帅"(或称"不良帅")。"谁何"的长官是"谁何长"(或称"大谁何")。《朝野佥载》中"敕令长安、万年捉不良脊烂求贼,鼎沸三日不获"一句,或当断读为"敕令长安、万年,捉(促)不良脊烂求贼,鼎沸三日,不获",意思是下令长安、万年两县,督促不良人克服一切困难搜捕罪犯,闹腾了三天,却没有抓到。

　　附记一:《唐五代语言词典》:"不良,唐代官府征用有恶迹者充任侦缉逮捕的小吏,称为'不良',俗又称之为'不良脊烂',其统管者称'不良帅'。"[1]如据此说,则"不良人"可按照字面意

---

① 江蓝生、曹广顺编著:《唐五代语言词典》,上海教育出版社1997年版,第34页。按:这一记载,笔者在查找资料时看到了却没有注意,后蒙徐畅老师提醒,谨致谢忱!

思理解。至于实际情况是否如此，有待证实。

　　附记二：走马楼三国吴简中有"何黑钱"（1433 甲、1434、1557、1672、1679、1708）。① 宋超先生指出："所谓'何黑钱'，可否认定是由乡吏负责交纳于县库，用以支付负责'呵夜行者谁'，维护地方治安的一项专类税钱。"②陈荣杰先生指出："从简壹·1698'右南乡入何黑钱二万二千八百'知：二万二千八百并不是一千的倍数，故'何黑钱'并非是以一千钱为缴纳额度。若'何黑钱'果如宋先生所说是用以支付负责'维护地方治安的一项专类税钱'的话，治安问题当涉及每一个人，则'何黑钱'的缴纳应是普遍征收，而非仅乡吏缴纳。关于'何黑钱'的确切含义为何，我们认为还有待于更多新资料的公布才有可能得以确诂。"③陈说有一定道理。

---

①　长沙市文物考古研究所等编：《长沙走马楼三国吴简·竹简［壹］》下册，文物出版社2003 年版，第 923、925、928－929 页。按：吴简中的"何黑钱"，蒙徐畅先生提醒，谨致谢忱！

②　宋超：《吴简所见"何黑钱""僦钱"与"地僦钱"》，《吴简研究》第一辑，崇文书局 2004年版，第 240 页。

③　陈荣杰：《走马楼吴简佃田、赋税词语研究》，人民出版社 2016 年版，第 197 页。

昭和二十六年王国维追悼
座谈会摘录译注及跋

[日] 黄川田　修 *

一、序文

《王静安先生を追想す》(王静安先生追悼座谈会)一文(以下简
称《王静安》),原是 1951 年《怀德》第 22 号(财团法人怀德堂纪念会
内堂友会编辑、发行)上公布的座谈会记录,全文用日语书写。

如笔者在《跋》里谈到的那样,虽然该文内容对于研究 20 世纪早
期中日两国学术史具有非常重要的意义,可是因为《怀德》杂志流通
范围很小,至今在国外不为人知,甚至在日本国内也是如此。管见所
及,除了钱鸥、何培齐、张晓生等六位以外,①未有专家利用该篇进行
研究的例子,中国内地对此更是关注有限。不止如此,21 世纪以后

---

* [日] 黄川田 修,明治大学东洋史硕士、国学院大学日本史博士、潍坊学院外籍教师。
① 钱鸥:《京都における罗振玉と王国维の寓居》,《中国文学报》1993 年第 47 期。何培
齐:《王国维辞世在日本京都之回响》,《书目季刊》2000 年第 34 期。何培齐:《王国
维与京都学派之论学》,《简牍学报》2002 年第 18 期。张晓生:《王国维留日时期的学
术与生活》,《新埔学报》2002 年第 19 期。刘季伦:《陈寅恪〈王观堂先生挽词并序〉诗
笺证稿》,《东岳论丛》2014 年第 5 期。彭玉平:《王国维与民国大学之关系——以王
国维与北京大学的离合关系为考察中心》,《学术研究》2017 年第 10 期。彭玉平:《罗
振玉"逼债"说之源流及其与王国维经济关系考论》,《北京大学学报(哲学社会科学
版)》2022 年第 1 期。

中方学者利用的《王静安》中文版并非正版(见下文),令人深感遗憾。鉴于此,这次译者决定将该文译成中文,同时将相关信息进行初步的整理,以供中国及海外学者参考。

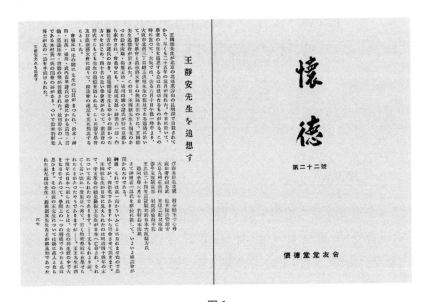

图 1

右:《怀德》第 22 号(1951)封面

左:《王静安先生を追想す》第一页

进行翻译工作时,笔者采用的原则有以下七点:

(一)因日本国内出版物版权有关法规限制,此次无法将全部译文公布,①只能暂时从原文抽出一半,并按译者的理解适当整理,译成中文。20 世纪 90 年代有位学者将《王静安》全文译成中文,以《追想王静安先生》(以下简称《追想》)为题在《追忆王

---

① 按现在的日本国内法规,版权在作者去世后可保护 70 年。如果在这期间将全文译成外文并发表的话,译者必须获得作者或遗属的批准。《王静安》里有发言记录的十几位人士都在 20 世纪 60 至 80 年代逝世,今日还未过期,而且有几位发言者连姓名、生殁年也不清。总之,译者无法公布译文全文,请读者见谅。

国维》上公布。① 可是《追想》不止作为学术文章有一些问题,而且笔者向《怀德》编辑部直接询问后,确认它未经原作者的批准,在版权法规上存在瑕疵。因此本文不引用《追想》。

（二）座谈会的主要发言者都是 19 世纪后期出生的日本学者,因此他们都用明治(1868 - 1912)至大正年代(1912 - 1926)的老日语,和令和时代(2019 -)的当代日语稍有不同。笔者觉得,按理说他们的发言应该译成清末、民国时期风格的中文才对。可是笔者语言能力有限,所以这次翻译时暂统一译成现代中文。

（三）发言者都只用日本年号来做解释,可是对于海外读者来说是难以理解"大正""明治"相当于公元几年。因此翻译时译者先写原文,并在其后括号补充公元。再者,因为发言者年纪都较大,恐怕部分记忆有点不清,导致部分地名、人名、时间前后顺序等信息不准确。这些问题,大部分可据其他资料进行修改,因此这次翻译时都尽可能校对。另外,因为当时他们讨论的是距今一百年的 20 世纪初的老故事,里面有一些发言一定会引起现代学者们的疑虑。可是我们今日看不到其他相关资料,无法断定其是否准确。考虑本篇内容的重要性,笔者尽可能保留原文,以供后世专家们的讨论。

（四）原文是按照座谈会速记档案编辑。笔者认为,日语版准确地保留了速记档案的风格,让我们可以感受到各位教授以何其生动的口气回忆当年往事。可是有些表达省略了主语或宾语,导致文义很难理解。翻译时,笔者依据前后文脉,会适当填入(　　　　)这类括号,以补充相关信息。

（五）原文对于每位发言者的主要经历、研究方向、工作单位都没

---

① 见神田喜一郎等著,滨田麻矢译:《追想王静安先生》,收入陈平原、王凤编:《追忆王国维》,中国广播电视出版社 1997 年版。至 2009 年,生活・读书・新知三联书店出版了《追忆王国维》增订版。据笔者所悉,《追想》再版时仍未经原作者批准。

有写任何信息。同样，发言者提到的内容包含了 20 世纪早期日本特有的官方机构、日常风俗等有关信息。这恐怕是多数中国及海外专家无法精确理解的，部分发言甚至容易引起现代读者的误会、争论。关于这些信息，本文将一一作注，进行简单的解释，同时尽可能保存原文面貌。注脚里的学者简历，笔者为避繁琐，就不再罗列参考文献。另外，日语原文没有注脚，这次译文的注脚都是译者所撰写的。

（六）原文有设章节，译者原则上保留了原貌。唯部分章节的设计译者认为不合适，故略作调整。

（七）原文没有插图，这次译者为了向中国及其他海外读者提供方便附上了几幅插图，并标明图片出处。

二、座谈会摘录译注

1.《怀德》编辑部序

王国维先生在北京北郊万寿山昆明湖自尽，至今已有 25 年的时光，然而今日学者们仍对王先生保有非常强烈的缅怀之情。今年 6 月 10 日下午 1 时 30 分起，由"静安学会"和"浪华艺文会"联合举办了王国维教授纪念会。① 会场在大阪市北滨三丁目，是江户时代晚期绪方洪庵开办适塾的旧址。② 当天和王国维先生生前有过交流的铃木虎雄、③梅原末治、④桥川时雄⑤等教

---

① 静安学会、浪华艺文会，都是石滨纯太郎（下注）主持的学术沙龙。详见长田俊树：《石浜シューレに集う人々》，《日本研究》2022 年第 64 期。

② 绪方洪庵（1810－1863）是江户时代后期的著名医学家、教育家。他主持的私立学校适塾（今日大阪大学医学院前身）培养了许多杰出的学者、政治家。

③ 铃木虎雄（1878－1963）。汉学家，专攻中国文学。东京帝国大学文学部毕业。任东亚同文书院教授、东京高等师范学校教授、京都帝国大学教授。

④ 梅原末治（1893－1983）。考古学家，专攻日本、韩半岛、中国考古学。同志社附属初中毕业。任京都大学教授、天理大学教授。

⑤ 桥川时雄（1894－1982）。汉学家，专攻中国文学。福井师范学校毕业。任《顺天时报》编辑局长、《文字同盟》编辑局长、北京人文科学研究所所长、二松学舍大学教授。

授都特意从京都赶来。除了他们之外,和王先生直接或间接有过交流的多位本会会员也来参加,如石滨纯太郎、①神田喜一郎、②内藤乾吉③等教授,参与者达到近四十位,他们以圆桌讨论的形式各自讲述了有关王先生的回忆。这次我们决定请静安学会、浪华艺文会将当天的速记稿进行整理,并将该文公布如下。

举办纪念会的那一天,我们将王国维先生的遗照安置在会场的床之间,④参会人士向他的遗照鞠躬祭拜。铃木、神田、石浜、桥川、武内义雄⑤几位特意带来了自己所藏的王先生之遗物,包括他的书法、书翰、墓碑拓片、著作。我们将这些文物陈列在房间里,供与会者参观。纪念会开始时,木村英一教授⑥代表本会筹备组致开幕词,随后铃木豹轩教授将他撰写的一首诗恭敬地献给王先生,内容如下:

> 浮海乘桴戴故冠,避秦恋主寸心丹。
>
> 藏山著作顾炎武,绝世操持管幼安。
>
> 大息九州蔽荆棘,正逢二纪奠椒兰。

---

① 石浜纯太郎(1888－1968)。史学、语言学家。专攻中亚、中国历史。任关西大学教授。

② 神田喜一郎(1897－1984)。汉学家。专攻中国文学、史学。京都帝国大学毕业。任台北帝国大学副教授、大谷大学教授、京都国立博物馆馆长。

③ 内藤乾吉(1899－1978),内藤湖南之子。法制史家,专攻中国法制史。东京帝国大学毕业。任东方学院京都研究所研究员,大阪市立大学教授。

④ 床之间(toko no ma),是室町时代(1333－1573)日式书房、客厅特有的设备,设置于房间的正面,门口的左边。它在墙上设置有凹形的小空间,同时设有架子,以置书法、绘画、香炉等。

⑤ 武内义雄(1886－1966)。汉学家,专攻中国文学、哲学。京都帝国大学毕业。任东北帝国大学教授。

⑥ 木村英一(1906－1981)。汉学家,专攻中国哲学。京都帝国大学毕业。任京都帝国大学副教授、大阪大学教授。

即今更欲赋哀郢，躬阅沧桑泪不干。

王忠悫二十四年荐筵赋奠于日本大阪绪方氏适园，
辛卯六月十日，豹轩铃木虎雄。

然后我们将神田喜一郎教授推荐为座谈的主持人。在神田教授的主持下，座谈会终于开始了。

2. 京都时代

神田：王国维老师于明治 44 年(1911 年)底来到日本。由于辛亥革命，罗振玉老师到日本流亡，当时王老师也跟着他来了。王老师抵达京都后不久就和铃木老师相遇而共同作诗，因此首先请铃木老师谈谈王老师在京都时期的情况。

铃木：罗老师领着他的团队刚抵达日本时，他们暂住在田中村百万边街的一家中国餐馆，今称"神海楼"。不久他们离开这家餐馆搬进了另外一栋较近的住房。他们在忙着搬东西时我第一次去找过他们。再过了不长的时间，王老师搬到了位于百万遍的寺院左边的一栋奇特的日式房子，在那里住了很久。后来王老师又搬到了神乐冈，在董康先生①住址附近。当初罗老师居百万遍，后来搬到了净土寺那边。我不记得具体是几月份，有一天京大老师们邀请罗、王两位到文学部教学楼举办欢迎会，当天藤田老师②特意从东京远道而来参加。据说藤田老师在上海的一所学校教过书，当时王老师是藤田老师的学生。

---

① 董康(1867－1947)，字授经。法学家、政治家。任上海法科大学教授、北京大学教授、中华民国大理院长等。董氏作为汉学、法学专家在当时的日本极为著名，罗、王两位亡命日本时董氏已多年住在京都。见神田喜一郎：《怀念董授经先生》，《敦煌学五十年》，北京大学出版社 2004 年版(日文版：1960 年)。

② 藤田丰八(1869－1929)，号剑峰。汉学家，专攻中国文学、史学。任上海东文学社教习、江苏师范学堂教习、京师大学堂教习、东京帝国大学教授、台北帝国大学教授。藤田氏早在 1897 年在上海和罗振玉结识，为了中国社会的近代化事业，十多年来和罗氏合作从事教育、出版工作，可以说他是最受罗氏信任的日本人。详见钱鸥：《罗振玉·王国维と明治日本学界との出会い》，《中国文学报》1997 年第 55 期。

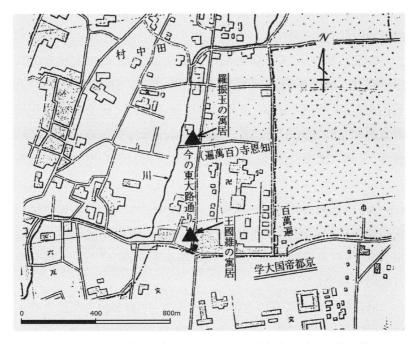

**图 2　钱鸥教授在大正年间（1912－1925）京都市区地图上复原的
20 世纪 10 年代罗振玉、王国维各故居位置**

据钱鸥：《京都における罗振玉と王国维の寓居》,《中国文学报》47（1993）　黄川田修改绘

　　梅原：大正 3 年（1914 年）前后，当时富冈老师①经常带我到罗
老师的邸宅去访问，每次都让我在那里用罗老师的藏品制作拓片。
当时我热衷于制作文物拓片，而罗老师收藏了大量的中国文物，因此
我有很多机会跑到他的住所使用他的藏品做拓片。其实认识罗老师
之前，我从来没学过正宗的拓印技术，只不过是用自己的方式做工作
而已。当我去罗老师的邸宅时，罗老师和他公子每次都亲自指导我，
还有几次特意给我示范制作拓片。我从他们那里学到了很多东西，

────────────

①　富冈谦藏（1873－1918），号桃华。汉学家，专攻中国书画、经学、考古学。任京都帝国
　　大学讲师。

例如，要用什么种类的宣纸，应该如何上墨。富冈老师和我一起去了
罗老师的邸宅很多次。

在那些日子里，罗老师的邸宅总是挤满了人，每次都让我感到
不可思议。我渐渐注意到人群里有一位青年。他可能是书生，外
貌不出色，说话不太流畅，总是结结巴巴的。每次我去罗老师住所
时这位青年都在写什么文章。当时我虽然听过王国维这位学者的
名字，可是不熟悉是个什么样的人，而且当初我不知道在罗老师那
边看到的这青年叫什么名字。富冈老师每周要制作 10 至 15 张拓
片，作为讲课的材料在大学课堂上发给他的学生们，因此每个星期
我必须要按照他的指示到罗老师的邸宅去，制作大量的拓片。结
果，那时我在罗老师的邸宅里度过了很长的时间，并渐渐有机会与
王老师直接交谈。

藤田剑峰老师是富冈老师的亲密朋友，他们都深爱喝酒。有一
天富冈老师收到了消息，得知剑峰老师要从东京赴京都，预订了三本
木那边的一家旅馆。当我陪他到旅馆时，剑峰老师已经开始喝酒了，
面色发红。我坐在剑峰老师房间的一个角落里，看着两位老师一边
大口喝啤酒一边聊天，笑声不断。我清楚地记得，这一天王老师来到
这家旅馆访问。当时我已经在大学旁听内藤老师开的（史学）课程、
富冈老师开的金石学课程。两位老师在讲课时都提到王老师的大
名，这时我在旅馆才第一次知道：我在罗老师那里见到的外貌有点
欠佳的那位书生，就是王国维老师。（我记得，这天我在旅馆见到，）
对于在喝酒的两位教授，王老师非常有礼貌地回应着。

　　铃木：在王老师来京都之前，我得知他的著作《曲录》已经出
版。① 因为我发现它是一本对研究非常有用的书，所以我在《艺文》

---

① 　王国维：《曲录》6 卷、《戏曲考原》1 卷，晨风阁，1909 年（序）。

杂志上发表一篇评论向国内介绍。① 今天这个领域有好几位专家，但在当时却很少。在这样的时代，王老师已经开始了对于词曲的研究。除此以外，我还将王老师的另一篇文章《简牍检署考》译成日文并发表，②介绍给日本国内的学者们。

王老师对于清朝素来感其恩义，总是戴着清式帽子。我这次替王老师作诗时想起他生前的风貌，因此（在向王老师所献的诗里）写"戴故帽"。

神田：王老师头上留着一条辫子。

梅原：王老师当时是否有带夫人一起来京都？

铃木：我见过王老师的家有了一个小孩子，也许他夫人也来到了京都。王老师住在百万遍的家时，每遇到他祖先的忌日，便将遗像挂在床间的墙上供奉，祭拜他们。

神田：内藤乾吉老师，你对那些日子是否还记得相关事情？

内藤：那时候我在小学念书，记得罗振玉、王国维两位当时经常到我家来。我只是个小孩子，没机会与两位直接谈话。然而我的读书室是客厅的隔壁，所以我一直听到两位和父亲聊天的声音。我还清楚地记得，有时我悄悄地推动房间隔扇，偷看他们在客厅里交谈。当时罗老师身体很瘦，像一只鹤那样。王老师皮肤晒得黑黑的，（跟内藤湖南说话时）经常用日语说话，可是他说话不那么流利，有时会结巴。

神田：罗老师于1919年5月返回中国。当时在圆山的左阿弥③举

---

① 铃木虎雄：《王氏の〈曲录〉と〈戏曲考原〉》，《艺文》1(5)，1910年。后收入铃木虎雄：《支那文学研究》，弘文堂书房1925年版。
② 王国维著，铃木虎雄译：《简牍检署考》，《艺文》3(4)－3(6)，1912年。
③ 京都的一家著名高级餐厅，至今仍在经营。

行了盛大的欢送会，犬养毅先生①等多位著名人士前来参加。可是王老师比罗老师早三年离开了日本，因此当时日方没举行欢送会。

图3　大正8年(1919)8月罗振玉送别会合影
摄于京都市餐厅"左阿弥"
（图片：清荒神清澄寺铁斋美术馆所藏）

　　左一：长尾甲(1864—1942)，号雨山。汉学家、书法家、画家、美术史家。东京帝国大学毕业，任第五高等学校教授、东京高等师范学校教授、商务印书馆编辑顾问、西泠印社社员。
　　左二：犬养毅(1855—1932)，号木堂。书法家、政治家。任立宪政友会总裁、日本帝国众议院议员、外务大臣、内阁总理大臣等。
　　左三：罗振玉(1855—1932)，号雪堂。社会运动家、汉学家、史学家、考古学家。任清朝参事官、京师大学堂农科监督。
　　左四：富冈百炼(1837—1924)，号铁斋。汉学家、画家。于立命馆、京都市美术学校教书。
　　左五：内藤虎次郎(1866—1934)，号湖南。汉学家、史学家、考古学家。任《大阪朝日新闻》主笔、《万朝报》主笔、京都帝国大学教授。

———————————

①　犬养毅(1855—1932)，号木堂。书法家，政治家。任日本帝国第29代总理大臣(1931—1932)。五一五事件时被海军军官刺杀。笔者从犬养氏长年积极与清末民初多位中国政治家交流来看，其确实是代表中日友好派的日方政治界领袖。犬养氏特意从东京搭乘火车来参加罗振玉欢送会，可见作为代表中国的大学者，罗振玉在日本的民间文人界和政官界都受到了广泛的尊重。

梅原：罗老师离开京都回到中国后，我把"宸翰楼"牌匾从门口拿下来，带回考古学研究室。它至今仍然保存在那里。

神田：虽然王老师会说日语，有时替罗老师做口译，可是他日语不是很流利，而且总是结结巴巴，（有时）让人难以理解他讲的话。与此相反，当罗福苌公子①负责翻译时我们能非常容易地理解罗老师讲的内容。

内藤：神田老师是如何认识王国维老师的？

神田：大正2年（1913年）前后，我家出版了（据唐代版本日本文人抄写的）《书经》之影印本。② 当时我奉祖父③之命，为了赠送这本书跑到了泉殿的内藤老师邸宅、京都大学、罗振玉老师邸宅。当我去罗老师邸宅时王老师在那边，这是我第一次见到王老师。我顺便将影印本送给他，然后从王老师处收到了他的新著《壬癸集》，便带回了家。当时我17岁。

3. 上海时代

神田：大正5年（1916年）王老师回到上海去了。当时铃木老师你在上海，④请问，有关上海时代的王老师你是否有什么回忆？

铃木：我在上海念书时好几次见过王老师。有一次王老师带我

---

① 　罗福苌（1896－1921），罗振玉次子。语言学家，专攻古代中亚语言。

② 　此处神田喜一郎提到的书，应是孔安国：《书经》，神田喜左卫门（出版），1915年。译者按，因为该书1915年才出版，所以神田氏第一次见到王国维的时间不是1913年，应是1915年。神田家是江户时代（1600－1868）在京都经营两替商（货币兑换业务）的富商。历代家主都爱文艺，收藏大量的日本平安时期、中国宋明的珍稀古籍。今日这批文物多数归于大谷大学所藏，详见日比野丈夫等：《先学を语る——神田喜一郎博士》，《东方学》1987年第73期。藤岛建树：《神田コレクションの魅力》，《书香》2005年第22期。

③ 　神田喜一郎的祖父，神田久信（1854－1918），号香岩，神田家第16代家主。汉学家、文物收藏家，任京都国立博物馆学艺员。

④ 　1917年4月至1919年3月，铃木虎雄身为公费留学生到中国去留学。见吉川幸次郎等：《先学を语る——铃木虎雄博士》，《东方学》1976年第52期。

去沈子培先生①那边，向他介绍了我。

　　神田：大正 11 年(1922 年)我在上海见过王老师，当时他的住址
在吴兴里那边。王老师有时邀请我去他家吃饭。他的房子非常小，
甚至连厕所也没有。不久北京的清廷联系王老师，邀请他担任"南书
房行走"的职务，②王老师因此被调到了北京。

4. 北京时代

　　内藤：桥川老师是什么时候(从日本)搬到北京的？

　　桥川：大正 12 年(1923 年)前后，我在北京《顺天时报》③编辑部
工作。有一位同仁叫辻听花，④是著名的中国戏剧爱好家。有一天
他给我说："'王出齿'(wan deba⑤)来了！你要不要陪我一起去见
他？"我陪他一起出去，这天我认识了王国维老师。当时我曾经问过
辻先生，他是如何认识王老师的。他回答说："罗振玉、藤田剑峰各位
老师在苏州师范学堂任教时，我也在那里教书。当时我先用日语写
讲义，然后他就把它译成中文。"这一时期辻先生给王老师起了绰号，

---

① 沈曾植(1850－1922)，字子培，号乙庵、寐叟。文学家、史学家、书法家。任刑部主事、
　　安徽布政使等。
② 关于"南书房行走"的身份、职务，详见许文继、李娜：《南书房行走笔下的入直生活》，
　　《历史档案》2014 年第 2 期；李乔：《南书房行走——皇帝的机要秘书》，《中国党政干
　　部论坛》2007 年第 6 期。
③ 《顺天时报》是清末至民国时期日本人在北京出版的中文报纸。1901 年东亚同文会的
　　中岛真雄创刊，董事为上野岩太郎、龟井陆良、渡边哲信等，至 1920 年停刊。见饭仓照
　　平：《北京周报と顺天时报》，《朝日ジャーナル》14(16)，1972 年。
④ 辻武雄(1868－1931)、号剑堂、听花。在庆应义塾进修。教育学家、戏剧评论家。任
　　江苏两级师范学堂教习、江南实业学堂教习、《顺天时报》记者。
⑤ "出っ齿"(发音为 deppa)或"出齿"(deba)是日本的一个俚语，指长门牙或拥有长门
　　牙的人，等于中文的"龅牙"。若看今天(2022 年)的日本社会，不管或是小朋友或是
　　大人，用这样的外号来称呼别人是极为失礼的。然而，根据笔者(1972 年出生)的小学
　　时代记忆，当时在东京那如果没有特别恶意的话，用"出っ齿"、"はげ"(光头)、"チ
　　ビ"(矮人)这样的词汇称呼朋友，一般不会被认为是不礼貌的，有时还可以对这位朋
　　友表达亲近感。因为辻武雄的生年是 1868 年，对这年代的日本人来说这称呼根本就
　　不是个问题。辻氏可能故意用"王出齿"这种词，对王国维表达一种亲近感。

即王出齿。自此以来辻先生习惯将王老师叫王出齿。如上所述，我是通过辻听花认识王老师的，之后我们一直保持联系，直到他去世。王老师在万寿山那边去世的四五天前，我还见到了他。

神田：王老师的住所在北京的哪里？

桥川：王老师的家在东板桥，这地址离北京大学校园很近。后来他从那里又搬去了清华大学。

神田：王老师最初是任南书房行走的，但冯玉祥的军队进入北京，宣统皇帝被废，便离开了北京。此后王老师再转到清华大学那边。

桥川：这一时期王老师见到我时给我解释了他的近况。具体而言，他不能进入北京（大学）的研究所，①又不能任东方文化事业②的中方成员，最终进入了清华大学，还谈及学校的待遇等。

内藤：为什么王老师被东方文化事业排除？

桥川：当初狩野老师③松了一口气，因为柯劭忞先生④被任命为（东方文化事业）中方主席（所以狩野老师相信柯先生应该会批准将王老师任命为中方成员）。狩野老师说，如果中方将王国维排除的话，这个项目就会失败。因此他尽力让王国维被任命为中方的委员

---

① 日语原文是"北京の研究所"。译者按，该处应指"北京大学的研究所"即北京大学研究所国学门。关于具体理由，参见本文第三节。

② 义和团运动结束后，清政府向日本支付了巨额赔款。1923年日方设立了"东方文化事业"计划，目的是通过文化项目将这批赔款还给中方。当初日方计划中日共同建立人文学、自然科学两领域的研究单位，并聘请中日双方的多位顶级学者，以振兴两国学术交流。因此日方使用该计划的经费在北京设立"北平人文科学研究所"，在上海设立"上海自然科学研究所"。可是至1920年代中日关系愈来愈恶化，最终中方委员都辞职，实际上东方文化事业就此告终。1945年日本投降后这些机关都已解体，图书馆、办公楼设备都被中方接收。详见山根幸夫：《东方文化事业の历史——昭和前期における日中文化交流》，汲古书院2005年版。

③ 狩野直喜（1868-1947），号君山。汉学家，毕业东京帝国大学。任京都帝国大学教授、东方文化学院京都研究所所长。

④ 柯劭忞（1850-1933），字仲勉，号蓼园。史学家。早期任京师大学堂经科监督、典礼院学士，后任清史馆总纂兼馆长代理、东方文化事业中方首席代表。

会成员。然而，结果令人遗憾，在柯先生手下当过秘书等工作的人抢走了相关职位，导致王老师被排除。狩野老师对这个结果感到很失望，过了好几年还总说是非常遗憾的。

神田：桥川老师，据你刚才所说，王先生去世的前几天你会见了他。当你见到王老师时有没有注意到他有什么不寻常的地方？

桥川：（1924 年）冯玉祥进入北京城时，宣统帝离开皇宫后就迁到醇亲王府。我听到这个紧急消息，那天早上八点左右跑到王府。王府大门外，陈宝琛、①朱益藩②等人正在闲逛，走来走去。我进入王府，见到宣统帝坐在椅子上。他张大了嘴巴，一言不发，确实是惊呆的样子。同时我也看到，在宣统皇帝面前，王老师正跪地哭泣。当时我还年轻，所以日后见到王老师时我兴致勃勃地说："被称为'高官'的人，在紧急情况下都真没用！"王老师非常同意我的观点，自此以后我们关系变得非常亲密。

（1927 年）王老师去世的前几天我去了他家，具体日期是冯玉祥到达保定的那一天。与往常不同，王老师对我说："你先不要离开，在这里吃晚饭吧。"结果，我上午去王老师家，直到晚上才离开。当我要离开时，王老师为我送行，从他家到清华大学的校门口陪我走了大约三丁③的路。这一天，我和一位姓小平④的日本人去了王老师家。小平先生和我谈论，为什么今天王老师显得这么友好，告别时表示舍不得的感情？这是我今天能回忆起的，王老师这天给我透露的不寻常

---

① 陈宝琛（1848－1935）。政治家。任汉军副都统、弼德院顾问大臣、内阁议政大臣。
② 朱益藩（1861－1937）。政治家。任翰林院编修、南书房行走、京师大学堂总监督。溥仪离开北京后，任清室北京办事处主任。
③ 日本的"一丁"等于约 109 米，因此"三丁"等于 327 米前后。
④ 小平总治（1876－1935）。日本外交官、中日通译官。善邻书院毕业。任北京警务学堂监督、武昌高等巡警学堂教习、满洲国执政府内务官、满州国立博物馆筹备会主事。

表现。① 当时的清华大学有一位有趣的男人当着校门警卫,他头后边留着辫子。有一天,我为了跟王老师见面去了清华大学。校门这位警卫对我说,我很了不起。我问他为什么,他回答说:"去找留辫子先生的,是了不起的人!"②

神田:当北京学术界的教授们得知王老师去世时,他们的表现是怎么样的?

桥川:这消息对他们来说是一个巨大的冲击。葬礼结束后,清华大学为王老师举行了追悼会。在清华大学研究所与王老师一起任导师的梁启超先生在会上发言:"近年来中国失去了两位文化伟人。一位是陈师曾(陈衡恪(1876－1923),陈寅恪的叔兄),另一位是王国维。"可以说,这是很尊重王老师的一场纪念演讲。

石滨:王老师去世的时候,据说有很多谣言流传。

---

① 1968年桥川氏和他的朋友们举行了一次圆桌谈话会,桥川在会上回顾了他的前半生,见:桥川时雄、小野忍、目加田诚:《学问的思い出——桥川时雄先生を囲んで》,《东方学》1968年第35期。在会上桥川氏又谈到了他与王国维最后一次会面的情景,其描述比《王静安先生追悼座谈会》更详细,如:

　　那大约是我离开《顺天时报》并创办月刊《文字联盟》的时候了。我去清华大学的后花园拜访了王国维,因为我想向他介绍我的朋友小平总治。(译者补记:这时期王国维的心情一直很不好,可是这天)我发现王老师心情比以前好得多,很高兴地迎接我们。我们聊天聊得很开心,话题有时转到王老师书架上放着的《文字联盟》。此时小平氏拿出了两份扇面说:"王老师,是否能替我写一笔?"然后王老师从《宝沈庵》(译者注:或许书名不正确,待研究)中挑了两三句写在扇面上,将它交给小平氏。当我和小平氏开始准备离开时,王老师说:"我们慢慢谈吧。""我家没有什么好菜,但还是请你们陪我一起用餐!"我们陪王老师吃完晚饭,然后再次准备离开他家,此时王老师说他亲自送我们。虽然我们好几次请求他不要送我们并留在家,但他不理我们,最后他将我们送到清华大学的正门。所以我对小平氏说"今天他的样子有些不对劲的"。我想,那是4月30日或29日。然而,5月2日他便自尽了。后来我才想到,那天王老师已经下决心自尽。

② 1927年在《文字同盟》第4号上有位叫"采菊轩主人"的人用中文发表《辫发刍议》一文。译者按,"采菊轩主人"应是桥川氏的笔名。该文最后一段:余每访先生于清华园,校仆必肃然低语曰,"彼留辫之先生,是此校第一之学者也",敬导而入。此亦余之一回想也。

桥川：关于自杀的原因，流传着各种谣言。其中有一个这样的故事："这是因为罗振玉虐待王国维。罗振玉把手边所有的钱都给了王国维，强迫他做生意，但没过多久他就遭受了损失。因此罗振玉强迫王国维去借钱。"在清华大学里陈寅恪老师是与王老师关系最好的，但他当初相信了上述谣言。因此，中方教授们替王老师修建纪念碑时，陈寅恪老师所写的第一稿就写到了这个故事。陈老师给我看了他刚写完的手稿，希望我提出意见。我给他说这个故事不太合适，建议他删除这一段。另一个谣言，强调王国维和梁启超两位的学风不同，并声称："对王国维先生来说，他在清华大学的日子并不愉快。"王老师逝世后，许多人为纪念他作诗，其中有一些诗对梁启超说了坏话。然而，恐怕这些都与王老师本人的想法不同。我认为，当时冯玉祥的军队已抵达保定（应该说他们进入北京城的时间也迫在眉睫）。我认为当时王老师看形势会变坏，悲观丧气，故而自尽。

石滨：当时是否有将这些谣言都记录并出版的文章？

桥川：当时我在北京编辑、出版一家杂志，名为《文字同盟》。王老师去世后，我们立即出版了追悼王国维专辑号。① 当专辑号出版时罗振玉老师派人到编辑部。他给我们寄来大量的挽联，要求将它们都公布在杂志上。他强烈要求在专辑号中写："只有在罗振玉指导下，王国维才得以走向世界。"当时我们觉得真是个好麻烦的要求。

神田：桥川老师刚刚介绍的许多流言，当时都传到了日本。其中大多数是由川田雪山②在《哀挽录》上公布的讣告文中介绍的。③

---

① 文字同盟社：《文字同盟》第 4 号（王国维追悼特辑），北平，1927 年。
② 原文"川田节山"。译者按，疑"节"（日语发音：setsu）是错字，应是"雪"（setsu），即同音异字之误。川田瑞穗（1879－1951），号雪山。汉学家。任早稻田大学教授、无穷会会长。
③ 川田瑞穗：《悼王忠悫公》，《王忠悫公哀挽录》，出版地不详，1927 年。

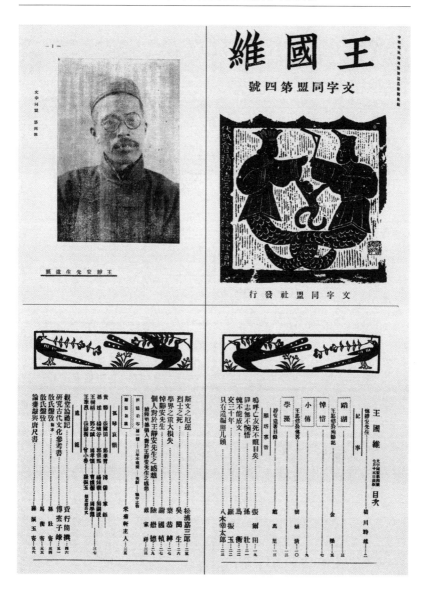

图 4

上右：《文字同盟》第 4 号（北平，1927），封面

上左：同，王国维遗像

下右、左：同，目录

續補

悼王忠慤公

川田瑞穗

五十之年只欠一死經此世變義無再辱

嗚呼此海甯王忠慤公遺囑中劈頭之語絕命之辭也其沈痛悲涼令人不忍卒讀殉國之意已自分明其氣節凜凜足以廉頑立懦際有清三百年之末運能明此意以捐其身者公一人而已宣統皇帝特降震悼之詔稱其孤忠耿耿深惻朕懷并特諡忠慤派貝子溥伒奠醊賜陀羅經被賞銀二千元治喪以示憫惜貞臣之至意吾人於此深感公之一死不惟光飾淸史且永爲天地立綱常爲人倫垂軌範決非無意識之徒死者也

公諱國維字靜安號觀堂浙江海甯人初學古文中間留學於我國修物理學尋又研究西洋之哲學文學美術等造詣頗深更修宋元戲曲金石學著作尤夥終受羅振玉氏之勸導專心力於經史考證將三十五歲以前所著靜安文集付之一炬厥後所著觀堂集林於此可窺見公學問思想其發前人未達之祕亦不尠與淸朝諸大儒比肩無媿色宣統皇帝聞其名壬戌冬(大正十一年)選海內碩學鴻儒侍左右公與其選一躍而爲南書房行走給五品俸拜紫禁城騎馬之恩命公深感激知遇翌年十月宮門之變皇帝避難日本使館尋幸天津之際援主辱臣死之義致欲自沈於神武門前之御溝者再已而淸華學校研究院聘公講授公奉命乃就聘公日夜教導後進爲生徒所崇拜並時時詣天津行在有所陳奏乃時事日非四百餘州之山河陷戰塵中而前年犯宮門之馮玉祥有再至北京之兆公念切行在無可爲力遂以一死完大節於本年六月二日(陰曆二日)投萬壽山頤和園之昆明湖予謚忠慤洵能表公一生表公心事最後之歷史可謂毫無遺憾矣(此下據中國雜誌記殉節時情狀節去未譯)

公之自殺原因有種種之謠言已入吾人之耳此次公對宣統帝盡忠義之心及憂國家前途而殉節毫無疑議乃竟有謂原因有二端其死機早伏者或謂淸華教授梁啟超氏嫉公名望陰加排斥於公自殺前數日特告公以馮玉祥將到京梁氏本人亦將於即夕赴津避難以恐之公大爲所動又謂公與羅振玉氏有金錢上之關係致感情疏隔公與梁氏之關係吾人殊不得其詳至謂與羅氏有何交涉殊不近人情吾人斷定爲全屬虛構也蓋公與羅氏之關係初爲師生尋爲友朋最後爲親戚即公之長子潛明娶羅氏之女則公與羅氏爲兒女之親家矣金錢之事雖親戚朋友恆有因金錢反目者然苟謂公與羅氏有此等事則非知公之人格者也殆有觀公之氣節自愧弗能特造謠以掩己醜之策耳世之欲以此侮公者適自侮而已或問公之心事可明瞭而羅氏態度何如今觀羅氏撰公傳及祭文復爲公代上封章經營其身後則羅氏之對公可知由此觀之此種謠言亦不待辯而自明矣(此下記公學問著述節去未譯)

要之公之學問文章爲當代第一流其孤詣獨創之見識何人不能追隨其貢獻於學界之功績不在近世大儒下公今年僅五十一歲天若假以二三十年之壽其造詣殆不可測乃以感激君恩之深促其年齡爲可惜也

宣統皇帝因革命降退位之詔勅而其自身儼然保皇帝之體制稱朕稱詔勅保持君臨天下萬民之態度蒙其恩者依然稱陛下稱皇帝不失其忠愛之心亦當然之理儒教精神實在此云仁義云王道亦不外此義然輓近世態則呪仁義賤王道蔑棄忠孝士氣掃地盡矣西洋過激之思想滔滔浸潤東洋之天地實爲危險萬狀苟爲讀書講道之士當奮起而障此狂瀾若低尾縮首甚至迎合潮流立奇矯之言論平生讀孔孟之書所學爲何事耶當是時公獨執君辱臣死之義以一死振既頽之綱常經此世變義無再辱云云以氣節文章警醒一世吐萬丈之光焰足照耀百代然則公一死衡其得失蓋勝於著書千百卷矣

世間多傾倒公之學問激賞其著作而敬公之大節者寥寥此實本末輕重顛倒之甚決不得公之本旨者也故吾人聊抒鄙見于公之殉節尤表甚深之敬意焉

續補

图 5 川田瑞穗《悼王忠壶公》

引自《王忠壶公哀挽录》(1927)

桥川：当时报纸报道了各种各样的消息。

神田：我看过王老师的墓碑铭。该铭由杨锺羲①撰文，袁励准②写字。袁励准和王老师之间原有什么缘分？

桥川：王老师就任南书房行走之前，袁励准先生先任这一职位。经过袁先生给清朝廷介绍，王老师被任命为南书房行走。

神田：原来是这样，桥川老师提供的这批消息让我准确理解了情况。那么，感谢所有参与者为我们分享了这么多的故事。这次的座谈会已经花了很长的时间，作为主持人我宣布这次座谈会圆满结束。感谢各位老师的合作！

三、跋

1. 第一手史料《王静安》的重要性

《王静安》一文是 1951 年在大阪举办的王国维追悼座谈会的记录。管见所及，多位和王国维先生生前有密切交流的日方学者们聚会并留下正式文字记录的文章，仅有此篇。不止如此，关于 20 世纪 10 年代在京都定居时的罗振玉、王国维师徒的日常生活，这篇文章描写得很准确、细致。应该说是极为重要的一篇历史记录。

有趣的是，1911 年罗氏抵达京都前后，日本学术界也有了重要的发展。自公元 8 世纪以来一千多年，京都一直是中国和日本之间文化交流的中心。这座古老的城市，1896 年成立了新的日本官方综合大学：京都帝国大学。1906 年文学院成立之后，与东京大学官派

---

① 杨锺羲(1865－1940)，字子勤。任翰林院编修，南书房行走。
② 袁励准(1876－1935)，号珏生。任翰林院侍讲、南书房行走、清史馆编修、农工商部工业学堂监督、辅仁大学教授。

学者截然不同的新一代菁英们在此聚会。① 明治时代(1869－1911)日方学者多数非常尊重欧洲的技术、思想,同时看不起古老的东方文明。可是 20 世纪初在京大文学院聚会的几位教授、民间学者开始正面反对这种过度的欧洲至上主义。他们寻找新的人文学理论,以期在更高的层面继承欧洲、东亚两地的文明。最早是长尾雨山、内藤湖南、狩野直喜三位学者带头发起了这场学术运动,他们共同培养的一位日本学者吉川幸次郎,②在 20 世纪 60 年代回顾三位的早期运动时写道:

> 请读者别误会,我并没有说当时日本的中国学研究仅仅是由这三个人推动的。这时代与他们年龄大致相同的三位重要人物,即白鸟库吉、③服部宇之吉、④桑原骘藏⑤也参与了中国研究。他们主要采用欧洲学者的,即"非中国"的方法。依靠这一理论,他们或研究中国文明,或对中国做了反思性的发言。可以说,这是明治维新时代日本学术界取得的正面性成

---

① 1934 年,在追悼内藤湖南的悼文中,晚年的狩野直喜回首往事,将 20 世纪初京都帝国大学文学院成立的相关史事如下进行了论述:"(当时作为资深记者而闻名的内藤湖南在报纸上写下,)'学问的研究必须是科学的、实事求是的。如果能在京都建立文科大学的话,希望其学问的研究能够基于这一方针而前进'。内藤先生是这样论说的。过了一段时间,(京都帝国大学)成立了文学院,作为其基本方针,(我们筹备委员会)不仅会努力不让东洋学及其他学科变得和东京的学术风气雷同,也会努力显示自己的学术特点。"引自狩野直喜:《内藤君を偲んで》(中译:怀念内藤君),《支那学》7 (3),1934 年。

② 吉川幸次郎(1904－1980),汉学家、专攻中国文学。毕业于京都帝国大学,任东方文化研究所研究员、京都大学教授。

③ 白鸟库吉(1865－1942),史学家,专攻中国史、韩国史、日本史。毕业于东京帝国大学,任东京帝国大学教授、东洋文库理事长。

④ 服部宇之吉(1867－1939),汉学家、哲学家。毕业于东京帝国大学,任东京帝国大学教授、京城帝国大学校长、国学院大学校长、东方文化学院理事长。

⑤ 桑原骘藏(1871－1931),史学家,专攻东亚史、东西交流史。毕业于东京帝国大学,任第三高等学校教授、高等师范学校教授、京都帝国大学教授。

就之一。

　　但我特意要说，长尾、内藤、狩野三位的学术成就也是明治维新给日本人文学带来的另外一项成就。他们三位也确实受到欧洲文明的部分影响，尤其狩野氏的著作明显带有这种趋势。然而相比欧式理论，他们更喜欢属于中国传统的研究方法，而且他们经常与中方学者合作进行研究计划。

　　引自　长尾雨山《中国书画话》(1965)　吉川跋

　　众所周知，罗振玉、王国维两位于 20 世纪 10 年代离开中国，在京都定居好几年以避开革命的风暴。在这一时期，罗氏专心研究中国金石学，陆续出版了关于中国金石学的著作，建立了现代东方古文字学研究的基础，时至今日仍被学术界认为是非常重要的作品。其高足王国维也跟随他的老师罗氏研究经学、金石学，渐渐成为一名新晋考古学家，可以说京都时代是身为考古学家的王国维诞生的时代。不止如此，京都游学时期结束后王国维继续和日本学者们保持联络，随时交流著作、互相启发，为两国的学术发展带来了极大的正面影响。总之，可以说若要理解我们东方世界的现代历史学、考古学是如何诞生的，20 世纪早期开始的中日两国学者们的交流，从世界史上来看有着极为重要的意义。

　　尽管如此，今日我们为了理解这一时代的两国学术交流，还要克服一些障碍。中日两国的专家都知道这一时期罗、王两位和日方学者之间有着很密切的学术交流，可是 20 世纪 20 至 30 年代两国关系愈来愈恶化，导致当时两国学者的学术交流或被中断，或无法公开举办任何国际研究计划。至 1972 年中日两国恢复邦交关系时，不止罗、王两位早已逝世，而且 20 世纪 10 至 20 年代和他们有过亲密交流的日方学者们也是或逝世，或年老，在学术界已没有很大的影响力。总之，我们今日可以看到的有关史料不多，特别是中文的极少，这真令人感到很大的遗憾。① 笔者希望经过本次翻译整理工作，使得海内外的更多同行发现《王静安》一文的重要意义，同时进一步理解我们东方学术界的早期历史。

2. 昭和二十六年（1951）座谈会缘起

如上文，《王静安》原文是 1951 年在《怀德》杂志上发表的。如该文所说，为了纪念王国维逝世 25 周年，静安学会、浪华艺文会共同计划召开会议。这年的 6 月 10 日，与王国维生前有交流的日方知己（学者、书肆、收藏家）在大阪聚会，举办了追悼法会及座谈会。静安学会、浪华艺文会当天制作的速记档案，《怀德》编辑部立刻开始对它进行整理，并在同一年的《怀德》第 22 号上公布了《王静安》一文。

管见所及，王国维逝世后日方学者一共举办三次追悼会。各次的日期、地点等如下：

次数	时间、地点	召 集 人	主持单位	参会人数	参考文献
第一届	1927 年京都	狩野直喜 内藤湖南 铃木虎雄 神田喜一郎	京都帝国大学 文学院	51 位	艺文 8 - 8(1917) 王忠悫公哀挽录（1917）
第二届	1937 年 5 月 1 日 台北帝国大学文政学院	神田喜一郎 吴守礼	台北帝国大学 东洋文学研究会	不明	台大学内通报 173 号（1937）
第三届	1951 年大阪	石滨纯太郎	静安学会、浪华艺文会	近 40 位	王静安先生を追想す（1951）

---

① 早在 20 世纪 90 年代钱鸥注意到《王静安》一文的重要性。据她的研究，关于罗、王他们住在田中村时期的中文记录，除了《王静安》一文以外我们只能看到简单的随笔，或零散的书信资料而已。参见钱鸥：《京都における罗振玉と王国维の寓居》，《中国文学报》1993 年第 47 期。

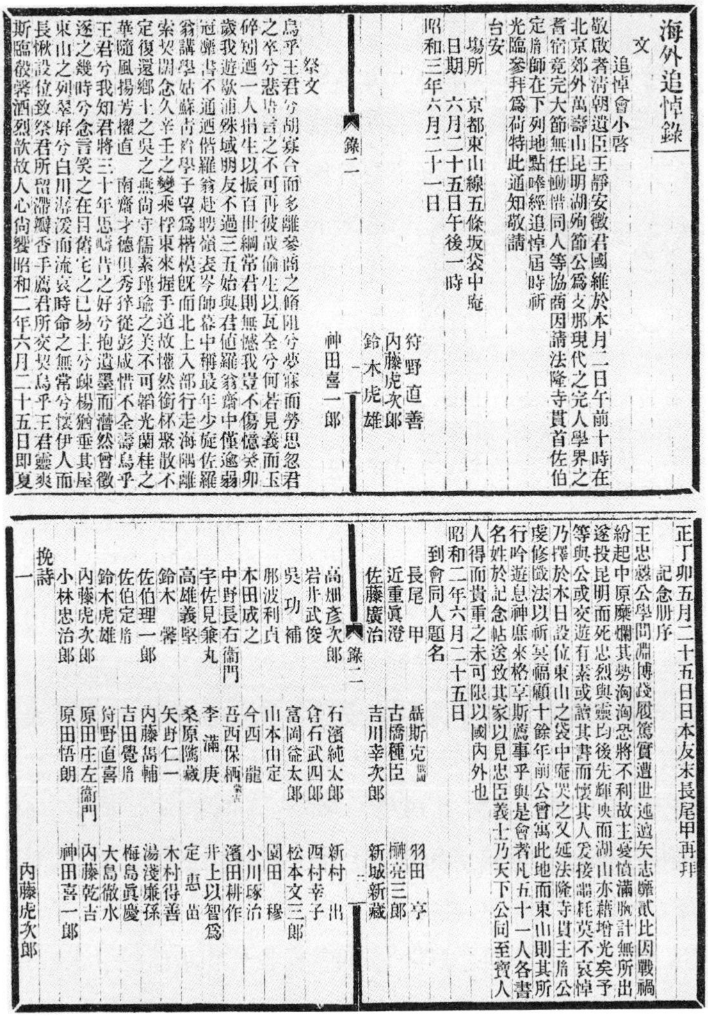

海外追悼錄

文　追悼會小啓

敬啟者清朝遺臣王靜安徽君國維於本月二日午前十時在
北京郊外萬壽山昆明湖殉節公薨文邪現代之完人學界之
耆宿竟完大節無任悲悼同人等協商因請法隆寺貫首佐伯
光臨參拜爲荷特此通知敬請

定安台
名所場

昭和三年六月二十一日

場所　京都東山線五條坂袋中庵
日期　六月二十五日午後一時

錄二

狩野直善
鈴木虎雄
內藤虎次郎
神田喜二郎

祭文

烏乎王君分吾告君
碎我淳分悲一人
葳我幾分歔歌浦
冠講辭分姑蘇
翁索復分遠翻
定華嚴分我知
王君逐山分列
斯長臨敬設位致烈歆故人心惆愴昭和二年六月二十五日即夏

錄二

王忠悫公學問淵博邃篤實其勢沕淘

正丁卯五月二十五日日本友末長尾甲再拜

長尾甚
近重眞澄

昭和三年六月二十五日
會同人題名

磊斯克
古橋穢臣
羽田亨

石濱純太郎
倉石武四郎
吉川幸次郎
新坂新藏
新村出
西村幸善

高畑彦次郎
岩井武俊
宇野哲人
高木義聲
本田成之
那波利貞
吳其昌
山本由定
富岡謙藏
今西龍
桑原隲藏
李滿庚
小川琢治
園田
松本文三子

矢野仁一
李滿
井上智惠
濱田耕善
定亩
梅島眞玂
湯淺簾水
大島徹水
古田覺治
符野直喜
原田悟朗
原田庄左衞門
神田喜二郎
內藤乾吉
藤喜二郎

挽詩
會一同

小林忠治郎
鈴木虎次郎
佐伯定胤
鈴木虎雄

內藤虎次郎

图6　昭和二年(1927)6月在京都袋中庵寺

日方学者所举办王国维追悼法会公告、祭文、纪念册序文、参会者名单

引自《王忠悫公哀挽录》(1927)。同书《校字记》曰:"一叶十二行,昭和二
年,二误三。二叶二行,纪念册序,下脱狩野直喜名。二叶二十三行,李满康,康
误庚。"译者按,召集人狩野直喜,喜误善。

图7　石滨纯太郎（1888－1968），号大壶。史学家、语言学家。任关西大学教授，静安学社长。

（图片：关西大学东西学术研究所藏）

第一届追悼会因为在中方史料上可看到日方发布的公告文、祭文、纪念册序文及参会者名单，今日还可确认详细的情况。而第二届追悼会只能通过台北帝国大学公布的两篇简报才知道神田喜一郎、吴守礼①于1937年在台大文政学院举办过一次，②不知具体状况为何。另一方面，第一、二届追悼会都没有留下座谈会笔记，因此这次翻译的《王静安》是王国维的日方老朋友聚会、座谈时记录下的唯一的史料。

有一点遗憾的是，《王静安》没有具体解释哪位学者才是追悼法会、座谈会的召集人。可是仔细阅读《王静安》及其他相关资料，可知该会议的筹备委员会名单为何。按笔者个人的理解，总指挥人应该是石滨纯太郎（1888－1968）。他青年时代和京大的学者们保持着密切的关系，而且他亲自参加1932年的第一届王国维追悼会，他应该和生前的王国维有过密切的交流。今天石滨氏作为中亚、东北亚的语言学、历史学专家仍广为所知。③ 石滨氏生前不只在关西大学从事研究、教学工作，培养许多学生，而且在校外积极组织学术沙龙，以提供官方学者、民间文人互相交流的空间，为日本史学的发展做出了

---

① 吴守礼（1909－2005），号从宜。专攻中国文学、语言学。青年时代师从神田喜一郎。任台湾大学教授。

② 台大学内通报编辑部：《汇报》，《台北帝国大学学内通报》173号，1937年。台大短歌会：《汇报》，《台大文学》2－3，1937年。

③ 江上波夫：《东洋学の系谱》（第2集），大修馆书店1994年版。

很大的贡献。据长田俊树的研究，①静安学会、浪华艺文会都是上文提到的学术沙龙，主要成员是住在大阪、京都一带的历史学、语言学专家。前者的讨论题目以欧亚大陆历史居多，后者与中国科技发展史相关。两个学会各自每几个月一次定期召开研讨会。1951年他们替王国维举办追悼法会时，为什么有近40位之多的日本人参加？当然，最主要的原因应该是王国维的学术成就、人格在日本受到广泛的尊重，但另一个可能是负责总指挥的石滨氏的人格和影响力。再者，虽然石滨氏的研究方向不是中国上古史，和王国维生前的研究方向不一致，可是石滨氏是内藤湖南的高足，经过内藤氏的教导应该很熟悉罗、王两位的学术成就。

再者，笔者推断在石滨氏总指挥之下的神田喜一郎、铃木虎雄、桥川时雄，这三位学者也积极支持召开追悼会议，可以说是筹备组的主要成员。

神田喜一郎是内藤湖南在京都帝国大学培养的著名汉学家。1951年时他在大阪市立大学教书，作为京大东洋史学派的领军人物，在海内外极有影响力。如《王静安》里神田氏自己讲述，因为他祖父神田久信（1854－1918）是京都著名文人的代表，和罗王师徒有交流，所以神田喜一郎上大学以前已和王国维结识。1927年王国维刚逝世时神田氏特意撰写一篇悼文而在《中国文学月报》上公布。② 虽然下列摘录的字数有点多，可是它能让我们深入理解王国维和神田喜一郎之间有非常密切的交流，下面不妨将主要部分抄写，以供读者参考：

（在京都我和王国维老师结识，）然后我有几次机会跟王老

---

① 长田俊树：《石浜シューレに集う人々》，《日本研究》2022年第64期。
② 神田喜一郎：《王静安先生を忆ふ》，《中国文学月报》第26号，1927年。

师见面并请他指教。可是大约一年后他回去中国,此后我们之间暂时没有联络了。因为我只不过是第三高等学校的一个学生,而且没有想过本人能够从王老师的深刻知识中得到任何启发。换句话说,王老师在京都期间我与他只是相识而已。当时我正处于精力旺盛的青年时期,同时在京都大学以内藤教授和狩野教授为领袖的新时代中国学正在蓬勃兴起,因此我从老师们那里受到了很大的启发。同时我非常尊重罗叔言老师、王静安老师的学问,因为当时我认为他们的研究方向与新兴的中国学是一致的。今日回过头来看,我不知道自己当时在多少程度上真正准确地理解了各位老师的研究。回想起来,我简直为自己感到羞愧。

至大正 11 年(1922 年)我访问了上海,多年来第一次见到王老师。我还深深地记得,我去了大通路吴兴里的王老师家并待了一整天。王老师以丰盛的饭菜热情欢迎我,我们长时间畅谈。关于这一次上海出差另有一些记忆,它留下的印象比上文所提的更深刻。当时我在上海逗留近一个月,王老师好几次带我去蒋汝藻的密韵楼,从他的庞大藏书里拿出贵重的宋元时期的书或抄本,向我详细讲解有关消息。譬如,他将收有《水经注》的《永乐大典》拿出来,给我解释了赵一清和戴震之间曾经有过的著名争论,同时说明了他自己对这些问题的新看法。因为当时我刚刚在北京参观傅增湘所藏的珍稀书,看到了宋版《水经注》,对《水经注》产生了兴趣,所以此时兴味盎然地听了王老师的高见。当我离开上海时,王老师为了留念,写了他自作的两首古诗送给我。我现在把这幅书挂在台湾的房间里,日日夜夜想念他。

自从在上海重逢后,我和王老师的关系变得非常密切,直到他去世前我们一直保持联系。我在上海向王老师告辞后不久，王老师就离开了上海并搬到北京，任宣统废帝的侍讲。这时期王老师的学术兴趣逐渐转移到蒙古的历史地理学，因此他好几次写信给我，询问日本的那珂、白鸟两位教授关于这领域发表过什么文章。

　　神田喜一郎：《王静安先生を忆う》(1927)。

　　日后他接到王国维逝世的消息，心情深感悲伤。到王国维逝世十周年(1937年)，神田氏在他任职的台北帝国大学向住在台湾的汉学专家们呼吁，举办王国维追悼会。① 从此可知他从心底尊重王国维的人格、学术。

　　铃木虎雄，他是中国文学专家，和王国维常年保持交流的学者。② 如《王静安》里铃木氏讲述，20世纪早期他注意到了王国维的文学研究很出色，主动将王氏著作译成日文以向日本学术界介绍。应该说，在学术界最早积极评价王国维之才华的学者有两位，一是藤田丰八(见下文)，二是铃木虎雄。铃木氏可能不太会现代北京官话，可是撰写汉文的能力极好，③而且他们俩生年很接近，透过作诗及谈论汉学，铃木氏和王国维能够在深入的层面互动。他在《王静安》里有多次发言，向参会者仔细描绘了京都时代王氏的日常面貌。1927年王国维刚刚逝世时，铃木氏特意发表一篇悼文描写他们俩如何互动：

---

① 台北帝大：《汇报——东洋文学会》，《校内通报》173,1937年。台北帝大短歌会：《汇报——东洋文学会例会》，《台大文学》2(3),1937年。
② 对于铃木氏和王氏的交流，钱鸥已在20世纪90年代梳理所有的史料并进行了系统的研究。本段所提的铃木氏、王氏两位互动的相关史料，都是笔者一一参考钱鸥女士的研究而挑选的。详见钱鸥：《京都时代の王国维と铃木虎雄雄(附：铃木虎雄宛の王国维未发表书简)》，《中国文学报》1994年第49期。
③ 吉川幸次郎等：《座谈会"先学を语る"——铃木虎雄先生》，《东方学》1976年第52期。

君(＝王国维)住在京都田中村时,正是你对于诗曲进行研究的时期。因为当时我也决心研究诗曲,所以我经常去敲君家门口,向君请求帮忙。我努力释读高则诚所著的《琵琶行》一书,试试写句号、逗号,不懂的地方一一都请君指教了。①

**图8　铃木虎雄(1878－1963),
号豹轩。汉学家、文学家。
任《台湾日日新报》汉文
部主任、东亚同文书院教
授、东京高等师范学校教
授、京都帝国大学教授。**

(图片:1913年于京都摄影/燕
市长善馆史料馆所藏)

阅读这一段,我们才知道铃木氏和王氏日常有很深厚的友谊,因此铃木氏在《王静安》一文里能够那么仔细描写京都时代王氏的日常生活。

至20世纪70年代,铃木氏的学生吉川辛次郎、小川环树②等共同开了圆桌座谈会以追悼铃木氏,此时他们谈到了20世纪10年代的铃木氏和王氏的学术交流:

小川:(1908年)铃木老师(毕业于东京帝国大学,)从东京来京都,然后和王国维先生开始交流。为什么后来铃木老师对(宋元)戏剧开始感兴趣呢?我觉得,这和铃木老师、王国维先生他们俩结识有非常的关系。

吉川:应该有关系。大正16年(1927年)王国维先生逝世,然后(日方的)教授们在东山五条的袋中庵寺院举办了追悼法会。……每位参会者都轮流做了发言,此时铃木老师说:"我被调到京都之前,几乎对戏曲、小说这类资料不感兴趣。可是透过

---

① 铃木虎雄:《王君静庵を追想す——附静庵の书牍》,《芸文》18(8),1927年。

② 小川环树(1910－1993),文学家。毕业于京都帝国大学,任东北帝国大学教授、京都大学教授。

和王国维老师交流,开始感觉为了深入研究中国文学这些都不
应该被忽略。"①

　　桥川时雄,是和晚年的王国维非常熟悉的一位著名汉学家。
1913 年他在北京认识了王国维,这事桥川氏在《王静安》里很仔细解
释过,本文毋庸赘言。笔者认为,我们要注意到桥川氏的经历和这场
座谈会的其他学者有点不一样。他毕业于师范学校而不是大学,因
此在日本国内一辈子没机会在帝国大学或官方研究机关任职。可是
青年时代的桥川氏努力自学,刻苦勤勉,最终获得高水准的传统汉
学、现代北京话的知识。② 最后他的能力被日本部分官方学者们所
认同,20 世纪 30 年代被任命为东方文化事业部日方委员。几年后他
任北平人文科学研究所所长,在 1938－1945 年即中日两国的文化交
流最艰苦的时代,桥川氏留在北京作为日方汉学专家的代表继续从
事研究工作。③ 王国维的经历和桥川氏比较像。王国维虽然长年在
京都游学,可是他只不过是作为罗振玉的学徒念书而已,没有毕业于
官方的任何大学。同时他在中国没参加乡试,未成进士。20 世纪初
北京大学前身"京师大学堂"刚成立时同校农学大学校监督罗振玉将
王国维推荐为教授,可是被校方拒绝,理由"不外乎资格不够,其时王

---

① 吉川幸次郎等:《座谈会"先学を语る"——铃木虎雄先生》,《东方学》1976 年第
　 52 期。
② 桥川氏逝世后他老朋友目加田诚(1904－1994,九州大学教授)替他撰写一篇悼文,其
　 中讲了一个故事。1929 年目加田氏去北京做短期访问,当时桥川氏身为北京人文科
　 学研究所所长租借东厂胡同的一坐邸宅,在那边监督几十位中方国学专家们执行《续
　 修四库全书提要》编纂计划。有一天桥川氏邀请该计划的中方学者召开一场大宴。
　 有一位中方老学者会上做个发言,开玩笑地用《左传》中的一句做了一个双关语并跟
　 大家分享,让大家大笑。此时目加田氏看到,桥川氏立刻明白了这个笑话的含义,和
　 中方学者一同很开心地大笑。详见目加田诚:《桥川さんの思い出》,今村与志雄编:
　 《桥川时雄の诗文と追忆》,汲古书院 2006 年版。
③ 桥川时雄等:《座谈会"学问の思い出"——桥川时雄先生を围んで》,《东方学》1968
　 年第 35 期。

图 9　桥川时雄（1894－1982），号醉轩。汉学家、文学家。任《文字同盟》编辑局长、北京人文科学研究所所长、《续修四库全书提要》编纂委员会主席、二松学舍大学教授。

（图片：福井市酒生公民馆所藏）

氏仅区区一秀才而已"。① 不止如此，如上文所言，20 世纪 20 年代，虽然王国维愿意进入东方文化事业当中方委员，可是却被中方拒绝。笔者推测，王国维因长年在国外，在中国社会里未有建立可靠的人脉、渠道，而且他性格比较内向，无法和中方干部热络互动。结果该事业的岗位都被国内人士抢走了。这两次的失败很可能让王国维感到极大的挫折。笔者按，他俩在北京认识时应该立刻了解到双方人生经历很像，而且都是懂汉日两种语言的国际级学者，结果一拍即合，不久即成为好朋友。因有这样的原因，王国维向桥川氏会透露自己的真心话，所以在这场座谈会里桥川氏介绍的一些消息是在其他文献里见不到的，可以说是很重要的证言。

笔者概观《王静安》内容，感觉石滨氏将座谈会安排得非常周到。以上文所提的神田喜一郎、铃木虎雄、桥川时雄三位的讲话为主，还请梅原末治（1893－1983）、内藤乾吉（1899－1978）两位补充了相关的重要信息。梅原氏是记忆力很强的一位考古学者，他非常具体地描述了京都时代罗振玉、王国维的日常生活。内藤乾吉是内藤湖南的公子，他记忆力也很好，关于京都时代罗、王两位的样子留下了很重要的证言。比方说，经过内藤乾吉的证言我们可知，罗振玉经常到

---

① 张晓唯：《王国维与北大关系始末》，《文史知识》2003 年第 6 期。

内藤的邸宅来，与湖南很轻松地边喝酒边谈论，度过愉快的时光。当研究一百年前的京都那边，罗王两位和日方学者是具体如何交流的，我们应该首先参见《王静安》一文里内藤乾吉留下的证言。

总之，《王静安》一文适当地收录了几位日方学者发言，极为生动地描写了京都、上海、北京各时代王国维的生前状况。另一方面，关于王国维的学术人生过去有多位中方学者进行研究，向我们提供了丰硕的成果。[1] 笔者相信，基于过去的研究成果，并积极利用《王静安》提供的材料，未来我们一定能从新的层面描写 20 世纪早期中日两国的学术交流。

3. 王国维和北京大学

在《王静安》一文中，罗王师徒的日方朋友们 1951 年的发言确实包含不少重要信息。虽然笔者不是文学、近代史的专家，可是关于罗王师徒的互动或王国维自杀的原因，笔者还是能理解《王静安》提供的信息会引起海内外专家争论。可是本文主要的目的是"介绍史料"，以《王静安》一文所描绘的早期中日学术交流为主进行宏观介绍。至于对这些信息的具体分析，我相信应该留给文学或政治学方面的专家。另一方面，《王静安》里桥川时雄介绍的关于王国维和北京大学两者关系的重要内容，笔者个人认为，如果不提供补充解释，会对一些专家产生误导。鉴于此，笔者将在自己可理解的范围内整理其他相关的信息，向读者提供参考。

《王静安》里桥川氏说，王氏原来希望在"北京的研究所"或东方文化事业就职，然而都不如所期。笔者将日语原文、汉语译文两者都抄写如下：

---

[1] 刘烜：《王国维评传》，百花洲文艺出版社 1996 年版。张连科：《王国维与罗振玉》，天津人民出版社 2002 年版。左玉河：《王国维》，云南教育出版社 2008 年版。

日语原文——橋川：王先生は当時、北京の研究所にも入れず、又日本の文化事業で働き度いといふ希望も果たされず、結局精華大学に這入ることになつたこと、又その待遇などについても話して居られました。

黄川田译——桥川：这时期王老师见到我时解释了他的近况。具体而言，他不能进入北京的研究所，又不能任东方文化事业的中方成员，最终进入了清华大学，还谈及学校的待遇等。

桥川氏说的"北京的研究所"具体是什么单位？我们先要看在20世纪10至20年代的北京，代表民国时期中国学术界的著名研究机构在哪一年成立。

民国10年(1921年)：北京大学研究所国学门。

民国14年(1925年)：清华大学国学研究院。

民国17年(1928年)：哈佛燕京大学燕京研究所。

民国18年(1929年)：中央研究院历史语言研究所北平分所。北平研究院历史学门。

因为1925年王国维开始在清华从事教学工作，所以"北京的研究所"应该不是清华的。再者，王氏1927年逝世后燕京研究所、中研院北平分所、北平研究院陆续成立。所以"北京的研究所"应该是北京大学国学研究所。如果看这段，我们只能理解王国维原来希望进入北京大学而被北大拒绝。可是这消息和过去学者提到的观点完全相反。现在我们在网络上看得到的不少篇文章都说20世纪10至20年代的北京大学好几次聘请王国维，每一次都被他拒绝。① 不止如

① 比方说，现在(2022.9.20)在网络上能查得到这些文章：张晓唯：《王国维与北京大学》，公布时间2008年11月6日，http://www.aisixiang.com/data/22005.html。刘梦溪：《王国维为何放弃北大选择清华(外一篇)》，公布时间2021年3月10日，https://www.tsinghua.org.cn/info/1952/33345.htm。

此,近年在期刊杂志上正式发表的诸文章也有同样的消息,①因此笔者第一次阅读《王静安》时感到很大的困扰。

彭玉平近年发表了《王国维与民国大学之关系》一文(下面简称《王民》),②其中系统梳理有关北京时代王国维的各种史料,如信件、同时代学者们写的日记及回忆录等,成功且妥当地解释了"他(＝王国维)不能进入北京的研究所"这一文有什么含义。笔者按自己的理解将《王民》的主要内容进行梳理并将和本段讨论有关的部分抽出,以供读者参考。

1917 至 1922 年北京大学一共六次邀请王国维,希望王氏在北大讲授古物学及宋元以后文学。③ 可是王国维提出各种理由拒绝,如上海仓圣明智大学的聘期还未结束,或家人不惯北上,或职业姻事多在南方云云,都明明确确是个借口。当时民国政府内斗严重,王国维希望与政治层面上的争论保持一定的距离,同时他没有那么认同北京的青年学者们主倡的新文化运动,因此每次以各种理由谢绝北大的邀请。经过校方的三年活动,1920 年王国维才同意暂时当北大的"通讯导师",此后王氏和北大的来往显著增加。任通讯导师之后,北大继续邀请他就任专任教授,甚至有几次将马衡或顾颉刚当使者派遣到他家(《王民》113 页)。

---

① 沈卫威:《王国维与北京大学关系考索》,《徐州师范大学学报》2003 年第 1 期。查晓英:《从"古物学"到"考古学"——1917～1925 年北京大学的考古活动》,《考古》2017 年第 3 期。

② 彭玉平:《王国维与民国大学之关系——以王国维与北京大学的离合关系为考察中心》,《学术研究》2017 年第 10 期。

③ 见下文(本节第 5 段《罗王师徒和日方学者们之交流》)详论,19 世纪 70 年代多数日本的读书人以"考古学"作为 archaeology 的汉译词使用,而且九十年代以后中国的部分报纸也同样开始使用这词。但是如《王民》,当时北京大学希望请王国维开设的课程是"古物学"而不是"考古学"。由此窥见,在 20 世纪 20 年代中国学术界中有关"考古学"一词还未全面普及。

王国维经过与北大的教授、学生交往，发现他们师资很优秀，对于北大的印象逐渐改变。或许再过一段时间王国维会同意担任他们的教授。

可是非常遗憾，至 1924 年王国维和北大的缘分突然断绝。这一年 8 月，北大的考古学会发布了《保存大宫山古迹宣言》，在宣文里北大的教授们指责"清室出卖产业、散失文物"。① 可是因为王氏一直很尊重清朝皇室，并且 1923 年就任南书房行走，身为一位前清遗臣，他根本无法承认北大学者们的主张。结果他向北大发出了信件，其中"要求取消北京大学研究所国学门导师名义，索回拟刊文章数篇，并拒绝再指导北大学生，似乎要彻底了断自己与北大的关系"（《王民》123 页）。当时王氏可能计划身为南书房行走继续留在北京从事研究工作。然而出乎他意料，10 月冯玉祥军进攻北京，爆发了甲子政变。11 月溥仪不得不离开北京，王氏同时失去了南书房行走职位。

《王民》介绍在《王静安》里所见的桥川氏发言，即"他不能进入北京的研究所"，然后作者分析道："这里'北京的研究所'自然是指北大研究所国学门，王国维的'不能去'当然原因种种，但最切近的原因应该就是与自己曾要求取消国学门导师的信件有关"（《王民》123 页）。

笔者全面同意彭玉平在《王民》里公布的看法。甲子政变之前，王国维开始考虑未来有一天当北大的教授，可是 1925 年和桥川时雄认识时王氏早已永远失去了就任的机会，同时还一直很后悔他将自己和北大的关系断绝了。"不能进入北京的研究所"，方是晚年的王国维向海外知音透露的真心话。

---

① 沈卫威：《王国维与北京大学关系考索》，《徐州师范大学学报》2003 年第 1 期。

4. 有关 1927 年春的"桥川证言"

在《王静安》里桥川时雄做了不少重要的证言,尤其 1927 年王国维自尽前后的状况,他提供的信息极为重要。该段桥川氏的发言充满生气,对每位人物的描写非常生动,无疑是《王静安》中最重要的部分之一。

虽然如此,从王氏的自尽(1927 年)到《王静安》座谈会(1951 年)已过了 24 年,恐怕时光流逝造成了一些记忆混乱,所以其他的相关资料和《王静安》内容之间存在一些差异。21 世纪早期今村与志雄将桥川氏的遗稿汇集、整理,2006 年出版了《桥川时雄遗文》一书。① 编纂《桥川时雄遗文》时今村氏发现了这问题,在该书中花费不少篇幅仔细地讨论。下面依据《桥川时雄遗文》向读者介绍《王静安》所见的桥川证言有什么问题。

据《王静安》,1927 年春天有一天桥川氏去清华园和王国维会见,这是他们最后一次会见。关于这一次会见,除了《王静安》以外我们还能参见三种不同的史料:

(1)桥川时雄:《待晓庐杂记》(中文),《文字同盟》1927 年第 1 期。

(2)怀德编辑部(编):《王静安先生を追想す》(日文),《怀德》1951 年第 22 号(该文为上节摘录的《王静安》)。

(3)桥川时雄、小野忍、目加多诚:《学问の思い出——桥川时雄先生を围んで》(日文),《东方学》1968 年第 35 期。

(4)三宅俊成:《桥川时雄先生と私》(日文),今村与志雄编:《桥川时雄の诗文と追忆》(桥川时雄遗文),汲古书院,2006 年。

---

① 桥川时雄著,今村与志雄编:《桥川时雄の诗文と追忆》,汲古书院 2006 年版。

　　最早的是 1927 年 4 月发表的《待晓庐杂记》，此时到王国维逝世日期还有一个多月的时间。最晚发表的是 2006 年三宅俊成①所著《桥川时雄先生と私》，可是三宅氏 1992 年以 90 岁的高龄离世，恐怕最后几年他撰写文章能力不如往年，因此该文可能是 20 世纪 80 年代撰写的。笔者注意到各篇所记载的王国维和桥川氏会见有关信息，并梳理如下：

篇　　　名	会见日期	与王国维会见的人士
（1）桥川 1927《待晓庐杂记》	3 月 24 日	桥川时雄、小平总治、三宅俊成
（2）怀德编辑部 1951《王静安》	5 月底	桥川时雄、小平总治
（3）桥川等 1968《学问の思い出》	5 月 29 日或 30 日	桥川时雄、小平总治
（4）三宅 2006《桥川时雄先生と私》	5 月 29 日	桥川时雄、三宅俊成

　　如上表（1）中所示，1927 年 3 月 24 日桥川氏带着小平氏、三宅氏去清华园，访问王国维，这消息是 1927 年 4 月桥川氏在自己公布的文章上解释的。反之，（2）-（4）都是从王氏自杀过 20 多年后桥川先生或三宅氏在圆桌会议上讲述的，或是接到学者们的采访时回忆的。一般而言，经过十多年的时间，人的记忆或多或少都会出现错误。或者根据当事人的意愿和意识形态记忆往往被美化。因此笔者

---

① 三宅俊成（1902-1992）。考古学家。旅顺师范学堂毕业。20 世纪 30 至 40 年代任满洲国文教部助理研究员。中日战争结束后回日本，以民间学者的身份主持"东北亚细亚古文化研究所"，直到晚年还坚持整理曾经在中国东北进行的考古工作，并对此编纂、出版报告。

认为今村氏的推断有道理,①在《王静安》里面桥川氏讲述的和王国维会见日期不准确。如《待晓庐杂记》所记,他们会见的时间不是 5 月底,应该是 3 月 24 日,到王氏自尽的日期仍有两个月的时间。因此不能不说,在《王静安》里桥川氏描写的王氏的样子,恐怕不是自尽之前几天的样子。

不过,笔者认为桥川氏的这段证言仍有一定的历史价值。一,通过他的证言,我们可以知道王氏直到晚年还愿意和日方学者积极交流,并保持一定的日语会话能力。② 二,他很欢迎一位新晋考古学家——三宅氏的来访。由此猜想,他可能对田野考古学的最新资讯感兴趣,学术视野相当宽大。第三,据桥川氏证言,可知连清华大学的校门警卫都为王国维在他们学校教书感到非常自豪,在王氏晚年清华的教师、学生,甚至警卫人员都非常地尊重他。

5. 罗王师徒和日方学者们之交流

在《王静安》里日方学者透露的故事内容很丰富,尤其关于京都时代的多位日方学者和罗王师徒交流的描写相当精彩,以后会引起许多学者的注意。

---

① 见桥川时雄著、今村与志雄编:《桥川时雄の诗文と追忆》,汲古书院 2006 年版,第 271 页。

② 对王国维来说,从青年时代至晚年,日文一直是其研究工作上的最重要的外文。如钱鸥所论,青年时代的王国维在上海的东文学社跟随藤田丰八、罗振玉等中日两国学者念书。东文学社的第一外文是日文,所以这时代王氏受过正宗的日文教育,而且他上过日本的哲学家田冈佐代治(1870－1912)的课程。透过阅读田冈佐代治的著作,王氏开始对康德(Immanuel Kant)和叔本华(Arthur Schopenhauer)的德国哲学产生了兴趣。神田喜一郎在 20 世纪 30 年代说过,东文学社时代王氏学到的欧洲哲学有关的知识对他的学术人生产生了很深刻的影响。详见钱鸥:《罗振玉・王国维と明治日本学界との出会い——"农学报"・东文学社时代をめぐって》,《中国文学报》1997 年第 55 期。台北帝大短歌会:《汇报——东洋文学会例会》,《台大文学》2(3),1937 年。

虽然如此，因为今日研究罗王师徒的部分学者不那么深入理解这一时代的日方史料，导致对罗王师徒在京都的状况有所误会。譬如，对于京都时代罗振玉的状况，近年有一位中国台湾籍学者写道：

> 罗振玉不谙日文。虽有些颇具影响力的日本友人，他基本上过着孤独的生活，镇日忧心中国的政治与社会文化情况。①

图 10　梅原末治（1893－1983），考古学家。
任朝鲜总督府古遗址保护委员、京都帝国大学教授、天理大学教授。
（图片：京都大学大学文书馆所藏）

笔者可以肯定当时的罗振玉天天都在"忧心中国的政治与社会文化情况"。罗振玉晚年写的自传《集蓼编》一书，让我们能理解青年、壮年时代的罗氏为了国事东奔西走，投入了巨大的时间精力，所以可知到京都亡命后罗氏无疑仍天天在"忧心中国"。虽然如此，王博士主张京都时代的罗振玉"虽有些颇具影响力的日本友人，他基本上过着孤独的生活"，这段描写甚不妥当。如《王静安》里好几位学者证言，罗王师徒在日本有多位日本朋友（包含 1911 年以前早已结识的），而且他们多数住在京都或其附近，罗王师徒的住宿也离京都帝国大学很近。结果，多位日方学者隔几天便会轮流访问罗振玉邸宅永慕园。如《王静安》里梅原末治说，1913 年前后每周他去永慕园借用罗氏从中国带来的文物制作大量的拓片，

---

① 王正华：《罗振玉的收藏与出版："器物"、"器物学"在民国初年的成立》，《国立台湾大学美术史研究集刊》2011 年第 31 期。

每次都见到"罗老师的邸宅总是挤满了人"，让他"感到不可思议"。可以说，王正华博士因为并未充分研究日方史料，①误会了京都时代罗王师徒的准确状况。

1911年罗王师徒从北京到京都亡命，罗振玉《集蓼编》载其缘起：

> 武昌变起，都中人心惶惶。……一日，日本本愿寺教主大谷伯光瑞②遣在京本愿寺僧某君来，言其法主劝予至海东，并以其住吉驿二乐庄③假予栖眷属。予与大谷伯不相识，感其厚意，方犹豫未有以答，而旧友京都大学教授内藤虎次郎、狩野直喜、富冈谦藏诸君书来，请往西京（即日本京都）。予藏书稍多，允为寄存（京都帝国）大学图书馆，且言即为予备寓舍。予乃商之亡友藤田君。藤田君（见下图）为定计，应诸教授之招，而由本愿寺为予担保运书物至京都，运费到京都后还之。且愿先返国为予筹备一切，事乃决。遂以十月初出都门，往天津待船。时大沽已将结冰，商舶惟末班温州丸，船小仅千吨。予与忠悫及刘氏壻三家上下约廿人同往。船至，舱已满，乃栖家属于货舱中，船长以其室

---

① 如本文第二节注脚里笔者详细引用，有多位日本学者和生前的罗王师徒曾经在京都直接交流，后来他们回顾京都时代的罗王师徒，发表了好几篇的随笔、座谈会记录。可是笔者阅读《罗振玉的收藏与出版》（见下文）立刻发现，虽然关于日方学者留下的这些史料（其中有中国学者20世纪80年代以后译成中文的），20世纪90年代至21世纪10年代钱鸥、何培齐、张晓生等几位学者曾积极利用它们发表专论（包含几篇在中国台湾用中文发表的），可是王正华先生却并未注意这些史料，令人尴尬。

② 大谷光瑞（1876-1948），法名镜如上人，净土真宗本愿寺派第22世法主。宗教家、社会事业家。学习院退学。1902-1918三次到中国新疆派遣了探险队，进行了艺术学、宗教学、考古学研究。今日称"大谷探险队"。

③ 二乐庄，是大谷光瑞在日本兵库县六甲山麓修建的别墅，1904年落成。总面积达26万平方米多，各大楼据全世界的不同地区传统样式修建的，如欧洲、地中海、印度、中国和日本，在日本建筑界留下了很大的影响。1932年因纵火被烧毁，今日不存。

让予。途中风浪恶，七日乃达神户。藤田诸君，已在彼相迓。即日至京都田中村寓舍。东京旧友田中君庆太郎①亦至京都助予料理。狩野博士夫人在寓舍为备饔飧。诸君风谊不减古人，终吾生不能忘也。②

图 11　　藤田丰八（1869－1929），号剑峰。汉学家、文学家、史学家。

　　任上海东文学社教习、江苏师范学堂教习、京师大学堂教习、东京帝国大学教授、台北帝国大学教授。

　　引自藤田丰八：《东西交涉史研究 南海篇》（1932）

图 12　　狩野直喜（1868－1947），号君山。汉学家、文学家。

　　任京都帝国大学教授、北京人文科学研究所日方筹备委员、东方文化学院京都研究所所长。

　　（图片：京都大学大学文书馆所藏）

　　在这段罗氏回顾中，他们抵达京都的第一天，狩野直喜的夫人特意准备晚餐，可知直喜氏带着夫人来接他们，他们一家都充

① 田中庆太郎（1880－1951）。汉学家、书肆文求堂店主。东京商业学校附属外国语学校清国语学科毕业。不止作为书肆很成功，将大量中国书籍推销给欧美日各国的著名高校、研究所图书馆，而且身为汉学专家在海内外的汉学界广为人知。

② 张本义主编：《罗雪堂合集 第6函 日记自传家谱书信》，西泠印社出版社 2005 年版，第 29－30 页。

满热情,非常周到地准备宿舍。至 20 世纪 90 年代,钱鸥采访了直
喜的公子,狩野直方先生。当时直方氏还记得清楚八十年前他们
一家人和罗王师徒交流的情景。钱女士将直方氏透露的故事梳理
如下:

> 据狩野直方先生说,狩野直喜教授和罗王师徒之间的交流
> 相当密切。不止互相交换信件,还经常到对方的家去做客。罗
> 振玉不会日语,但王国维会说,所以(儿童时代的)直方先生有时
> 会看到王国维在厨房里用日语与他母亲,即狩野直喜夫人聊天。
> 罗、王师头部都留着辫子,穿着清朝式的长袍。罗振玉总是整齐
> 穿戴精美的衣服。与此相反,王国维穿的是白色长袍,看来并不
> 是那么时髦。
>
> 钱鸥:《京都における罗振玉と王国维の寓所》(1993)

　　狩野直喜的高足,吉川幸次郎后来回顾,①1912 年狩野氏赴欧研
究欧洲东方学启程之际,王国维特意撰写一首七言古诗赠送狩野氏。
其中王氏表现出对他严谨治学态度的大力支持,并预祝他在欧洲收
获丰硕。下面引用这首诗的开头六句:

> 君山博士今儒宗,亭亭崛起东海东。平生未拟媚邹鲁,肸蚃
> 张每与沂四通。自言读书知求是,但有心印无雷同。
>
> (白话:君山博士是当今的儒宗,眼光置高而在日本崛起。
> 他平生虽从未盲信孔孟之书,但他精神仍与孔孟相同。他自言
> 读书之目标实事求是,只有彼此心印而无雷同。)②
>
> 引自陈永正笺注:《王国维诗词笺注》(2011)

　　如王氏所言,狩野氏坚持读书的目标为"知求是",排斥"雷同"。

---

① 吉川幸次郎发表的《解说》,见长尾雨山:《中国书画话》,筑摩书房 1965 年版。
② 关于白话段,以陈永正写的白话为基础,有部分以笔者个人观点做些修改。

图13　富冈谦藏（1873－1918），号桃华。汉学家、考古学家。

富冈铁斋的长子。任京都帝国大学讲师。

引自富冈谦藏：《古镜の研究》（1920）

热情追求知识，可是对于他人的言说并不盲信，也不排斥，都经过自己的眼光选择。上面提到的诸篇资料，都可让人坚信狩野氏对于王国维的人格、学术产生了深刻的影响。

关于内藤湖南、藤田丰八、富冈谦藏三位和罗王师徒之间的交流目前可见不少史料。尤其藤田丰八，对王国维来说他是非常重要的日方导师，因为藤田氏是第一位承认王氏有学术天赋的人。21世纪初何培齐系统梳理相关的中文、日文史料进行讨论，他写道：

> 王国维在早期接触的东瀛学者，是藤田丰八……，即1895年5月（王国维）就学于（在上海罗振玉和藤田氏所经营的）"东文学社"时期。同时王国维之才学即受藤田丰八赏识，最早期真正赏识王国维的，是藤田非罗振玉。罗振玉对王国维的赏识，或先透过藤田之转介。①

透过日方学者留下的史料，我们可知当时罗振玉、藤田丰八、内藤湖南、王国维、富冈谦藏在京都经常有机会一起用餐，边喝酒边讨论包含学术的许多话题。虽然藤田丰八是东京帝国大学教授，可是藤田氏为了参加这种宴会，每次坐十个小时的火车从东京来到京都。由此可见，藤田先生非常愿意与京都的学者们交流，特别喜欢和自己最得意的中国学生，王国维进行讨论。比如，在《王

---

① 何培齐：《王国维与京都学派之论学》，《简牍学报》2002年第18期。

静安》里梅原末治证言："藤田剑峰
老师是富冈老师的亲密朋友……有
一天剑峰老师要从东京来到京
都……当我陪他(＝富冈谦藏)到旅
馆时,剑峰老师喝酒了,脸色通
红……这一天王(国维)老师来旅馆
访问。……面对在喝酒的两位教授,
他的应对进退非常得体。"同样,在
《王静安》里内藤乾吉也说:"那时候
我还在念小学,记得罗振玉、王国维
两位当时经常到我家来。我当时只
是个小孩子,没机会与两位直接谈
话。然而我的读书室是在客厅的隔
壁,所以我能听到两位先生和父亲聊
天的声音。"

图14　小川琢治(1870–1941),
　　　地质学家、地理学家、史
　　　学家、考古学家。
　　贝冢茂树(考古学家)、小川环树
(中国文学家)的父亲。
　　任农商务省地质调查所员、京都
帝国大学教授。
　　(图片:京都大学大学文书馆所藏)

　　关于罗王师徒和日方学者的交流,除了上文介绍的诸多信息以
外我们还可以看到贝冢茂树[1]的证言。众所周知,他父亲小川琢治
是代表20世纪早期日本学术界的地理学专家,和罗王师徒有很密切
的交流。[2] 加之,20世纪20年代在京都大学跟贝冢氏一起教书的教
授们,多数是罗王师徒从20世纪早期在京都就常有交流的老朋友。
结果,贝冢氏经过他的父亲、老师相当深入地理解了20世纪早期中

---

[1]　贝冢茂树(1904–1987),古文字学家、考古学家,专攻中国古代史。毕业于京都帝国
　　大学,任京都大学人文科学研究所教授。
[2]　1910年京都帝国大学将文学院的五位教员,小川琢治、内藤湖南、狩野直喜、滨田耕
　　作、富冈谦藏派遣到北京,此时罗振玉、王国维师徒身为京师大学堂的教员一直协助
　　他们的工作,小川氏此时第一次和罗王师徒结识。详见小川琢治:《王静庵君を怀
　　ふ》,《艺文》18(8),1927年。

日两国的历史学、考古学的发展。至 20 世纪 50 年代贝冢氏撰写《古代文明之发现》一书，梳理了 20 世纪早期东亚的学术史。其中贝冢氏断言王国维早期发表的《殷卜辞中所见先公先王考》一文①是划时代性的一篇杰作，并提及内藤湖南生前也极为赞扬王氏的才华，如：

> 内藤虎次郎老师赞扬了王国维的研究，说道："王老师的观点是很巧妙的。他不仅在殷墟卜辞中寻找商王的名字，而且还找到他们今日被遗忘的高祖神名，成功重建神话。"②这只不过是王国维老师研究成就的一个例子而已。王老师仔细分析了一般学者会忽略或不关心的卜辞之字，同时据传统文献所见的微小线索成功重建了神话传说。这成就首先要归功于王老师的非凡才华，同时，王老师能将自己才华绽放的原因，不止是他的导师罗振玉教授的力量，也有王老师与内藤老师和京都大学其他教授们的互动。③

在同一篇文章里，对于小川氏和罗王师徒之间的交流，贝冢氏写道：

> 我的亡父小川琢治，当时在京都大学文学院当教授，在那里讲授地理学。因为他从事中国古代历史地理学的研究，与罗振玉教授有深厚的友谊。
>
> 据说罗教授经常利用我父亲的书库，借阅中国地理学书籍，因此王国维老师常替罗老师到家里借书或还书。当时我是一个小学生，有两三次在门口接待过王老师。因为我年纪太小了，还不知道

---

① 见下文第四节。王国维：《殷卜辞中所见先公先王考》，关葆谦、罗福葆（校）：《观堂集林》（海甯王忠悫公遗书初集内编）全 24 卷，1927 年。笔者参考下列版本。王国维：《观堂集林》全 4 册，中华书局，1959 年。

② 参见下文。据该文可知，20 世纪 10 年代他在京都发表了新著《殷卜辞中所见先公先王考》一文，内藤氏由王氏的研究受了很大的启发。内藤虎次郎：《王亥》，《艺文》7（7），1916 年。后收入内藤虎次郎：《读史丛录》，弘文堂书房 1929 年版。

③ 贝冢茂树：《第二章 大いなる都　第 5 节 甲骨文字研究の开拓者》，《世界の历史 第 1 卷 古代文明の发见》，中央公论社 1960 年版。

王老师其实是现代中国的一位大师代表。我只模糊地记得,王老师穿着脏分分的中国式衣服,头部留着清朝习俗的辫子(当时我觉得它很像猪尾巴)。身为孩子的我感觉,这看起来都是好奇怪的。①

可以推断,王国维每一次到小川教授的家不止办理罗振玉交付的工作,还会与小川氏花不少时间对他们自己的研究课题进行讨论并交换意见,这些都对他们的工作产生了正面的影响。

笔者认为贝冢氏留下的这些证言很重要。如果光看今天中日两国的大学生在课堂上的一般通论书的话,似乎只会感觉从 1911 至 1916 年王国维只不过是罗振玉的学生、私人秘书而已。可是通过上文诸多史料我们会发现一个事实:该期间中方的罗振玉、王国维,日方的藤田丰八、狩野直喜、内藤湖南、小川琢治、富冈谦藏等,这些中日双方学者组成一个学术沙龙,其中最年轻的成员是王氏。为什么 20 世纪 20 年代王国维会成为划时代的一位大师?笔者深信,如贝冢氏所言,这些中日两国学者对王国维的常年指教对其学术发展无疑产生了重要的影响。②

---

① 贝冢茂树:《第二章 大いなる都　第 5 节 甲骨文字研究的开拓者》,《世界の历史 第 1 卷 古代文明の发见》,中央公论社 1960 年版。如伊原泽周所言,1916 年王国维离开京都去上海,然后至 1917 年内藤湖南、小川琢治去中国出差时在上海抽出时间,特意访问王国维。伊原氏推断,他们因为久别重逢,激动不已,都很怀念在京都共同从事研究的时光。结果,同一年王氏在上海将在京都撰写的多篇文章梳理并出版,名为《永观堂海内外杂文》。笔者认为伊原氏的看法值得借鉴,同时可见王氏和内藤湖南、小川琢治的互动特别密切。见伊原泽周:《王国维の号观堂について》,《アジア文化学科年报 1》,1998 年。

② 关于京都时代罗王师徒和日方学者们的密切交流所见的重要性,过去有几位学者发表过专文,详见下列文献。钱鸥:《京都における罗振玉と王国维の寓居》,《中国文学报》1993 年第 47 期。钱鸥:《京都时代的王国维と铃木虎雄雄(附:铃木虎雄雄宛の王国维未发表书简)》,《中国文学报》1994 年第 49 期。钱鸥:《罗振玉・王国维と明治日本学界との出会い》,《中国文学报》1997 年第 55 期。何培齐:《王国维辞世在日本京都之回响》,《书目季刊》2000 年第 34 期。何培齐:《王国维与京都学派之论学》,《简牍学报》2002 年第 18 期。张晓生:《王国维留日时期的学术与生活》,《新埔学报》2002 年第 19 期。

图 15　滨田耕作(1881－1938),号青陵。考古学家、美术史家。

任京都帝国大学教授、同校长、朝鲜总督府古遗址保护委员、东亚考古学会长。

(图片:京都大学大学文书馆所藏)

就日方学者而言,他们通过和罗振玉、王国维的交流受到不少的启发,①眼界大开,并于 20 世纪 10 年代末以后开始陆续发表划时代的著作(如下文)。这一中日师资团队除了王国维以外还培养了另外一位日本菁英,滨田耕作。这时期滨田氏以从他们那里吸收的知识为基础,加上他在欧洲学到的新知识,最后创造了一个新时代的学科,即"东亚考古学"。

1911 年罗王师徒刚到京都时,滨田耕作是刚满 30 岁的新晋青年学者。② 据滨田氏的几位学生们日后留下的回忆文,③青年时代的滨田氏是很典型的明治时代日本青年。他很崇拜欧洲的文化,讨厌自古以来的传统汉文典籍。这或许和他青年时代的个性有关系,虽然后来滨

---

① 譬如,他们从中国带来的清代金石学的研究系统可能对日本考古学做出了不少的贡献。如《王静安》,梅原末治跟着罗振玉及他家人学习了正宗的中国式拓印技术。如下列文章,后年梅原氏在京大教书时很重视拓印技术,努力让学生们学习拓印技术,他的学生们毕业后在日本各地大学开始教书,将梅原氏的研究技术普及。应该说,罗氏从中国带来的清朝金石学使日本国内考古学的部分技术水平急速提高。穴泽和光:《梅原末治传》,角田文卫编:《考古学京都学派〈增补〉》,雄山阁 1997 年版。

② 1910 年滨田氏跟着内藤湖南、狩野直喜、小川琢治、富冈谦藏一同去北京出差,和中方专家一起研究敦煌文书,此时他和罗振玉、王国维结识了。见小川琢治:《北支那旅行概报——附敦煌石室遗书》,《地学杂志》23－2(1911)。神田喜一郎:《内藤湖南先生与中国古代史》,《敦煌学五十年》,北京大学出版社 2004 年版(日文版:1960)。

③ 浜田敦、村田数之亮、长广敏雄、有光教一、角田文卫、樋口隆康:《先学を语る——浜田耕作博士》,《东方学》1984 年第 67 期。

田氏和罗王师徒之间确实有了长年的学术交流(见下文),可是和京大的其他学者们不一样,滨田氏不太会写传统汉文,因此不得不用口译方式交流。①

1909 年,滨田氏就任京都帝国大学讲师,同时开始和内藤湖南、狩野直喜、长尾雨山等率领"京都支那学派"的顶级学者们交流,逐渐改变了自己的思路。不止如此,1911 年罗王师徒在京大校园附近定居,之后滨田氏也成为永慕园的常客,长期深受罗氏渊博学识之影响,②开始认真学习中国金石学、传统汉学。笔者推断,这一时期的滨田氏开始改变自己的思路,并从"东亚文明圈"宏观看日本、中国、韩半岛各地的历史、文物。

经过和罗王师徒长年交流,滨田氏陆续发表了划时代的经典著作。譬如,1922 年滨田氏发表了《通论考古学》一书。③ 该书不只向日本国内考古学界提供了很扎实的技术、理论框架的基础,而且很系统地解释了欧亚大陆各地的考古学研究。譬如,这本书提到的遗物包含好几件中国出土的铜器、简牍等,同时他还提到现代考古学和东亚传统金石学的关系,可以说这些特点和同时代的欧洲学者著作很不一致。因此一百年后的今日,这本书作为一本学术书籍仍然有生命力。至 1930 年他还出版了《东亚文明之黎明》一书。④ 他适当使用考古资料、欧美及日方文献、传统汉文史料,成功系统地描写了以中国文明为中心的东亚总体文明如何发展。和《通论考古学》一样,

---

① 内藤氏、铃木氏等小时候都在中国传统诗词方面受过地道的教育,可随时作诗,参见下列专书公布的他们自己写的传统汉文的书翰。与此相反,管见所及,我们看不到滨田氏自己写的传统汉文、现代汉语的书翰。内藤虎次郎:《内藤湖南全集》第 14 卷,筑摩书房 1976 年版。吴泽主编,刘寅生、袁英光编:《王国维全集 书信》,中华书局 1984 年版。

② 梅原末治:《考古学六十年》,平凡社 1973 年版。

③ 滨田耕作:《通论考古学》,大镫阁 1922 年版。

④ 浜田耕作:《东亚文明の黎明》,刀江书院 1930 年版。

这本书内容完全脱离了"国史""日本民族史"这种层面，站在国际性视野宏观掌握东亚历史。可以说，作者和罗王师徒两位之间的长年交流促进他宏观看待东亚整体，《通论考古学》《东亚文明之黎明》才能有很出色的特点，同时滨田氏是罗振玉在京都和内藤湖南、狩野直喜、长尾雨山、小川琢治等日方学者们共同悉心培养出来的最杰出弟子。

如《王静安》，长年在滨田氏之下当助理的梅原末治证言："罗老师离开京都回到中国后，我把'宸翰楼'牌匾从门口拿下来，带回考古学研究室。它至今仍然保存在那里。"看梅原氏当时的职位，我们可推断他应该按照滨田氏的指示将牌匾拿下来，同时搬到京大考古系。由此可知，滨田氏对罗振玉给他的指导深表尊重。

滨田氏深受罗王师徒的影响，罗王师徒也从滨田耕作的学术中获得了很大的启发，并开始积极使用新时代的学术新词"考古学"。虽然 19 世纪末至 20 世纪早期中国大陆部分报纸、杂志已开始使用"考古学"这一词，[①]可是多数不过是零散使用，很少见到文章系统解释"考古学"的准确含义为何。[②] 其实，当时日本学术界的状况和中国有点不一样，因为早在 19 世纪 70 年代（或更早），日本的大多数读

---

① 作者不明：《略考古金类用物》，《知新报》第 64 期，1898 年（光绪二十四年）。作者不明：《人类学之目的及人类学之材料》，《大陆》第 2 卷第 12 期，1904 年（光绪二十九年）。

② 如陈星灿早已在 20 世纪 90 年代解释（下列资料 a），1901 年梁启超在《清议报》上发表的《中国史叙论》，这篇应该是历史上最早期用中文解释"考古学"含义的专文（下列文章 b），意义甚深。今日看这篇内容，可知梁氏仔细阅读这时代的东京帝国大学人类学研究室的坪井正五郎、八木奘三郎他们俩的日文著作，吸收欧洲考古学的最新知识，然后撰写了这篇文章。a. 陈星灿：《中国史前考古学史研究 1895－1949》，生活·读书·新知三联书店 1997 年版。b. 梁启超：《中国史叙论》，下河边半五郎编辑：《饮冰室文集类编》下册，东京，1904 年。

书人已知道"考古学"一词,并准确理解其含义。① 至 1888 年坪井正
五郎②在东京帝国大学开办了人类学研究室,在日本全国的很多地
方开始进行科学发掘,③同时他的高足八木奘三郎④ 1898 年出版了
《日本考古学》一书,⑤让国内的读书人更深入认识欧洲人提倡的"考
古学"(archaeology)这一概念。坪井氏、八木氏很努力培养青年人
才,其中一位就是滨田耕作。20 世纪 10 年代罗王师徒在永慕园和滨
田氏常年交流,应该透过滨田氏的解释,逐渐熟悉了日本人对欧洲所
说"Archaeology"的理解,并将之译成"考古学"。

　　1919 年罗氏离开京都回中国,1923 年在上海出版了一本论文
集,名叫《考古学零简》。⑥ 公元 11 世纪《考古图》问世之后,在中国
大陆没有任何专书以"考古"当篇名。因此我们可以说,《考古图》之
八百年后"考古"在中国学术界终于得到复兴。罗氏、滨田两者之间

---

① 如 20 世纪 80 年代几位日本学者解释(见下列文章 a、b),在 19 世纪 70 年代日本政府
　　文部省制作的档案上我们见到了"考古学"这词,可知当时日本读书人多数习惯使用
　　"考古学",当作"archaeology"之译词。笔者认为,因为 18 至 19 世纪日本文人迷恋"唐
　　文化"即中国本土的汉文化,喜爱在日式茶会上使用明清时期的仿古铜器(见下列文
　　章 c),同时《考古图》《宣和博古图》等中国金石学的经典书籍在日本国内相当普及,
　　所以可以说 19 世纪前期日本读书人多数对于中国北宋金石学拥有相当准确的知识。
　　因此我们应该判断,19 世纪后期欧洲的"archaeology"开始进入日本学术界时,日本读
　　书人很快决定借用中国金石学知识把它译成"考古学"。a. 金关恕:《世界の考古学
　　と日本の考古学》,《岩波讲座:日本考古学研究方法》,岩波书店 1985 年版。b. 边见
　　端:《译语"考古学"の成立》,《日本历史》61 - 6(1986)。c. 田畑润:《煎茶——中国
　　古铜器と日本·中国の文人文化》,《煎茶——山本梅逸と尾张·三河の文人文化》,
　　爱知县陶瓷美术馆 2016 年版。
② 坪井正五郎(1863 - 1913),专攻人类学、考古学。毕业于东京帝国大学,任东京帝国
　　大学教授,东京人类学会长。
③ 寺田和男:《明治时代》,《日本の人类学》,思索社 1975 年版。
④ 八木奘三郎(1866 - 1942),专攻考古学、金石学。任东京帝国大学人类学研究室助
　　理、台湾总督府嘱托、南满洲铁道调查室嘱托。
⑤ 八木奘三郎撰,大野云外插图:《日本考古学》,爱善社 1898 年版。
⑥ 东方杂志社编辑:《考古学零简——东方杂志二十周年纪念刊物》,商务印书馆 1923
　　年版。

的互动与这一趋势间无疑有着很密切的关联。

　　经过长久的中日学术交流,青年时代原为"欧洲迷"的滨田氏在永慕园逐渐蜕变成一位"中国迷"。20 世纪 10 年代以后的滨田氏很爱中国文化,每次到中国出差时主动穿着中式衣服,或在考古工地从事研究工作,或去北京的观音寺庙、大栅栏轻松逛街,并在胡同里的中式菜馆吃老北京菜,深入感受传统中国文化。①

**图 16　滨田耕作穿着中式衣服在工地
指挥中日联合考古队发掘**

在大连皮子窝 1927 年 4 月摄影
引自《滨田先生追悼录》(1939)

---

① 　见后藤朝太郎:《支那民情を语る》,雄山阁 1930 年版,第 241－255 页。

　　然而20世纪30年代日本军国主义崛起,日本社会开始不容这样一位杰出的国际性学者。京都帝国大学就是日本自由主义的大本营,因此日本政府连年对京大施加压力。昔日属于"永慕园"团队的多数学者已离开校园或逝世,只有滨田氏、梅原氏留在校园。身为京大校长的滨田氏为了死守京大的自由精神东奔西走,孤军奋斗。[①] 最后,滨田氏积劳成疾,导致他肾病急速恶化,1938年7月离开了人世。[②] 对于终生盟友滨田耕作的去世,年已82岁的罗振玉深感悲痛,将他写的一幅匾额从大连寄到京大,以为悼念。

图 17　滨田耕作逝世时罗振玉向京大葬仪委员会
赠送的挽联匾《滨田校长千古士失楷模》

引自《滨田先生追悼录》(1939)

---

① 譬如,据滨田氏的学生藤冈谦二郎回忆,1938年1月京大考古系的中国留学生丁士选因涉嫌"中国间谍"被日方警察逮捕,这无疑是基于种族歧视并且违反国家法规的行为。虽然日方学生表示强烈抗议,可是警察威胁学生要停止抗议活动。此时滨田校长丝毫不考虑政府的压力,自己直接与警方高层谈判,使丁同学顺利获释,并让他在同年2月安全返回中国。详见藤冈谦二郎:《滨田青陵とその时代》,学生社1979年版,第18页。

② 过去滨田氏的多位朋友、学生透露,1938年滨田氏的老朋友,京大医学院清野谦次教授(1885-1955)因涉嫌盗窃文化财产被警方逮捕,并被京都大学开除,这结果使滨田氏在精神上陷入困境,导致他病死,详见下列文献。可是这次笔者整理滨田氏校长时代的有关史料,发现对滨田氏来说清野氏的逮捕只不过是最后一个打击而已,恐怕不是他的最主要的死因。藤冈谦二郎:《滨田青陵とその时代》,学生社1979年版。角田文卫编:《考古学京都学派〈增补〉》,雄山阁1997年版。

6. 20世纪东方人文学和"永慕园学派"

总之，京都时代的罗王师徒不只专心进行自己的研究，他们从日方学者处得到了不少的启发，同时对周围日方人文学领域的专家们也产生了巨大的正面影响，为20世纪中日两国的现代人文学发展做出了不少贡献。他们之间常有来往，或直接见面进行学术讨论，或一起愉快地用餐、喝酒。可以说这些中日双方的顶级学者们在京都过着很充实的日子，该时期以后他们都陆续发表了划时代的研究著作。下面笔者将列出1911年以后他们出版的主要文章，都是代表20世纪早期汉学、东方学的经典作品。通过下表就能理解，20世纪10至20年代东方人文学的中心，就是1911-1919年曾经聚会在京都永慕园的中日学者们。

姓名/1911年的年纪	1911年以后出版的主要著作
长尾雨山 47岁	《中国书画话》（1965/收录20世纪20至30年代的演讲会速记录，如《支那南画について》《书法讲话》等）
罗振玉 45岁	《流沙坠简》（罗、王编/1914）《殷虚书契考释》（1914）《殷虚古器物图录》（1916）《殷虚书契续编》（1933）《三代吉金文存》（1936）
内藤湖南 45岁	《泉屋清赏》（内藤、浜田编/1918-1926）《清朝史通论》（1940※）《支那上古史》（1944※）《支那近世史》（1947※）《支那史学史》（1949※）
狩野直喜 43岁	《中国哲学史》（1953※）《两汉学术考》（1964※）《魏晋学术考》（1968※）《支那文学史》（1970※）
藤田丰八 42岁	《慧超传笺释》（1911）《东西交涉史の研究》（1932-1933/收录《唐宋时代南海に关する支那史料》1913，《前汉に於ける西南海上交通の记录》1914，《月氏の故地とその西移の年代》1916等）

续表

姓名/1911 年的年纪	1911 年以后出版的主要著作
小川琢治 41 岁	《人文地理学研究》(1928)《支那历史地理研究》(1928/收录《上古地志としての禹贡と山海经の价值》1912、《天地开辟及洪水传说》1913、《昆仑と西王母》1916 等)《支那历史地理研究续集》(1929/收录《周穆王の西征》1928、《散氏盘铭の地名》1928、《殷人の分布と其经略》1928 等)
富冈谦藏 38 岁	《古镜の研究》(1920)《桃华庵古镜图录》(1924)
王国维 34 岁	《流沙坠简》(罗、王编/1914)《观堂集林》(1928/收录《殷卜辞中所见先公先王考》1914、《说自契至于成汤八迁》1915 等)
铃木虎雄 33 岁	《支那文学研究》(1925/收录《王氏の曲录及び戏曲考原》1910、《周诗に见えたる农祭》1915、《汉武の乐府と塞外歌曲》1910、《桑树に关する传说》1921、《采桑传说》1921、《支那文学家の地理上の分布》1918 等)
滨田耕作 30 岁	《泉屋清赏》(内藤、浜田编/1918－1926)《考古学研究法》(蒙特留著,滨田译/1932)《赤峰红山后》(滨田、水野编/1938)《通论考古学》(1925)《有竹斋藏古玉谱》(1925)《东亚文明の黎明》(1930)
罗福成 26 岁	《西夏译莲花经考释》(1914)《西夏国书字典音同》(1935)《蒙兀儿译语》(1936)
石滨纯太郎 23 岁	《敦煌石室の遗书》(1925)《满蒙言语の系统》(1934)《支那学论考》(1943/收录《敦煌古书杂考》1926、《流沙遗文小记》1930、《伯希和搜集敦煌遗书中の三篇》1936 等)
梅原末治 18 岁	《支那考古学论考》(1938/收录《古铜器研究に关する一考察》1930、《欧洲に於ける支那考古学上の资料と其の研究》1930、《支那古代の铜利器に就いて》1931 等)《殷墟出土白色土器の研究》(1932)《洛阳金村古墓聚英》(1944)
罗福苌 15 岁	《西夏国书略说》(1914)《高昌壁画菁华》(1916)

续表

姓名/1911年的年纪	1911 年以后出版的主要著作
神田喜一郎 14 岁	《支那学说林》(1934)《敦煌秘籍留真新编》(1947)《敦煌学五十年》(1960)

※：这些文章都是内藤氏或狩野氏 20 世纪 10 至 20 年代在京大文学院上课时撰写的讲义,作者们逝世后京大学生们整理讲义稿出版。所以虽然这些专书 40 年代以后才正式问世,可是各本的主要内容早在 20 年代已被两国多位学者广泛认可。

我们今天应该如何理解以京都为中心出现的中国和日本顶级学者的活动? 笔者认为,它远远超越了一般所说的"国际交流"或"影响"这类层面。长尾雨山、罗振玉、王国维、藤田丰八、内藤湖南、狩野直喜、小川琢治、富冈谦藏、铃木虎雄、滨田耕作、罗福成等,他们或认真学习对方的母语,或利用自古以来东方传统的汉文而和对方沟通。他们确实跨越了国界,在 20 世纪 10 年代共同形成了一个独立的学术团队。笔者暂时将它称作"永慕园学派"。① 这些"永慕园学派"的学者们为了创造新时代的东方人文学常年互相鼓励,向两国的学术发展高峰拼命迈进。②

① 笔者要特意说明：在东方人文学术圈人家常用的"京都学派",和笔者提倡的"永慕园学派"稍微不一样。前者意指 20 世纪前半在京都大学从事研究工作的新晋学者们,我们有点难定义他们学风具体为何。与此相反,本文提倡的流派名称,其学风主要特色相当清楚,他们追求将东亚、欧洲两者理论适当融合,以期建立新时代的东方人文学。

② 近年石永峰针对内藤湖南的金石学研究进行了系统的分析,注意到内藤氏的研究和同时代的中方学者的研究动态有很大关系(见下列文献 a)。笔者按,虽然石氏进行的分析有很高的水准,笔者很佩服他的工作,可是如 20 世纪 50 年代神田喜一郎所论,20 世纪 10 年代内藤氏透过和罗王师徒长年交流,受到深刻的影响,然后针对中国上古史开始撰写多篇专文(见下列文献 b)。恐怕石文未有十分讨论这段历史,令人感到有点遗憾。
a. 石永峰：《内藤湖南的金石学史研究》,《东アジア文化交涉研究》2021 年第 14 期。
b. 神田喜一郎：《内藤湖南老师与中国古代史》,《敦煌学五十年》,北京大学出版社 2004 年版(日文版 1960 年)。

　　下面笔者想讨论和上文相关的一个问题：今日东亚世界各国家、地区的主要大学开设的人文学，即史学、哲学、文学、考古学、地理学、艺术学等，各领域的理论框架是在何地何时诞生的？虽然各领域之间可见一些细微的差别，但是总体而言，无论作者属于哪个国家或民族，在各自领域最早用东亚本地语言撰写的高水平文章、专书，其一半多是由"永慕园学派"的学者们撰写的。坦白说，一百五十多年前中日两国刚刚开始接触到欧洲文明，至 20 世纪初都还未有充分的条件独立创造现代式的东方人文学。正是在这样的历史背景之下，两国顶级学者们在永慕园会面，以东亚各国过去一千年来共同发展的"汉学"为基础开始了长期学术交流。中方积极提供了汉到明清的"国学"精髓。日方提供了自"遣唐使"以来这一千多年在国内积累的唐宋善本、日本本地汉学成就、通过明治维新获得并译成传统汉文的欧式科学理论。他们克服了各民族之间的障碍，互相尊重对方的学术成就，共同进行思考、讨论。结果，只有在上文所提的这种特殊时代背景下，现代东方人文科学的重要基础在京都才终于顺利形成。可以说，"永慕园学派"的成立、发展对于 20 世纪一百年的东方人文学的具体发展方向产生了很深刻的影响。

　　笔者可以断言：对永慕园学派的日方学者们来说，罗振玉、王国维师徒并非一般所谓"国际友人"，而是为了创造现代东方人文学曾经在同一个战线上并肩作战的"老战友"。因此他们一直在想念罗王师徒，20 世纪 10 年代至 50 年代一共三次为王国维举办了追悼法会。① 可以说，《王静安》一文是他们团队的最后一代留下的关于他

---

① 虽然笔者确认了永慕园的日方学者们为王国维主持了三次追悼会，可是不知他们是否为罗振玉也举办过这类法会。最近笔者得知，松丸东鱼（1901－1975，篆刻家。任日本美术展览会评议员、每日书道展咨问委员）于 1955 年 5 月 1 日在东京麻布町本光寺主持"罗振玉十五年忌日法会"，我们可推测日本国内的多位汉学、史学、考古学专家来开会，详见下列文献 a 的《年谱》。

（转下页）

们自身的一块纪念碑。

　　　补记:2022 至 2023 年撰写本文时,笔者获得很多单位、学者的协助。福井市酒生公民馆、关西大学东西学术研究所、京都大学大学文书馆、清荒神清澄寺铁斋美术馆、燕市长善馆史料馆,各单位特意将他们所藏照片的版权向笔者授予使用。现在年已88岁的松丸道雄老师(东京大学名誉教授、松丸东鱼的长子)向笔者提供了很多宝贵建议、贵重史料,并热情鼓励笔者的工作。大阪大学文学院的《怀德》编辑部各位委员非常赞同笔者使用《王静安》原文的图像,并热情地提出了一些建议,让笔者非常感动。对于各位的恳切指导、建议,笔者致以衷心的谢意!

　　　　　　　　　2023 年 5 月　于高雄　　黄川田 修　谨识

(接上页)1939 年松丸东鱼去大连,没有经过其他学者的介绍直接去了罗氏邸宅。虽然如此,罗振玉还是非常欢迎这位从日本来的新晋篆刻家,和他进行了很长时间的谈话,并且委托他制作“俟河老人”四字印(印面图像见下列文献 a, 107 页)。因为翌年(1940 年)罗氏逝世,可以说松丸氏应该是和罗氏有过亲密交流的最后一代日本文人。笔者个人推测,因为松丸东鱼在他的青年时代和长尾雨山,即罗振玉的终生盟友有过交流,和永慕园学派的学者们有着深厚的缘分,而且 1955 年当时永慕园团队的学者们或年纪很老,或已去世,没有能力主持这种活动,所以他们委托松丸氏负责主持罗振玉追悼会。a. 松丸道雄编:《松丸东鱼作品集》,谷川商事株式会社 1978 年版。b. 松丸东鱼:《河井先生の思ひ出》(中译:怀念河井荃庐老师),《东鱼文集——松丸东鱼遗稿》,白红社 1977 年版。

稿　　约

　　《出土文献与法律史研究》创刊于 2011 年,由华东政法大学法律古籍整理研究所主办,上海古籍出版社出版,每年出版 2 辑,面向海内外学界征集优秀学术稿件。

　　1. 本刊聚焦于出土文献和中国古代法律史的研究,欢迎学界同仁们惠赐以下研究方向的高质量学术作品:(1)出土法律文献研究;(2)结合出土文献的制度史、思想史研究;(3)出土文献所见法律语汇研究;(4)出土文献所见法律文化、法律现象研究;(5)以上各研究方向的学术综述或著作评论作品。

　　2. 限于人力,本刊目前仅接受电子邮箱投稿,投稿时请将稿件的 word 版和 pdf 版发送至:hzgujisuo@163.com。

　　3. 本刊来稿均依次经编辑初审和专家复审。初审周期不超过两周,复审周期不超过二个月。实行双向匿名审稿。每辑出版后,即向作者寄送样刊 2 本。

　　4. 投稿时请在邮件标题中注明稿件标题和作者。稿件中须注明作者姓名、单位、职称、学位、联系电话、电子邮箱等信息。来稿请使用简体中文,并在正文前加列 300 字左右的中文摘要和 3－5 个中文关键词,正文使用宋体,独立成段的引文使用楷体,脚注标记加在句末的逗号、分号、引号、句号之后。

5. 文稿引注格式示例：

（1）专著

瞿同祖：《中国法律与中国社会》，中华书局1981年版，第63－64页。

李迎春：《居延新简集释》（三），甘肃文化出版社2016年版，第374页。

［日］大庭修著，徐世虹等译：《秦汉法制史研究》，中西书局2009年版，第52页。

（2）析出文献

谷霁光：《唐代"皇帝天可汗"溯源》，收入谷霁光：《谷霁光史学文集》第4卷，江西人民出版社、江西教育出版社1996年版，第171页。

张全民：《秦律的责任年龄辨析》，收入杨一凡、马晓红主编：《中国法制史考证》甲编第2卷《历代法制考・战国秦法制考》，中国社会科学出版社2003年版，第183页。

（3）影印古籍

《太平御览》卷690《服章部七》引《魏台访议》，中华书局1985年影印本，第3册，第3080页。

（4）点校本古籍

（汉）贾谊撰，阎振益、钟夏校注：《新书校注》，中华书局2000年版，第120页。

（5）期刊

陈伟：《秦汉简牍所见的律典体系》，《中国社会科学》2021年第1期。

（6）报纸

郭永秉：《代笔，还是亲笔？——汉代小吏书艺一瞥》，《文汇报》

2018 年 11 月 9 日。

（7）学位论文

李春桃:《传抄古文综合研究》,吉林大学 2012 年博士学位论文,第 165 页。

（8）网站刊文

马怡:《汉代诏书之三品》,简帛网,http://www.bsm.org.cn/show_article.php?id=2040,首发时间 2014 年 6 月 27 日。

6. 本刊刊发作品将提供给中国知网等网络期刊数据库,以便读者检索和利用。为扩大文章影响力,推动学术交流,本刊还将通过“法律古籍所”微信公众号推送作品或其摘编版本。来稿若无特别说明,即视为作者同意本刊以非专有方式向第三方授予其作品的电子出版权及汇编、摘编、复制权利,以及文摘刊物对文章的转载、摘编等权利。

《出土文献与法律史研究》编辑部

2023 年 10 月